岩井俊二

【編】夏目深雪　◉河出書房新

〜『Love Letter』から『ラストレター』、そして『チィファの手紙』へ〜

『Love Letter』©フジテレビジョン

『スワロウテイル』©1996 SWALLOWTAIL PRODUCTION COMMITTEE

『四月物語』

『リリイ・シュシュのすべて』

『花とアリス』

『ヴァンパイア』

©RVWフィルムパートナーズ **『リップヴァンウィンクルの花嫁』**

岩井俊二

『Love Letter』から『ラストレター』、
そして『チィファの手紙』へ

CONTENTS

岩井俊二『Love Letter』から『ラストレター』、そして『チィファの手紙』へ

III・作品評＋フィルモグラフィ

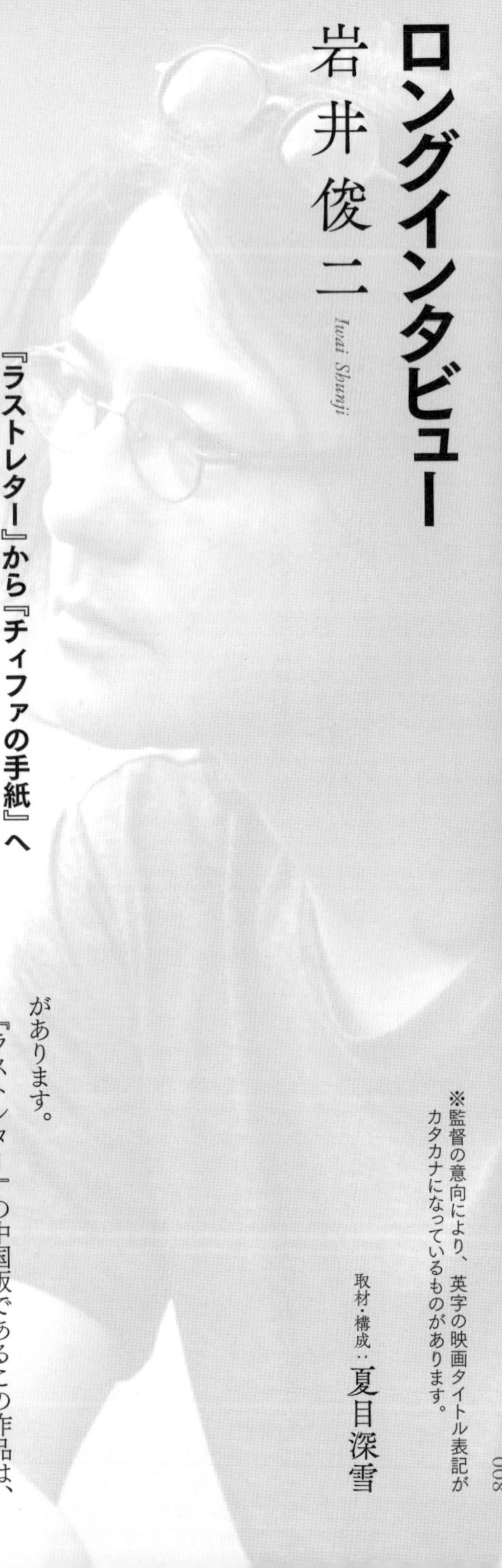

ロングインタビュー

岩井俊二

Iwai Shunji

※監督の意向により、英字の映画タイトル表記がカタカナになっているものがあります。

取材・構成：夏目深雪

『ラストレター』から『チィファの手紙』へ

――『チィファの手紙』を観て、たいへん感銘を受けました。それは中国映画「らしい」のに、まさに岩井俊二の映画である、となかなか通常は両立し難い両軸の両立が達成されているからです。国際共同製作ですと、その国の要望が入って何が言いたいのかよく分からない作品になってしまったり、いろんな国のスタッフが入り混じって、一体どこの国なのか分からないような後景の作品になってしまったりすることがあります。

『ラストレター』の中国版であるこの作品は、中国での公開は日本に先だって二〇一八年の一一月ですね。製作の経緯を教えてください。

岩井―最初に中国で映画を撮りたいな、と思ったのは三〇歳くらいの時で、きっかけは『スワロウテイル』でした。この映画は日本で撮影したんですが、実は当初アジアの国のロケーションで撮ろうかというプランがあったんです。あの映画の舞台は「円都（イェンタウン）」という街で東京にあるという設定ですが、その街のイメージは香港や上海で、美術部か

『スワロウテイル』撮影時

『スワロウテイル』

ら実際にアジアの国に作った方が、我々の目指すロケーションがあるだろうという提案がありました。それでみんなで手分けしていろんな国を回りました。僕は上海、香港、台湾あたり、他のスタッフはシンガポール、マレーシア、マカオに行ったり。

最終的に香港でやろうということになって、いったんスタートしたんですけど、途中でいろいろいろありまして。日本のプロダクションと香港のプロダクションの組み合わせが上手くいかなかったんですね。そんな時に、また美術部から、資料も手に入ったし、東京でギリギリこの予算で組めるんじゃないかという話が出てきました。最初はちょっと信じられなかったんですけど、美術が重要なポイントの映画だったので、彼らが香港でやる方が難しいということなら仕方ないと、撤退を決めるなど、本当にいろいろありました。

そんなわけでアジアで映画撮影が実現しなかったことに忸怩たるものが自分の中ではあったんですね。その後、『ラヴレター』が香港と台湾で公開されて、海賊版ですが、韓国・中国で観られるようになり、アジア全土でかなり評判になっているという話が聞こえてくるようになって。

当時の韓国は戦争の影響で日本の映画が公開されない状態にずっとなっていたんですが、ようやく解禁というタイミングに上手く嵌って、晴れて劇場公開することができました。ただ、中国はずっと劇場公開されないままで。それから長きにわたって、自分の映画がたぶん一度も公開されたことがないという状態だったと思います。中国のファンの方たちは海賊版か、映画祭で公開される時に観るかという手段しかない状態でした。中国で上映する難しさというのはいろいろあって、例えばあちらは国産の映画を保護するために、海外の映画の輸入本数を制限しているんですね。さらに選考基準に興行的な売り上げを優先するというのもあり、輸入される映画もほとんどがハリウッド映画です。一部ハリウッド映画以外が上映されることもありますが、それも日本でいう大ヒットするアニメのようなものに割り当てられる。アート系の映画や、僕の映画のようなオルタナティブな映画はなかなか上映されない。

であるならば、自分から中国に行って現地で撮れば、中国映画として公開される。そっちのラインを

ヘクとパスカル　中国公演時

真剣に考えた方がいいんじゃないかと。本格的に動き出したのは、二〇一二年、震災の後くらいなんですけど。

きっかけはしかし、映画ではなく、実は「岩井俊二音楽祭」という、ピアノと弦の演奏を引っ提げて回ったインストゥルメンタルのコンサートがあって。各会場一〇〇〇人くらい入る、結構大きなところでやったんですね。その頃は、自分の中の音楽活動が盛んな時で。ヘクとパスカルというユニットを編成して、その後相次いでikireというバンドも編成し、積極的に音楽活動をやっているような時期でした。ヘクとパスカルのツアーを、北京、上海、西安、成都、広州でやりつつ、中国で映画を撮るのはどうなのかというのを検討して、準備を重ねて。北京のサポートチームと合弁会社のような会社を作ったりもしました。会社のシステムも、どうやったらいいんだろうということで、中国の弁護士の方からアドバイスを受けながら、なんとか会社を運営することになりました。そして、複数の人から、ピーター・チャンと組んだらいいんじゃないかというアドバイスを受けました。

ピーターに脚本を送ったら、やろうと言ってくれて。それで『チィファの手紙』の実現に向けて動き出すわけですが、彼との出会いは古いです。二〇年くらい前ですかね。オムニバス映画の企画の提案を彼から受けたことがあり、それは実現しなかったんですけど、その時、彼と一緒に動いていたプロデューサーがオ・ジョンワンという韓国の人で、彼女は『チャンオクの手紙』のプロデューサーでもあります。思えばこの二人と初めて出会ったのが恵比寿でしたけど、二〇年の歳月を経て、コラボが実現したわけです。ちなみに『チャンオクの手紙』は『ラストレター』の原案になったショートフィルムです。

ちょうど同じ頃、韓国や中国から、『ラヴレター』のリメイクの話がありました。リメイクしたいんだけど、権利譲ってくれるかということで。僕には権利はないんですが、やってもいいか確認が来るわけです。僕自身は、自分の作品が誰か他の人の手によってリメイクされるのは、自分としても観てみたいし、「やめてくれ」みたいなことはないんです。「構わない」というような返事をしつつ、でも一体どういう風に作るんだろう、と不思議に思いました。『ラヴレター』を作った時は、手紙が普通の通信手段だったわけですが、今はもうSNSの時代です。手紙を使ってどういう風にやり取りするんだろうというのが、疑問だったわけです。自分がリメイクしろ、と言われたらなかなかそこがハードルだよな、と思っていました。

ところが『ラストレター』の脚本を書いている時に、主人公のスマートフォンが壊されて、手紙以外に相手との通信手段がなくなってしまったという設定を思いついて。こういうきっかけがあれば、手紙の物語もできるんだなと思いました。また、みんなが手紙を使わなくなっているだけに、特別な通信手段に見えてくるんじゃないかという気がして。そこから、二五年ぶりに『ラヴレター』のパート2のようなものを作れたらということでモチベーションが上がりました。普段はちゃんとしたものを作らなければということで精一杯でそんな余裕もないんですが、国内外でファンの多い作品であったので、この作品だけは、ファンの人たちに感謝を込めてということで作れるものになるんじゃないかとも思いました。それで韓国・中国・日本と三カ国で作れたらということで韓国のプロデューサーにも相談し、最終的には、中国と日本で作ることになりました。本当は韓国でもやりたかったんですが、やはり三本作るとなるとスケジュールの問題等あって。

よく一つの原作から二本の映画を作るとなると、同じ話を繰り返し撮ることになるので大変じゃないかと聞かれるんですが、そういう負担感は自分の中にはありませんでした。見せるお客さんが違うというのが大きいように思います。中国のお客さんに見せるためには、日本版では上映することが難しいので、中国版を作る必要がある。あと、自分の中で中国の俳優さんたちと一緒に中国映画を作りたいというのがかねてからありました。大体、話を作る方が大変で、一年くらいかかりますからね。出来上がったアイディアを各国で作るというのは、自分にとっては大変なことではありません。頑張れば三カ国くらいはできるんじゃないかという気がしますね。各国、撮影自体は一カ月前後なので、三カ国でも三カ月ですからね。やはり撮影現場は僕一人で悶々とする世界ではなく、役者さんが演じ、スタッフもいる

『ラストレター』撮影時

ので。原案を作る苦労と手間よりは日数もかからない。いろんな作業の中では、僕は意外と撮影が一番気がラクといえばラクかもしれないです。

——若い頃から中国で映画を撮りたいと思っていらっしゃって、それが実現したということですね。ただ中国は検閲の問題が大きくて、映画監督からしたら、撮りやすい国ではないような気もするんですが。

岩井—映画ってそもそも、日本で撮っている時でも、数億円の予算を使って製作していく中で、自分の自由にやれているという意識は特段ないです。小説の方は好き放題やってますけど、映画はやはり自分の中では多くの大人たちが関わるビジネスなので。甘受しなければならない局面だらけではあるけど、そういう障害と向き合うことで新しい発見もあるので、作家にとって自由がいいかどうかは一概には言えないかもしれません。その認識の中で中国ということでは、そんなに違いはなかったですね。

——中国版の方が先にできたのはどういう経緯だったんでしょうか。

岩井—理由は季節の問題ですかね。『チィファの手紙』は中国の春節の設定だったので、二〇一八年の三月くらいから撮って、七月から日本で『ラストレター』を撮りました。それぞれ公開自体は翌年という予定だったんですけど、中国側から急遽早めに公開したいという話があって、結果的に一一月公開になりました。時間に余裕があれば半年くらい編集にかけるんですけど、間に合わせるために一カ月と二〇日くらいで編集しました。そんな速さでやるのは自分にとっても未体験のゾーンでしたね。しかも音楽も自分でやることになっていたんで、スコアを十何曲書かなければいけないということになって、かなり大変でした。

かたや『ラストレター』は当初二〇一九年の三月、四月くらいに公開の予定だったんですけど、主役級の方々が随分出ていたので、全員が揃ったところでキャンペーンをやりたいという東宝の意向もあって、二〇二〇年の一月まで待たなければいけないということになりました。実際に仕上げたのが二〇一九年の六月くらいでしたね。

映画のプロジェクトって、脚本を書くのに一年、映画を作る状態に持っていくまで一年、撮影に一カ

『チィファの手紙』

月、仕上げと上映のキャンペーンで一年くらいかかります。要は全部で三年くらいかかるんですね。長引くと四年くらいかかって、オリンピックみたいなサイクルになってくる。今回は日本と中国同時に進行していたので、四年のサイクルに二つの映画を入れることができたということです。

――『ラストレター』と『チィファの手紙』は続けて観ても俳優さんの個性の違い、それによるアンサンブルの妙の違いなどで本当に愉しめました。まさに違うアレンジの名曲の演奏を聞いているようでした。

チィファを演じたジョウ・シュン（周迅）は、中国四大女優の一人でもあり、松たか子と個性は違いますが、同じようなチャーミングさがあります。違いを感じるのは小説家を演じた福山雅治とチン・ハオ（秦昊）ですね。チン・ハオはロウ・イエ（婁燁）監督の映画ではキレキレの美男子という印象でしたが、この映画では眼鏡と厚ぼったいコートでその美男子ぶりを押し隠し、その優しさと不器用さが胸に迫りました。ただ中国では柏原崇が人気で、彼のような俳優がイン・チャンを演じるべきで、フー・ゴー（胡歌）が演じたジャン・チャオのようなDV男こそ、チン・ハオが演じるべきだったのではないかという意見があったそうです。

キャスティングはどのように行ったんでしょうか？

岩井―その辺りは僕は詳しくないので、ピーターのアドバイスを受け、映画を観たり、フッテージを見たりしながら決めていきました。

――演技指導は日本の俳優さんと同じような感じで？

岩井―演技指導っていうのは語弊があるんですけど、演出ですね。基本は台本に書いてあって、それを現場でこれを使ってこう動いてくれというのを指示するんですが。僕は遠くから見ていて、助監督に指示を伝え、助監督が俳優さんに指示を伝えます。それは日本でもどこでも、変わらないと言えば変わらないです。ただ日本だとわりと役者の動きをこちらでプランを立てて提案するんですけど、今回の場合それが中国のリアリティと合っているかどうかという問題がありました。なので、今回はプロデューサーや助監督、役者たちがディスカッションして、こういう動きでというものを決める。それに関して僕が追加注文するような形にしました。
あとは、僕は中国語が全く分からないので、言葉に関してチェックする担当がいて、常に聞き耳を立てていました。

――『ラストレター』は日本人にとっては福山雅治のようなスター俳優、また中山美穂や豊川悦司など岩井監督の映画ではお馴染みの俳優が出ていますね。俳優さん自体にキャラクターやイメージが既にあって、それを愉しみながら観るという観方になると思います。日本人にとってはそういう意味では『チィファの手紙』の方がシンプルにお話に没入できるのかもしれません。ただジョウ・シュンもチン・ハオも中国ではスターなので、中国の方は日本人が『ラストレター』を観るように観るのかもしれません。
監督自身は二作をどのようにご覧になったんでしょうか?

岩井―『ラストレター』と『チィファの手紙』はやっている役者が違う時点でもう違う映画だと思うんですよね。繋がっている話の動線はやや近いですけれども、ロケーションも、流れている音楽も違う。撮影するにおいて同じような場面はありましたが、その瞬間にもう片方のことを思い出したりすることもなかったですし。毎回新鮮な気持ちで撮影していました。

――『チィファの手紙』はローカライズに時間をかけたとか。台詞も単なる翻訳ではなく、ネイティブの中国人が納得するよう、台詞を中国の舞台俳優たちとディスカッションしながら決めていき、また回想シーンの一九八八年の時代考証を綿密にしたとか。
ただ一方で、『チャンオクの手紙』は、息子と娘が実のお母さんをあまり大切にしていなかったりと、韓国映画らしくないところもありますね。とにかく韓国のメロドラマというと、親孝行な子供が出てきて親子の絆を謳いあげるものが多い印象です。こちらはあえて現代的にしたというところでしょうか?

岩井―中国や韓国の文化に関しては自分は素人で、何も分からない状況で、病院に行った患者みたいなもんです。それに対して中国側や韓国側が非常に細かいチェックを入れてくれます。『チャンオクの手紙』もちゃんと韓国のプロダクションでやっているんですけど、特にそういう突っ込みは入らなかったですね。

——監督は中国映画や韓国映画はよくご覧になるんですか？

岩井——いやそんなにたくさんは観ないですね。僕自身はあまり映画は、日本映画やアメリカ映画も含めて観ないんですよ。映画を趣味で観るということは、さすがに今はないですね。なにかしら仕事に必要で観るわけなので。

三〇年間の軌跡❶～ドラマ時代～

——来年は岩井監督がドラマ時代から数えると活動を始めてからちょうど三〇年を数えます。監督は若い頃漫画を描かれていたとお伺いしたんですが、映画制作をするようになったきっかけを教えてください。

岩井——大学（横浜国立大学）に入ると、すぐに映画サークルに入って、フィルムを買って、映画を撮っていました。大学には休学したりして結局六年くらいいたんですけど、ずっと8ミリフィルムで何か作っていました。

職業として映画を意識したのは、随分後になってからです。8ミリ映画は楽しかったけど、職業になるかというと、ならないだろうなと学生時代には思っていたんで、飯を食うために何をしたらいいかということで、漫画にトライしたんですね。高校くらいから、趣味で漫画を描いたりもしていたんで。

試しに一作描いてあちこち持っていったんですがどこも引き取ってくれなくて。うなだれながら講談社の『少年マガジン』に持っていったところ、預かってもらえたんです。翌月の月例賞かなんかで佳作で一〇万円くらい貰えて、友達と大喜びしました。僕が物語と人物を描いて友達が背景を描くみたいなユニットだったんですけど。やってみようか、ということで半年くらいやってみたんですけど、まだ熟していない状態だったんでしょうね。自然消滅しました。

やはり自分には映像しかない。横浜のとあるイベント会社でバイトしながら、映像ディレクターと

『打ち上げ花火、下から見るか？横から見るか？』

いう肩書きの名刺を作って、自分なりに営業していくうちに、小さな仕事を手に入れられるようになりました。それでだんだん、ケーブルテレビの番組やミュージッククリップを作れるようになって。レギュラーでアイドル番組の一時間番組を月に二本作っていて、これを二、三年やらせて頂いて、ここでプロとしての地力がついた気がします。映画とは程遠い内容なんですけど、自分の試したかったことをここで随分テストできたし、手伝ってくれる仲間も作れました。後にドラマで多用したフィルム効果（色調を調整するなどしてフィルムらしく見せる効果）というのがあるんですが、この番組のスタジオでずっと実験してたのを思い出します。プロデューサーさんが作ったオープニングが申し訳ないけどダサ過ぎて、勝手に自分で作り直したり、この番組のCMを勝手に作って他の番組で流してもらったり。もともとは取材とインタビュー番組だったものを、持ち時間の中でミュージッククリップを撮らせてもらったりしていました。

　そうしているうちにドラマのオファーが来るようになって、二年間くらい深夜ドラマを中心に仕事をしました。自分の中でだいぶ実力もついてきたなという実感もあって、そろそろ映画も撮れるかもしれないと。自分の方から映画のプロデューサーにお会いしたりと積極的な活動をするようになって、じゃあ何か一本やろうということになりました。その時提案したのが『スワロウテイル』だったんですね。その脚本を書いている時に、フジテレビのプロデューサーの石原隆さんからある特殊な形態のドラマを撮ってくれないかと依頼がありまして。『if もしも』という結末が二つあるというドラマシリーズでした。それで作ったのが『打ち上げ花火、下から見るか？横から見るか？』です。

　その後、『スワロウテイル』の脚本作りに本格的に没入して、第一稿を書き上げた頃、石原さんからもう一本撮ってくれないかと頼まれたんですが、その時にこちらが提案したのが『ラヴレター』でした。ただ、番組枠担当のプロデューサーの方のOKが出なくて。宙ぶらりんになってしまったところで、深夜ドラマで一緒にやっていた小川晋一プロデューサーが映画部に異動になっていたのを思い出した石原さんが、これを映画にできないか、と話を彼に

『PiCNiC』

持って行って、そしたら、すぐにやろうと。それで『スワロウテイル』より『ラヴレター』の方が先に映画になることが決まったという、そういう経緯です。

——今回デビュー当時のテレビドラマを観直し、質の高さに驚きました。

当時日本のドラマや映画がアメリカ映画のようなレベルでないことに苛立っていたということを仰っていますが、シニカルでいてスタイリッシュなスタイルはアメリカ映画の影響でしょうか？

岩井—テイスト的には七〇年代のアメリカンニューシネマがすごく好きだったんで、それらの影響はあったんじゃないかと思います。インディーズっぽいものとか、殺伐としたもの、テレンス・マリックの『天国の日々』(78)とかコッポラの映画とか。でもコミックもアニメも好きだし文学も読んでいたし、寺山修二も好きでお芝居を観に行ったりしてたし。いろんな影響があるとは思いますが。

関西テレビの深夜枠に関して言えば、最初は新人の若者が来てドラマなんか撮れるのか、という感じで。相手が猜疑心の塊というか。自分の中では余裕があったんですが、ただ一本目はガシッと撮って認めてもらわなきゃという感じで気負ってはいましたね。認めてもらってからは、もう君は好きにやってくれていいという感じに周囲もだんだんなっていって。

三作目で撮った『マリア』と、あと『夏至物語』『雪の王様』、この三つと『アンドゥ』『ピクニック』『四月物語』と今回撮った『8日で死んだ怪獣の12日の物語』が、何も気にせず作った作品かなと思います。自分の作品ってどういう作品なの、と聞かれたら多分これらがそういう作品かなと。何も考えずに何の縛りもなく、エッセイを書くようにただ作りたくて作ったという純度の高さというか。エンターテインメントとして頑張ろうともしていないし、アート作品として頑張ろうともしていない。

それ以外の作品は、やっぱり自分の中でオリンピック的な目標というか、せっかくやるんだからこの位のものになって欲しいし、この位の人に観てほしいというものがある中で、妥協もしつつという。妥協も悪いものばかりではなくて、いろんな諸条件が作品を骨太にもしていく部分もあるんですが。

——初期のドラマ作品『夏至物語』『雪の王様』など若い女性に対する少し意地が悪い視線のものが、私はとても面白く感じられました。岩井監督というと、少女漫画の影響をよく言われると思うんですが、ご自分では若い女性の描き方に影響あると思われますか？

岩井——そうですね。僕にとっては中学くらいから『りぼん』の洗礼を受けて、僕の兄が我が家に持ち込んで来たんですけど。触れるほどに嵌ってしまって。田淵由美子さんが大好きで。高校に入ると、大島弓子さんとか岩館真理子さんとか。そんなに幅広く読んでいたわけではないんですが、すごく影響はあった気はします。

その頃、少年漫画が少女漫画の影響を受けて軟弱化していく時期でもあって、もちろん硬派なものもあったんですけど。例えば『750ライダー』という少年漫画があったんですが、最初は暴走族の話だったのが、だんだん少女漫画化していって。エッセイ漫画みたいな、不思議な漫画になっていったんですけど。いつもカフェでみんながコーヒー飲みながら、季節の移ろいを感じキラキラしたものを見ているとか（笑）。

ただ、少年漫画で、男性目線で女性を捉えているものは何かずっと違和感がありました。ちょっと美化し過ぎているところとか、どうなんだろう、と思っていた気がします。自分にとっては、女性はもっと煩わしくて恐ろしいもの、というイメージがあって。それが意外と少女漫画の方が、しっかり自我をもって描かれていたりしたので、理解しやすかった。なのでそっちのスタンスに立っていたような気が、なんとなくしますね。

三〇年間の軌跡❷～映像美と音楽～

——一九九五年の『打ち上げ花火、下から見るか？横から見るか？』と『アンドゥ』の二本立てをレイトショーで観た時の衝撃は、私も昨日のことのように覚えています。その時に言われたのが映像美ということですね。あと音楽もよかったし、そのあたりで一躍スターダムにのし上がったというところだと思いますが、そのあたりはご自分ではどういうところから来ていると考えていらっしゃいますか。

岩井──映像に関して言えば、もともとそっちの感度が高かったと思います。子供の頃からそこが気になるタイプで。邦画でいうと、東宝の映画はわりと綺麗な映像が多いけど、今思うとフィルムの選定だったり、撮影監督の技術だったりするわけですが、何も知らないうちから綺麗／汚いを識別していた。アニメでいうと、東映のアニメは綺麗だけど、他のアニメは綺麗に見えない。それも今思うとスタジオジブリの面々がもともと東映から出発していて、その技術が移動していくのを、何も知らずに「綺麗だな」と思って追いかけたりしていました。

ただ最初から洗練されていたわけではないです。例えばライティングみたいなことで言うと、最初はどっちかというと『必殺仕事人』のような、後ろからライト当ててキラッと光ったりする、ああいうのをライティングだと思っていたりして。逆にヨーロッパの映画を観ていて、画は綺麗なんだけどライティングをちゃんとしている気がしなくて。でもだんだん目が肥えてくると『必殺仕事人』みたいなものは人工的過ぎて気持ち悪くなってくる。欧米の映画を観ながら、むしろこういうのがライティングなんだという理解を深めつつ、学生時代に撮っていた時に自分でもいろいろ実験したりしていました。でもやはりそれで足りるものでは全然なくて、プロになってからミュージッククリップなどをいろいろ撮影していくなかで、光の原理なども経験していって、こう撮れば綺麗になるんだということを学習しました。『マスターズ・オブ・ライト』（フィルムアート社）を読んで勉強したり、技術を学んでいきました。

映像美とか映像派みたいなことを言われるのは自分では非常に不思議で、何しろそれが我々の仕事なので。僕だけじゃなくてみんなやっていることで、そのためにカメラマンや照明さんがやってくるわけです。その中でそれぞれのアプローチをしていく。ただ当時、ＣＭやミュージッククリップに較べると、残念ながら日本のテレビドラマや一部の映画は、世界とちょっと違うアプローチをしていたというのが、若干あったかもしれないですね。そう撮る気持ちは分かるんだけど、それはあんまりよくないよね、と感じていたりはしました。逆にハリウッド映画だとこういうアングルでこのレンズを使って撮っている、と慣れてくると見れば分かるようになってくるので、それを応用しながらやっていました。

今振り返れば、映像派と言われていたのは、実は脚本だったのかな、と思います。たまに「あの、人の映っていない景色が綺麗で……」と言われたりするんですけど、「いや、人の映ってない映像はあの映画にはなかった」みたいなことがあるんです。つまり、その人の中でできあがった風景なんですね。確かにそういう風景を映画の中で作っていこうというプランはあるんですよ。ただそれが具体的に景色として出てくるかというと、案外出てこなくて。意外と物語の中に織り込まれている、そういうことが多いんです。要は、観客の中に浮かぶ映像があって、それで映像が綺麗だと言われているのかなと。物語と映像の狭間に存在している何かなのかな、なんて最近は思い始めています。

――私の当時の感想としては、非常に耽美的な感じがしました。おそらく音楽の問題も大きいですよね。ドラマの『ゴーストスープ』でもバート・バカラックの「Close to You」を使われているのが印象的ですが、没入性を高めるというのもありますが、まぁちょっとズラした使い方をされたり……。

岩井―音楽に関しては、子供の頃から本当に好みが変わってなくて。今だと普通の趣味なんですけど、自分の子供時代でいうと、意外と普通の街場にはないというか。小さい頃はグループサウンズの時代でしたからね。みんなマッシュルームカットとかして、ビートルズの真似をしていたわけですが。ただ今聞いても、これビートルズの影響を受けた曲だなっていうのが、なかなか見つからないんですよね。つまり見かけはビートルズだけどサウンドはビートルズじゃない（笑）。歌謡曲とかシャンソンとか別の由来で作られている。

僕は子供時代、手塚治虫さんのアニメが好きで。実は虫プロダクションって音楽のセンスがすごく高くて、その影響をすごく受けていると思います。ああいう音楽がいいなと思っていたんですが、大人が聞く歌謡曲にはそういう音が存在しない。そのうち、荒井由美やニューミュージックが出てきて、だんだんそういうサウンドが出てくる。それまでの間は、カーペンターズなんかの洋楽を聞いて「いい曲だな」と思っていました。今にして思うと、コードだったり和音だったり、そういうものに反応していたんですね。誰が好きとかではなくて、その音が鳴っていたら満足してしまうところがあって、映画音楽でも傾向が似てくる。

大学時代、自分で映画を作っていた時は、いろんなところから音源を引っ張ってくるわけですが、だんだんそれでは物足りなくなってきた。DX7というシンセサイザーを友達が持っていたんで、借りて自分で曲を作り始めて。DX7を使いながらも、やはりどこかピアノが好きで、ピアノをベースにした曲が多かったですね。時代的にはテクノブームでしたが、やっぱりアコースティックの方が好きだったのかな。木管楽器とか入れて。その時代に作った曲が、実は『花とアリス殺人事件』の主題歌になった「fish in the pool」なんですけど。

ドラマや初期の映画を作り始めた頃は、モータウンとかの乾いたサウンドに嵌っていた時期でもあって。キャロル・キングとかあの辺りがすごく好きで、そういう感じの音を探していました。あとはクラシックとかですね。

ドラマ第一作目の『見知らぬ我が子』と二作目の『殺しに来た男』は西崎憲という、今は翻訳家や作家で有名になった友人がいまして。彼にオリジナルスコアを書いてもらい、彼の主宰する人魚會社というユニットが演奏してるんですけど、このサウンドの影響は計り知れません。いまだにずっとその後を追いかけている気がします。

『オムレツ』『ゴーストスープ』は土井宏紀氏と組んでやりました。『ゴーストスープ』のサントラはほとんどミュージカルのような世界で、スコアが命です。彼のアパートにまで行って毎晩朝まで一緒に作った想い出があります。

『フライドドラゴンフィッシュ』で初めてREMEDIOSと組みました。次の『打ち上げ花火、下から見るか？横から見るか？』の時は、「Forever Friends」をこのドラマのためにレコーディングまでしました。REMEDIOSとは『ラヴレター』まで一緒で、次の『スワロウテイル』で小林武史と出会い、『リリイ・シュシュのすべて』『ハルフウェイ』などでお世話になりました。『BANDAGE』では監督までやって頂きました。新作の『ラストレター』も一緒でしたし、彼とは盟友のような関係です。

片方で、自分の頭の中で鳴るサウンドというのもあって、これをちゃんと出力できるようになりたいと。そんなわけで、『四月物語』で改めて自分で作るということに挑みました。そこからコンスタントに、コラボレーションでやったり自分で作ったりということをして現在に至ります。やりたいのはあくまでアコースティックなサウンドで。必要な音は極論、ピアノとアコギとチェロとバイオリンがあって、たまに管楽器があれば、自分的には満足で。ただ、この頃はすべて打ち込みです。そこにハマってました。

この一〇年はヘクとパスカル、ikireというボーカルユニットをやりながら、生の楽器演奏に味をしめたというところでしょうか。

――『チィファの手紙』は音楽、全部監督がやってらっしゃるんですか?

岩井―ikireから、もともとあった曲を三曲くらい転用してインストにして。残りは自分が書きました。中国ではコンサートをやったということもあって、僕が音楽を作るというのが浸透しているんですね。「映画音楽どうしようか」ということはいっさい言われず、「当然あなたが作るんでしょ」という感じになっていました。

――中国ではバンドとしても人気があるんでしょうか?

岩井―映画とは別に音楽で人気があるとは言い難いですが、だいぶ知られているということだと思います。中国や韓国だと、映画も撮るけど小説を書いたり音楽をやったりするマルチクリエイターの人っていうことで認知されているんです。日本だともう少し縦割りというか、僕はもっぱら映画監督として認知されていて、僕が小説書いたり音楽やったり、漫画描いたり絵を描いたりもするっていうことを、知っている人の方が少ない。あちらでは僕が外国人だということもあるのかもしれません。何者かということで言えば、まずは外国人ですからね。

――一九九五年に『ラヴレター』が公開。この作品は中国、韓国に岩井俊二の名をとどろかせた作品ですが、両国ともみなさん海賊版でご覧になって盛り上がったということでしたね(編注：韓国ではその後一九九九年に劇場公開)。

何か監督の方にレスポンスがあったりしたん

『四月物語』

でしょうか。

岩井―その頃SNSみたいなものもなかったので、直接というのはあまりなかったんです。ただ、一九九八年に釜山映画祭で『四月物語』が初めてオフィシャルに韓国で上映された日本映画だったんですけど、その時はものすごい数のファンの人が押しかけて、びっくりしました。追いかけられて大変だったり（笑）。一体何が起きているのかこっちはよく分からなくて。

――カンヌやベルリンなどヨーロッパで賞を獲ってヨーロッパ経由でアジアおよび世界で有名になる監督はいますが、いきなりアジアでというのは最近もあまりいませんし、少なくとも当時は岩井監督だけだったと思います。そのことについてはどう思われますか？

岩井―自分の作品を支持してくれるファンがいてくれるというのは有難い話で、それが自分が創作を続ける大きな支えになっています。

三〇年間の軌跡❸～小説とSF～

――また九五年に『ラヴレター』、九六年に『スワロウテイル』と小説を発表され、そして小説単体の作品『ウォーレスの人魚』が九七年に出ますね。たいへん素晴らしい作品で感銘を受けました。二〇一二年に刊行された『番犬は庭を守る』も原子力発電を題材にした野心作で、とても面白かったです。

さきほどの話にもありましたが、確かに日本人は岩井監督の多彩な才能が分かっていないところがありますね。ただ映画監督でありながら素晴らしい小説も書くというのは今まであまり例にないのではないかと思います。

脚本も自分で書かれるのでそんなに違いはないという考え方もあるんでしょうが……。

岩井―中学時代から文学を読むようになって、中学二年の頃、「小説家になりたいな」というのが自分の大きな目標だったんですね。大学に入って映画を撮り始めたんですけど、漠然となりたい職業は小説家でした。ただなかなか大学時代、納得できる小説が書けないまま、フィルムで表現する方が得意になってきて。同時に高校二年から美術部に入って油絵をやっていて、大学時代も油絵を四年間選択していました。小説と油絵と映画という、選択肢が三つあって、漫画は第四の選択肢でした。

小説を本格的に書くようになったのは、ドラマを撮る前ですね。自分の作るドラマも、まず小説を書いて、そこからシナリオを起こして、映像作品にしていきました。小説の『ラヴレター』も、自分で角川書店に売り込みに行って、「映画化される小説なんですけど出版してもらえませんか」と言ったら出版してもらえて。そこで子供の頃の夢がかなった。実は映画よりずっと長く勉強してきたジャンルが小説だったんです。

——また、小説単体の作品『ウォーレスの人魚』『番犬は庭を守る』がともにSFで、性にまつわる描写が多いのが面白いですね。けっして裕福とはいえない日本の映画業界事情を考えると、映画でできないことを小説でやっているのかな？　と想像してしまいます。

岩井——両方とも結果的に映画にできていない二作品だったりします。小説の『ヴァンパイア』は映画の倍くらいのサイズなので、小説の場合、やっぱり映画と同じものを作っている感じでもないですね。文章書くって全く違うプロセスなので。辿る話は同じでも、描いていくということでいうとだいぶ違う。表現も違うし、そこで見えていく、見せていくものもだいぶ違う。自分の中では別のジャンルとして捉えています。

今も新作を書いています。先に小説として完成させて、映画にできるかどうかは分かりませんが。二つぐらい出る予定ですが、でも小説は小説でずっとやっていきたいですね。

——SFや性にまつわる問題に関しては、もっと描きたいと思っていた？

岩井——漫画を描いている時もほとんどSFだったんです。SF世代でもあるので。ただ、SFでないものの方が映画になりやすいという土壌があって、あまりSFに挑みきれてなかったということはあると思います。意外とSFの居場所っていうものが、日本の実写映画の中で実は少ない。ホラーもそうですよね。中田秀夫監督か、清水崇監督と撮る人は決まっている。アメリカに行けば、DVDの棚にSFもホラーもにズラッと一ジャンルあると思うんですけど、日本はそういう風にはなっていない。仮に僕

釜山映画祭（二〇〇四年、ウォン・カーウァイ監督と蒼井優さんと）

がSF作家だったとしても、映画としては作れてこなかったというのは、自分のフィルモグラフィーを見ると痛感しますね。

——でも英語もおできになるわけだし、アメリカでも中国でも一本ずつ撮られて。中国はSF映画はまだあまりないですが、今SF小説がブームですね。これからの可能性もあるんじゃないですか？

岩井—そうですね。あるんだろうと思います。SFというかファンタジーというか。三〇年前に比べたら現代って、完全にSFに踏み込んでいる世界で、（『2001年宇宙の旅』の舞台の）二〇〇一年も越えちゃったし、『AKIRA』の時代もやってきちゃった（二〇一九年が舞台）。AIがあってロボットがいてという時代になってしまっているんで、もうSFというカテゴリー自体が大分曖昧なものになってしまっていると思うんですけど。

自分が年も重ねてきて、普通だったら渋いヒューマンドラマに行くのかと思うんですけど、僕の中ではそっちよりも、若い時に熱狂したSF的なものを今後やりたいという想いの方が強いかもしれないですね。

——一九九六年に『スワロウテイル』、二〇〇一年に『リリイ・シュシュのすべて』と話題作を撮りながらも、二〇〇〇年代の後半から、監督はプロデュース業の仕事も多くなります。

岩井—たまたま「プレイワークス」というワークショップをやっていたというのが大きかったと思うんですが、一般から公募したシナリオを集めて、査読して、ワークショップでさらにブラッシュアップしてからラジオドラマ化して出す、というのをチームでやっていたんです。そういうプロジェクトをやるうえでも、映画化される作品がないと、なかなか吸引力にならないので。劇場公開作品も作っていくというのをセットにしてやっていた時期で、それで何本かやりました。

——岩井監督はいろんな才能があってアーティストタイプなのかな、と思うんですが、名プロデューサーぶりを発揮されたりしていたんでしょうか。

岩井—僕自身あくまでクリエイターなので、プロデュースといってももちろんパートナープロデューサーがいて、セールスや配給、宣伝はそういう人たちがいないと回らないです。あくまでワークショップのプロジェクトプロデューサーということですね。

三〇年間の軌跡❹〜アメリカ時代と3・11〜

――二〇一〇年に『ヴァンパイア』という日本・カナダ・アメリカの合作映画を撮られますね。日本にいても何か撮りたいものを見いだせなくなっていた、とのことですが……。日本を舞台にすることの限界ということでしょうか？

岩井――「KY」という、空気を読むという言葉が流行語になっていたような時代だと思うんですけど。もともと『スワロウテイル』にしても『ピクニック』にしても、日本という国の妙なところへの違和感の反動で作っているところがあって。日本を文明批判的に見た時のSF的な視点で作っていたと思うんですが、ある時期から何もかもが既視感になって、新しいものが見出せないという時期がありました。

　象徴的だったのが、二〇〇六年、『虹の女神 Rainbow Song』をプロデュースした年に自分が作った作品が『市川崑物語』で、僕の中では大好きな作品なんです。『虹の女神』も大分踏み込んで、編集も僕が担当して、みんなで一生懸命やった作品ではあったんですが、監督の名前がつくのは、この年『市川崑物語』だけです。この映画は市川崑さんの写真や、映画のフッテージは出てくるんですけど、黒い画面に字だけしか出てこない。画はないんです。「そうなんだよな、今年の岩井俊二の作品には画がないんだよな」というのが、自分の中では腑に落ちていた。それが自分が特段日本の中で撮るものがない状況を表していました。

　その頃実は既にアメリカにいて、いくつも企画を立てたりしていたんで、なおさら日本に帰ると何もない、という感じになっていました。『ヴァンパイア』は三つ目の企画だったんで、まだあと二つ残っていて、これもいつか映画化したいなと思っているんですけど。

　自分がスランプに陥っていたわけではないです。作り続けてはいたんですが、日本でやることがなくなっていた。

――二〇〇六年頃からアメリカにいらして、五年後の二〇一一年に日本では東日本大震災が起きます。3・11後に撮られた『フレンズアフター3・11 劇場版』は、じゃあアメリカから飛んでいらして撮ったと。いてもたってもいられなくなってということでしょうか。

岩井―原発事故がどうなっているか分からない状況の中で、事務所も東京にあったので、いったん日本に戻ってきました。そこから先どうしようかという中で、中国で撮るプランもあったりしたんで、一時上海にマンションを借りて日本と行ったり来たりできる状況を作ったりしていました。

GW明けに被災地を一人で回りました。その時動画や写真を撮ったりしましたが、特段それを世に発表しようとか考えたわけではなく、むしろそういう気持ちに全くならない自分がいて。この問題に手出しすることは自分はないだろうな、と思っていました。

被災者に煙たがられながらもカメラを向けるドキュメンタリー作家たちの業みたいなものに敬意を抱きながら、それだけに自分がその位置に立とうとも立てるとも思わなかった。ただ、当時、自分のホームページにインタビューコーナーがあって、いろんな人に話を聞くというのをやっていたんですが、そこで原発に詳しい人を呼んで話を聞いたりしていました。それが発展して、なにか自然に『フレンズアフター3・11』というドキュメンタリー作品が生まれたわけです。「フレンズ」というキーワード、友達にならなんでも話を聞けるか、と思ったところから、それはそれでひとつの作品になると気づいたわけです。ジャーナリストや活動家、被災地の友達とか親戚を訪ね歩いて話を聞いて、震災後に会って友達になった人たちなどの話も聞く、というスタイルのドキュメンタリーにしました。わりとパーソナルベースで作ったものですね。

原発事故の行方みたいなものが心配で。どこまで広がっちゃったんだろう、というような情報がなかなか出てこなかった。場合によっては東京を離れなきゃいけないだろう、というようなことを考えていた年でしたね。

――岩井監督は社会的発言も積極的にされる映画監督でもあります。二〇一五年に初めての長編アニメーション作品『花とアリス殺人事件』を経て、一六年に『リップヴァンウィンクルの

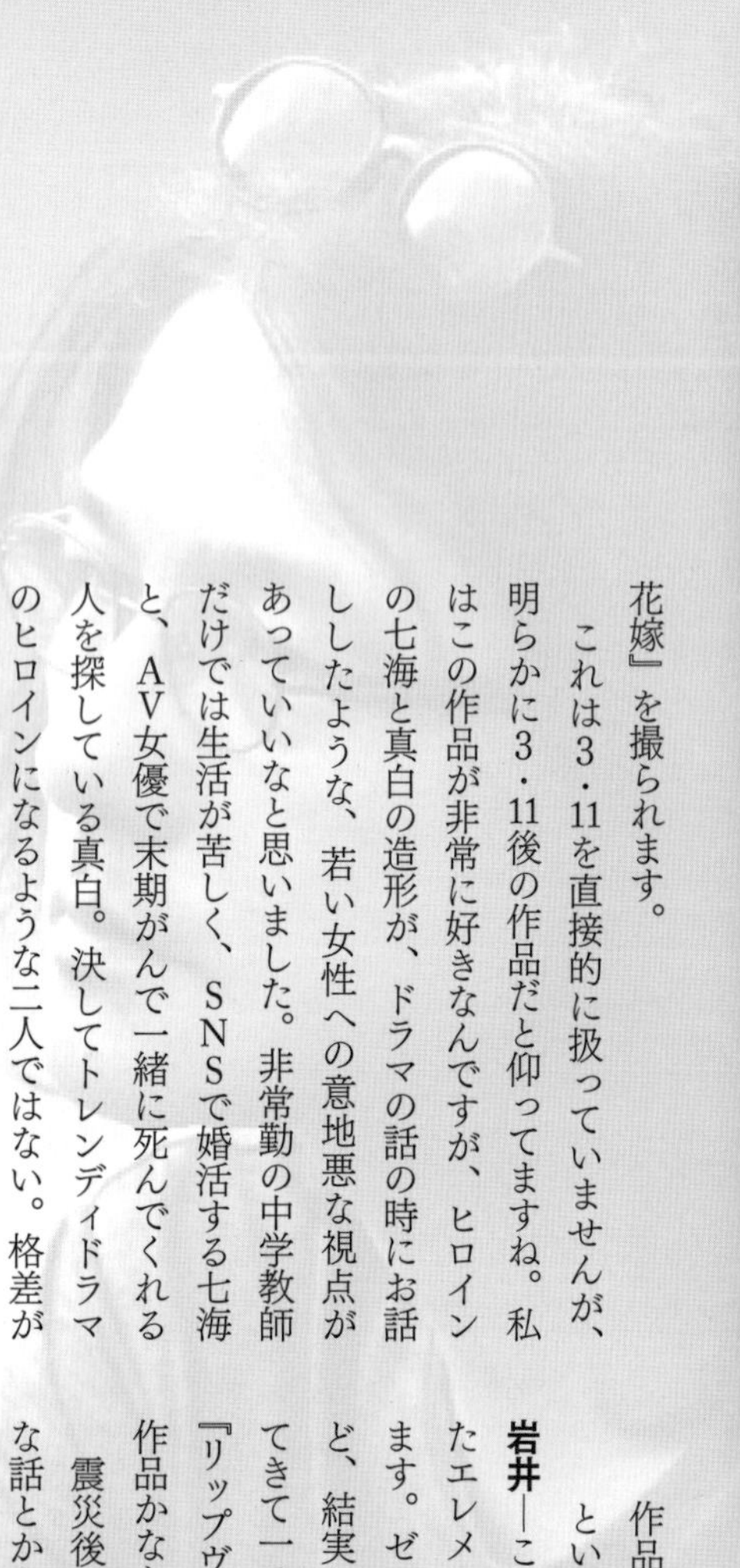

花嫁』を撮られます。

これは3・11を直接的に扱っていませんが、明らかに3・11後の作品だと仰ってますね。私はこの作品が非常に好きなんですが、ヒロインの七海と真白の造形が、ドラマの話の時にお話ししたような、若い女性への意地悪な視点があっていいなと思いました。非常勤の中学教師だけでは生活が苦しく、SNSで婚活する七海と、AV女優で末期がんで一緒に死んでくれる人を探している真白。決してトレンディドラマのヒロインになるような二人ではない。格差が広がった現在の日本では女性の貧困は深刻な問題ですし、致し方ない部分もありますが、しかしやはり本人の非がないわけでもない。

不幸な女性を描くという意味では成瀬・溝口らの日本の伝統芸に近づいたような気もしますし、女性の連帯や同性愛ではない女性同士の友愛を描いたという意味ではまったく新しいものを描いている、非常に画期的でもあります。私はこの作品で岩井監督は巨匠の域に達したのではないかと思いました。ご自身では、特にこの作品をエポックメイキングだとは思っていないというような発言をされていますが……。

岩井―この作品に関しては、一〇年くらい持っていたエレメントがそこに凝縮されたような気がしています。ゼロから新しい話を書く場合もあるんですけど、結実しなかったいろんな過去作品が寄り集まってきて一つの作品になるというようなケースもある。『リップヴァンウィンクルの花嫁』の場合はそういう作品かなと自分では思っています。

震災後の津波の話とか、もうちょっとストレートな話とかあったんですけど、どこでもなくどこでもある、東京の在り様としての世界を描こうと思ったんですね。SNSが発展して通販で買い物するのが当たり前になっている世界で、いろんなサービスがあって、なんでも手に入ってしまうような中で、何が幸せなのか。

自分の中では貧しいというのは必ずしもマイナス要素ではないんですね。「何をもって幸せなのか」という中で、一見、幸せそうに見えたり不幸そうに見えたりする場面が、本当にそうなんだろうかと。自分がやりたかったのは、主人公が成長する話ではな

『リップヴァンウィンクルの花嫁』

くて、観ている側の価値観が逆転するような話でした。騙し絵のような、実は本人微動だにしていないんだけど、というような話。成長も何もしていないんだけど、世界はぐるんと変わったよね、みたいなものを作っている時はイメージしていました。

——女性を描くことが多い岩井作品ですが、もう一つの変化として、この作品から対象の年齢層があがったということも言えると思います。さらに『ラストレター』では中年の女性とその娘、親子二世代が描かれます。これは岩井作品の成熟と見ることも可能かと思いますが、そのあたりはいかがでしょうか。

岩井——いや、僕個人は学校は巨大な舞台装置だと思っているので、いつでも学校にまつわる作品を作れるなら作りたいと思っています。同時に大人の話というのも、過去やっては来ているので。自分の年齢は変わってはいるんですけど、あんまりそれに引きずられて自分の料理の味付けが変わっていくのは怖いなと思っています。

——じゃあこれからも少女の話もジュブナイルも撮ると。

岩井——ただやり遂げられていないものも多く、逆のゾーンももちろんあり得ます。特に大作系のプロジェクトは沈没したものばっかりで、僕のWikipedia見て頂くと、どれだけ途中で失敗しているかっていうのを誰かがまとめてくれているんで（笑）、懐かしく思い返しますけど。

要は大きなプロジェクトになるほど、準備段階で頓挫することが多いんでよすね。リスクも上がってくるし、よっぽどみんなが成功すると思いきれないとできないので。結果的にそうしたアンバランスさのせいで、自分が想定していたフィルモグラフィーとは大分違う姿になってしまったな、という想いがなくもないです。

これからの映画業界と批評界

——日本の映画界が経済的に苦しくなっているという話がありますが、海外と組むことはその打開策になりますね？

岩井——僕個人はそうですね。例えばファンが中国では日本の一〇倍くらいいるんですよ。ツイッターみたいなものがあって、そのフォロワーだけでも日

『8日で死んだ怪獣の12日の物語』

本の一〇倍くらいいる。観てくれるお客さんの数が違ってきますからね。

――『8日で死んだ怪獣の12日の物語』も、新型コロナウィルスによるステイホームの閉塞的・鬱的な「我々の」状況を掬い取っていましたね。映画がどのように社会に拮抗できるかを、真剣に考えてある意味フットワーク軽く実践されていらっしゃるのに、批評が追いついていないように思います。

今回の本を企画し編集するにあたって、つくづく「岩井作品を論じることの難しさ」を感じました。映画批評界にある強固なシネフィリー的価値観から、私はいい意味でと思うんですが、外れること。男性批評家は岩井作品が根底に持つ少女漫画的なものへの偏見というか抵抗感も強いのではないかと感じました。

萩尾望都、竹宮惠子、大島弓子などの少女漫画は一世を風靡しましたが、今はアイドル文化やアニメーションの方が人気がある時代です。これらで私が気になるのは、中心的な観客を男性に想定しているのではないかということです。男性読者まで巻き込んだ少女漫画の黄金期というのが、例外的な存在だったとしたら、それらを根底に持っている岩井監督の作品が、広く女性全般に受け入れられ、また、男性に抵抗感を抱かせるものであっても、おかしくはないのではないかと。このあたりについてはどう思われますか。

岩井――劇場を覗くと男性ファンの方が多い場合もあったりするので、一概には言えないと思うんですが……。男性ファンが少ないわけでもないんですよね。あと、自分の作品が、では果たして少女漫画なのか、と言われると違うような気もします。少女漫画の絵で描き起こせるものなのか、というとそういうものでもない。

自分が一番影響を受けていると思うのは、小学生の時に観た手塚治虫さんの苦手な面なんですね。子供時代、手塚治虫さんの好きな面と苦手な面があって。苦手だったのは性的なところで、受け入れ難かった。ただ大人になってくると、そのえぐみが、手塚作品の真髄というか、これを描きたかったんだろうなとしか思えず、そこに共感しているところがあります。それは変態性でもあり、宇宙でも哲学でもありそれが三位一体となっている稲垣足穂的な世界ですね。

少女漫画といってもキラキラしたものが好きなわけでは全然なくて。結局、なんらかそのえぐみを持っていたものに反応していたような気がするんですね。高野文子や、大島弓子もきっとそうでしょうし。少女漫画といっても、その中でニッチなところが好きだったんだと思います。

――私が少女漫画的だと思うのは、例えば『ラヴレター』で渡辺博子と藤井樹を同一人物が演じるというのは、映画としてはまったく自然ではない。『ラヴレター』以外であまりないのではないでしょうか。親子を同じ俳優さんが演じるというのも、そんなに頻繁に見られるわけではないです。インド映画の『バーフバリ』と『ラストレター』そして『チィファの手紙』、あと数本を数えるくらいです。映画のリアリズムやしきたりのようなものをあっさりと覆すような配役ですよね。

岩井――『ラヴレター』に関しては、若い頃に読んでいた田淵由美子さんの世界みたいなものをやってみたいな、というのは確かにありました。

――違う役を同一人物が演じるというのは、どこから来た発想だったんでしょうか?

岩井――ドッペルゲンガー的な、アイディンティティの問題、双子性とか、そういうところに根ざしているんだと思います。比較的好きな手法ではあります。ポール・ボウルズが一九四八年に書いた『You Are Not I』という短編とか、アゴタ・クリストフの『悪童日記』とか、あれを二〇代の時に読んで、自分のやりたいことと凄く近い世界がそこにあった気がしました。それぞれ国も違えば環境も違う作家たちなのに。

――中韓とは歴史的な経緯と、右傾化する世相から近年はますます関係が悪化しています。その作品の普遍性で国境を越えた『ラヴレター』から発展した『ラストレター』『チィファの手紙』が、映画からできる現実への一手になると信じています。本日はどうもありがとうございました。（二〇二〇年八月二四日、ZOOMにて取材）

【エッセイ】

岩井俊二
Iwai Shunji

死の気配だったり、喪失だったり

ここ最近を振り返っても大切な人を喪い続けた。僕のオリジナルである父の死。バンド仲間だった宮内陽輔のあまりにも早すぎる死。『ラストレター』でご一緒した木内みどりさんの死、多くのインスピレーションを与えて下さった大林宣彦監督の死。死別を繰り返す度に、僕の中の何かが疼き、やがてそれが作品の何かしらに反映されてゆくというプロセスを僕は幾度も体験した。

死とは何ぞや？

それは僕にはわからない。僕は死んだ先の世界や輪廻転生を信じているわけではない。とはいえ、そうした世界観を否定する者でもない。我が身に死の影が降り掛かった時、できるだけ怖い思いをしたくはないものだとか、犬死にみたいな甲斐のない死に方はしたくないものだとか、何とも意気地のない考えだが、実は僕の生死観とはこの程度のものである気がする。高尚さのカケラもない。

死によって人を喪う時は、また少し違う体感がある。僕はうまく人の死を咀嚼できない。人の死に接して感極まって涙が溢れたことなど、どのくらいあっただろう。どうもうまく向き合えていない。根が臆病なせいかも知れない。死に対して自分の感情が一致した瞬間は、五歳の時に飼っていた小さな子猫が死んだ時ぐらいだ。ある日近所の、僕より二歳年上の少年に託された捨て猫だった。自分の家では飼うことが許されず、僕に譲ってくれたのだった。いつもはいじめっ子で怖いお兄さんだったが、子猫を抱いて困っている姿はまるで別人のようだった記憶がある。僕はその子猫を家に持ち帰り、どうやって両親を説得したのかは記憶にないが、白い瀬戸物の小皿に牛乳を入れて与えたときの映像が今も鮮明に残っている。梅雨時だったか秋頃だったか、暑くもなく寒くもない季節のどこかで、我が家は家族旅行を楽しんだ。どこに行って何をしたのかは憶えていない。天候が悪かったことだけは覚えている。帰宅したのは夜だった。部屋で子猫が死んでいた。それを見た瞬間、僕はその現実が受け止めきれず、わっと泣いてしまったのだった。その胸の痛みは今も忘れない。

ところがどうしたことか、人の死となると、そうはゆかない。泣くより先に観念が湧いて出る。これは一体どうしたことなんだろう？　これをどう捉えたらいいのか？　故人と過ごした日々を思い出し、そのかけがえのなさを再評価し、あれやこれやとエッセイの下書きをこねくり回すようなことを頭の中で繰り返してゆくうちに、まるで不発に終わった爆弾のように、待てど暮らせど、感情の爆発はやって来ない。いつしかその爆弾をのみじっと見つめて、いつ爆発するか、いつ爆発するかと、気を揉んでいるうちに、通夜は過ぎ、告別式は過ぎ、気がつけば、その爆弾は始末されぬまま、部屋の片隅に転がったままになっている。小学時代の同級生の死も、高校時代の友人の死も、大学時代の後輩の死も、映画に出てくれた俳優の死も。

僕の母方の祖父が亡くなった時、同い年の従兄弟が棺の前で泣きじゃくっているのを目撃した。彼は自閉スペクトラム症を抱えていたが、子供のように素直で愛に溢れた人だった。そんな彼が、祖父の棺を前にして、押し寄せる感情に、きっと胸が張り裂けんばかりに苦しくて切なくて泣くしかなくて泣いているように見えた。同い年の従兄弟がそんな風に泣きじゃくっている横で、何か他人事のようにぼんやり突っ立っている自分が恐ろしくなったものである。

悲しみが爆発しない。

これが僕の宿痾である。爆発しなかった爆弾はずっと自分の中に残り、いつまでも心から消えてくれない。いつしかそれを何かで表現するようになった。絵であったり、文章だったり、映像だったり。振り返れば〝死〟は間違いなく僕の描く素材の大きな要素になっていた。

ある日、プロデューサーの水野昌の祖母が亡くなったと聞いた。しばらくして、彼女が『チャンオクの手紙』という短編のプロットを送って来た。当初、僕はスーパーバイザーとして参加して、いずれは誰か他の監督が撮影する企画となるはずだった。改稿を重ねるうちにのめり込み、自身で監督してみたくなった。主人公はウナ。その夫ボンスの母チャンオクはどこか身体を患い、この家族と同居している。ウナとチャンオクの折り合いは決してよくない。しかしチャンオクと実娘のユンジンとの関係は修復不可能な域に達している。ウナの娘ヘジョンと息子のジェソンは口うるさい祖母に冷笑的ではあるが、絶妙なバランスでひとつ屋根の下で共存している。

ある日このチャンオクが亡くなるのだが、三通の手紙を残していた。それぞれ、ボンス、ヘジョン、ジェソンに宛てて。ウナに宛てた手紙はなかった。何故か？　そこが物語の核心部分である。

撮影は二〇一六年一二月。真冬のソウルは極寒の地であったが、あの寒さが懐かしく忘れがたい。短い期間だったが、ペ・ドゥナの繊細な演技を思う存分撮影できた。

実は、この物語の執筆の中で、結局採用されなかったサイドストーリーがあった。チャンオクとその恩師の文通の物語だった。僕はそのエピソードを膨らませてみることにした。『チャンオクの手紙』の前日譚が浮かび上がってきた。僕はその物語に『ラストレター』

と名付け、その草稿を韓国、中国、日本、それぞれの仲のいいプロデューサーに見せた。日本は川村元気プロデューサーだった。是非一緒に映画化しましょう、という話になった。中国のプロデューサーは映画監督のピーター・チャン。返事がなかった。数カ月後、会食する機会があり、草稿の感想を聞いてみると、知らないという。メールが届いていなかったのか、迷惑メールボックスに落ちてしまったのか、ともかく改めて送ると今度はすぐに返事があった。一緒にやろうと。韓国は『チャンオクの手紙』を共に作ったプロデューサー、オ・ジョンワンで、何度かディスカッションを繰り返したが、スケジュールの問題などもあり、ついに実現しなかったことは今も心残りである。ペ・ドゥナの演じる『ラストレター』も観てみたかった。しかし、それを断行していたら我が身がもたなかったかも知れない。

　かくして韓国の『チャンオクの手紙』から派生して、日本の『ラストレター』、中国の『チィファの手紙』という双子作品が誕生した。この物語の中に一冊の小説が出てくる。主人公の亡き姉の名を冠したその架空の小説の中身を実際に書いてみた。大学を舞台にした青春小説が出来上がった。健やかなる青春小説だが、そこにはやはりひとつの死の気配が漂う。この作品が映像化された時、きっとこの一連の手紙物語に終止符が打たれるのだろう。振り返れば、映画のデビュー作が『ラヴレター』であり、更に遡ってドラマデビューとなった作品『見知らぬ我が子』はある家族が次々喪われてゆく物語だった。もっと遡れば大学時代、フィルムを回し始めた頃から、僕の作るものには死の気配だったり、喪失だったりが登場する。

　うまく死と向き合えない自分が、その結果として、多くの作品の中で死と向き合っていたのかと思うと、何とも不器用で、皮肉な話である。

©2020『ラストレター』製作委員会

I.

『Love Letter』から『ラストレター』、そして『チィファの手紙』へ

【インタビュー】

ジョウ・シュン（周迅） *Zhōu Xùn*

ドキュメンタリータッチの大切さ

取材・構成：劉文兵

『ふたりの人魚』（98）、『ハリウッド★ホンコン』（00）、『小さな中国のお針子』（01）などの主演作で、日本でもおなじみの女優ジョウ・シュン（周迅）。コン・リー（鞏俐）、チャン・ツィイー（章子怡）と肩を並べる中国を代表する大女優の一人。そんな彼女にインタビューを行った。

――ジョウ・シュンさんは「永遠の少女」、「人間界に落ちた妖精」のイメージを持ち、四〇歳を過ぎてもTVドラマの『紅高粱』（15）、『如懿伝～紫禁城に散る宿命の王妃～』（19）の中で一〇代、二〇代のキャラクターを違和感なく演じられ、お茶の間の話題をさらいました。『チィファの手紙』では、母親を演じていましたが、回想シーンでの少女時代、またその娘の役も一人三役で演じたいとは思いませんでしたか。

周迅―キャスティングは主に監督の考えと指示のもとで行われたものです。『チィファの手紙』はリアリズムの作風の作品なので、岩井監督のイメージに基づいた今回のキャスティングは個人的にとてもいいと思っています。

――ピーター・チャン監督との対談の中で、アン・ホイ（許鞍華）監督の『明月幾時有』（17）に出演したあとから、自分の年齢を気にするようになったとおっしゃいましたが、当時の心情を聞かせていただけますか。日本のスター女優にとってもためになると思います。

周迅―それまで年齢のことは全く気にしなかったのですが、『明月幾時有』が公開されるやいなや、周囲で突然、私の年齢が取り沙汰されるようになったのを見て、びっくりしました。何とも言えない焦りに取りつかれましたが、しばらくすると心の整理がつき、年齢を含め、自分のすべてを受け入れるようになりました。

面白いことに、焦燥感を脱した後に、出演のオファーが増え、キャラクターの選択肢も増え、私を

PROFILE

1974年生まれ。金馬奨、香港電影金像奨、百花奨、アジア・フィルム・アワードの女優終賞を総なめにした初の中国人女優で、シュー・ジンレイ(徐静蕾)、ヴィッキー・チャオ(趙薇)、チャン・ツィイー(章子怡)とともに中国四大女優のひとりとして人気を誇る。出演作に『ウィンター・ソング』、『更年期的な彼女』など。

想定して書かれたキャラクターはバリエーションに富むようになりました。むしろ今の私はこれまでになく、自由を手に入れていると実感しています。ですから、女優にとって、年齢は必ずしも制約を意味するのではなく、新天地を切り開く、演技を上の段階に高めてくれるきっかけなのです。

——演技のリズム、とくに呼吸の整え方は、ジョウ・シュンさんの演技に他の女優にない独自性をもたらしていると思いますが、目指している一番良い演技とはどのようなものですか。

周迅—私はドキュメンタリーが好きで、それを世界を知る手掛かりにしています。ドキュメンタリーを通じて人間とその感情の本質にダイレクトに迫ることができるような気がします。ですから、私は「ドキュメンタリータッチの演技」を最高の演技だと思っています。リズムや呼吸、しぐさもすべてこのドキュメンタリータッチに裏打ちされた演技を目指しています。このような演技のスタイルは、斬新というよりも、ストレートな演技だと思います。どんなジャンルの映画であっても、観客にとって素朴で分かりやすい表現こそ、最もその心に働き掛けるものではないでしょうか。

この理念を岩井監督と分かち合うことができたので、本当に嬉しかったです。撮影の時に動き回る私を手持ちキャメラで追い掛けるような撮り方をしてくれたおかげで、自由に演技することができました。

もちろん監督の書いた台本は、すでに完成度の高いものでしたが、俳優にアドリブの演技をする余地を残してくれました。たとえば、チィファが知人のおじいさんの家にいるところに、文通相手のイン・チャンが突然訪ねてきて、化粧をしていない彼女がせめて口紅を付けようとするシーンは台本にもありました。本番の撮影の時に、私が慌てて、小声で「口紅はある？」とおじいさんに聞くリアクションは、私のアドリブでしたが、監督は気に入ってくれて、そのまま映画に取り入れました。映画作りの面白いところは、まさにそのときどきの現場の雰囲気がさまざまな意外性をもたらすことです。

——岩井監督の第一印象は？

周迅—監督の少しウェーブのかかったロングヘアのように、彼に風のような自由さを感じました。それに目はとてもピュアで、現在の中国のSNSで流行っている言葉で言うと、「永遠の少年」ですね。

――岩井監督は現場でどんな様子でしたか。どのような演技指導をされましたか。

周迅――岩井監督はいつも一番早く現場に入り、撮影する場面のすべての細部、照明や、俳優の立ち位置と細かい動きなどを、必ず自ら一通りたどっていました。「岩井」という中国語の発音は、「厳謹（几帳面という意味）」という言葉に近いので、「厳謹監督（マメな監督）」と呼ばれていました。

彼は私たち俳優に何を求めるか、正確にはっきり注文すると同時に、中国の俳優のアドリブの演技も採用していました。そもそも台本は日本語から中国語に翻訳されたもので、実際の日常生活の中での中国人の話し方とはいささか異なり、「中国化」する必要もあったからです。言葉の壁があったとはいえ、俳優の演技に対する監督の直感は、大変鋭かったと思います。

――岩井監督が撮る女性像は、独特な魅力に定評があるのですが、ジョウ・シュンさんを撮る際に、照明やアングルなど、特別に工夫されたことはありますか。

『チィファの手紙』

周迅――今まで仕事をした監督の中で、自然光を最も好んで使用した監督でした。現場では照明器具がほとんど見当たりませんでした。場面に合わせて、たとえばストッキングを電球にかぶせて作った、自家製の照明器具を初めて見たときには驚きました。そういった細かい工夫が生み出す監督のドキュメンタリータッチにとても共感しました。彼の作品に出てくる女性像は、いつも自然体で生き生きとしていて、その感情も素朴で真摯であることに納得しました。

――現場では、どのように言語と文化の違いを乗り越えて、監督とコミュニケーションを取りましたか。

周迅――監督とはWeChatという翻訳機能のあるアプリを使っていたので、一般的なコミュニケーションは問題ありませんでした。しかし、真の芸術が持つ言語の壁を乗り越える不思議な力を強く意識したのは、ヒロインのマニキュアの色を決めるときでした。私はヒロインのキャラクターに最もふさわしい、ブルーの色を選びましたが、あえて監督には、色合いが微妙に違う複数のブルーの色のサンプルを送り、その中から選んでもらうようにしました。ですが、監督は私が最初に選んだ色を選んだのです。それはお互いの人生の経験の積み重ねがもたらした感覚と感性の一致だったのかなと思いました。そもそも『チィファの手紙』に描かれている人間の感情も国境を超えた普遍性を持っています。身内の死から始まり、その死によって、残された家族に故人にまつわる細かい思い出を思い起こさせるのです。

――中国の映画市場では、テンポの速い、感情表現の激しいドラマチックな映画がメインですが、そのような中国映画市場が、なぜ作風の細やかな岩井監督、あるいはテンポの遅い『チィファの手紙』のような映画を必要としているのでしょうか。

周迅―成熟した映画市場では、バリエーション豊かなさまざまな映画ジャンルが共存しています。岩井監督の作品が、中国で受け入れられれば受け入れられるほど、それは観客の成熟度を物語っていると思います。近い将来、中国映画はより多元的になり、違うタイプの物語や、作風、感情の形が許容されると信じています。

――『チィファの手紙』に続いて、二〇二〇年一月にApple社が配信した、iPhone11 Proを撮影機材として用いた短編映画『娘』で、ジョウ・シュンさんはタクシードライバーのシングルマザー役を演じられました。監督は米国のセオドア・メルフィでしたが、国際共同製作についてのお考えをお聞かせください。

周迅―『娘』はスマートフォンで撮影された短編ですが、新しい撮影機器に合わせて、今までとは違った演技のスタイルで臨まなければなりませんでした。監督の演出も面白かったので、俳優として大変やりがいを感じました。

中国で起きたローカルな話がもとになった映画ですが、国内外の多くの人々の共鳴を呼びました。撮影機材が何であれ、長編・短編、スクリーンまたは配信、スタッフの国籍にかかわらず、作品の中に流れる感情とその芸術性は共通しているからです。

今の私は多国籍のスタッフによる製作スタイルにますます順応するようになりました。これからも日本をはじめ、世界各国の映画人と仕事をしたいと強く思っています。

【インタビュー】

豊川悦司

Toyokawa Etsushi

自分のために映画を撮っている人

聞き手・構成：夏目深雪、佐野亨

『ルナティック・ラヴ』や『undo』など、岩井監督の初期作品から出演していた豊川悦司。二五年間岩井俊二に併走してきたといっても過言ではない彼に、撮影当時のこと、岩井監督の人柄など、貴重なお話を伺った。

――豊川さんは、岩井監督がTVドラマを手がけていらっしゃった頃からのお付き合いですね。

豊川――そうですね。最初にご一緒した作品は、フジテレビの「世にも奇妙な物語」の一篇である『ルナティック・ラヴ』です。ただ、それ以前に、桃井かおりさんから「岩井俊二というすごく面白い監督がいて、絶対豊川くんと合うと思うのよ」と言われ、確か『FRIED DRAGON FISH』を観たんですよ。本当にすごく面白くて、何かチャンスがあったら一緒にやりたいな、と思いました。それから、『打ち上げ花火、下から見るか？ 横から見るか？』に出ていた奥菜恵ちゃんからも、劇場版の『NIGHT

HEAD』（94、飯田譲治）で共演したときに、岩井さんの話を少し聞いていました。そのあとすぐ僕はNHKの大河ドラマ（『炎立つ』）に出演したのですが、岩井さんがそのドラマをご覧になっていて、僕に興味を持ってくださったそうなんです。それで『ルナティック・ラヴ』にキャスティングされた、という流れです。

――『ルナティック・ラヴ』の現場はいかがでしたか？

豊川―あの作品は岩井さんが当時住んでいたアパートで撮影したのですが、奥さんと子どもを別の場所に移して、三、四日くらいで一気に撮影したんです。それで僕がバットで家の中を破壊するシーンがあり、岩井さんに「どれくらいやっても大丈夫なんですか？」と訊いたら、「好きなだけボコボコにしてください」と言われて（笑）。とはいえ借家だし、助監督の行定（勲）さんと「あれ、どこまで真剣に言ってるんだろうね」と話しながら、本番ではかなり暴れてしまいました（笑）。

――『ルナティック・ラヴ』の放映後まもなく映画『undo』でもご一緒されていますね。ストーカーの物語のあとは「緊縛」を扱った作品と、ハードな題材がつづいた印象がありますが……。

豊川―でもそれは岩井さんのなかにもともとある資質の表れだと思います。今に至るまで、岩井さんはスウィートとビターの両面を撮れる人ですし、一本の映画や一人の人物の中にその両方が同時に存在するという状態をすごく上手にとらえる作家だと思うんです。その按配は作品によって違っていて、『打ち上げ花火〜』はスウィートが前面に、『FRIED DRAGON FISH』はややビター寄り、両方をミックスしたのが『undo』といった感じでしょうか。

――岩井さんご自身の中にある両極的な面が映画にも表れていると。

豊川―もちろんすべてそのままご本人の投影ではないにしても、そういう部分はあると思いますね。なおかつそれを岩井さん特有の映像世界に昇華させてゆく。初期において、その世界を作るために欠かせない存在だったのが、おそらくキャメラマンの篠田昇さんだったと思います。それこそ僕が出演した『ルナティック・ラヴ』から『Love Letter』までは

『undo』

PROFILE

大阪府出身。映画『3−4×10月』、『12人の優しい日本人』、『きらきらひかる』などで注目される。その後、映画『Love Letter』、『八つ墓村』、ドラマ『NIGHT HEAD』、『愛していると言ってくれ』、『青い鳥』など多くの作品に出演し人気、実力共に日本を代表する俳優となる。主な近作に、『パンク侍、斬られて候』、『パラダイス・ネクスト』、『ラストレター』、『一度も撃ってません』、『ミッドウェイ』など映画中心に活躍。

全部篠田さんがキャメラマンでしたから。篠田さんは自分からいろんなアイデアを現場に持ち込むタイプのキャメラマンで、岩井さんご自身、「篠田さんがキャメラを構えるまではどういうショットになるかわからない」と言ってすごく楽しんでいらっしゃったという印象があります。

――『ルナティック・ラヴ』もそうでしたが、『undo』ではさらに出演者も限定され、空間の緊密度も高まっていったように思います。

豊川――『undo』もやはり一週間くらいの短期間で、本当に一睡もせず撮りきった記憶があります。最後の三日間は家にも帰らず、東宝の砧スタジオに山口智子さんと二人で詰めていましたから。

――それは俳優を役と同じ状態に追い込んでいくという狙いでもあるのでしょうか？

豊川――いや、岩井さんの場合はそういうこととは違って、むしろ俳優の芝居にはあまり干渉してこないタイプですね。あるシチュエーションのなかに俳優を置き、好きなようにやらせてみて、気になったところは修正するけれど、基本的にはそこで出てきたものを尊重する。岩井さんの興味は、そうやって出てきたものをどう撮るか、ということのほうにあるんじゃないかな。一言で言えば、自分のために仕事をしている人という気がします。「いい映画を作るぞ」とか「みんなにこんな映画を観てほしい」ということではなく、徹底的に自分が作りたいものと向き合う。それによって、結果的に評価を受けるというタイプの人なんじゃないかと思いますね。

——TV作品が続いたあと、岩井監督の劇場長篇デビュー作『Love Letter』でも豊川さんはご一緒されますね。

豊川——最初はあの作品も二時間のTVドラマにする企画だったんですよ。それが成立しなくなったあと、フジテレビの河井（真也）さんというプロデューサーが「いい題材だから映画にしよう」と提案して、結果的に劇場映画として完成されました。僕は全体の半分くらいしか出ていないので、俳優としてがっつりやったという印象はありませんが、現場では岩井さんと（中山）美穂ちゃんの仲介役みたいな立場でした。二人ともシャイなので。

あの作品もスケジュールがとにかく大変でした。最初は割と余裕をもって組んでいたはずが、岩井さんと篠田さんのなかで撮りたいイメージがどんどん膨らんでいって。助監督の行定さんなんか途中で力尽きて倒れていましたから。そのぶん、一つ上の高みに到達した作品だったと思います。すべて撮り終わったときには、みんな泣いて喜んでいましたね。

——豊川さんの演じた秋葉は、出番自体はそれほど多くありませんが、物語全体を眺めているような重要な役回りであると感じました。

豊川——さっき「岩井さんは自分のために撮っている」と言いましたけれど、『undo』の由紀夫も『Love Letter』の秋葉もおそらく岩井さん自身なんですよ。たとえば舞台の唐十郎さんや野田秀樹さんだったら、自分で演出して自分でやっていたんじゃないかと思います。そういう意味では、僕は岩井さんにいちばん近い性格の男なのかもしれません。そこには当時の岩井さんの理想——秋葉のようにドラマティックな形で一人の女性と出会い、その姿を見守り続けるような男になりたい、というような——も入っていると思いますが。

——そういう意味では、タイプは異なりますが、『ラストレター』における豊川さんの役もある種、主人公たちに何かを残しつつ、傍から眺めているという存在でした。

豊川—はい、だからやっぱり岩井さんの役なんですよ、『ラストレター』の僕も。

——豊川さんが演じた阿藤がですか。

豊川—ええ。福山（雅治）さんがやった鏡史郎じゃないと思いますよ（笑）。最初に言ったように、この映画にもスウィートとビターの両面があって、僕がビターだとすると、それがあるからスウィートの側の物語も引き立って、より美しく見えるというね。だからシナリオを読んだ段階ですごく岩井さんぽいなと思いました。舞台が岩井さんの故郷である仙台だということにも、個人的な強い思いを感じましたし。それに、こういう岩井さんの作品が日本だけでなく国際的に受け入れられるということは——『Love Letter』も韓国や中国ですごくヒットしましたし、『ラストレター』は岩井さんご自身が中国版の『チィファの手紙』を作りましたが——その世界観が国ごとのカルチャーの違いを超えて普遍的な要素を持っているということだと思うんです。つまり、「自分のために」作った映画が、結果的にはいちばん普遍的な映画になっているということですよね。

——『チィファの手紙』はどうご覧になりましたか？

豊川—『ラストレター』とはまったく違う映画を観た、というのが僕の印象です。同じシナリオにもとづいているとしても、やっぱり人物や風景が違えば全然違う映画になるんだな、とあらためて気づかされました。

——最後に、豊川さんにとって岩井監督との出会いはどのような意味を持っていますか？

豊川—ものすごく大きなものであることは間違いありません。不思議な言い方ですが、僕自身、岩井さんといると楽なんです。仕事以外でもときどきお酒を飲むことがありますが、何よりもまず人間として好きなんでしょうね。映画作家としても、岩井さんが撮る世界は唯一無二だと思います。残念なことに割と寡作なので、願わくばもっとたくさん映画を撮ってほしいですし、チャンスがあれば僕もぜひお付き合いさせていただきたいと思います。（二〇二〇年九月二四日、川崎にて）

【インタビュー】

中山美穂

Nakayama Miho

夢のように儚く、深く心に残るもの

取材・構成：佐野亨

主演した『Love Letter』が空前の大ヒットとなり、アジアのミューズとなった中山美穂。『ラストレター』では二五年ぶりに岩井俊二作品に出演した彼女にインタビューを行った。

――『Love Letter』のオファーを受けた際、物語や役柄についてどんなことを感じましたか？

中山―当時、私は主に所謂アイドルとしてのお仕事を演らせていただいていて、このままで良いのだろうかと悩んでいた時期でした。毎回役の職業が変わるだけで、私の中では変化が感じられずにいました。もちろん私の力量不足だったのですが。

そんな時、『Love Letter』のお話をいただきました。最初の打ち合わせの時点ですでに絵コンテもできあがっており、それからいくつかの岩井さんの作品を拝見しました。芸術性の高さにとても魅了され、どうして私にこんな素晴らしいお話を頂けるのかと驚きつつ、とても嬉しかったのを覚えています。

そして、それまでの私を整理する為に、一人旅に出ました。リセットして臨みたい。いろいろ切り替えが必要だったんですね。『Love Letter』との出会いは転機になったのだと思います。

――撮影現場の印象は？

中山―いろいろあるのですが、最初の頃は岩井さん

『Love Letter』

PROFILE

1985年ドラマ・CDデビュー。同年、日本レコード大賞最優秀新人賞を受賞。その後、日本レコード大賞・ゴールドディスク大賞などの各賞を受賞。数々のドラマ・CD・CM等で幅広く活動中。 映画『Love Letter』でブルーリボン賞他、各映画祭の最優秀主演女優賞受賞。映画『東京日和』で日本アカデミー賞優秀主演女優賞受賞。映画『サヨナライツカ』、『新しい靴を買わなくちゃ』、『蝶の眠り』、『ラストレター』などに出演。

のこだわりでセットの変更が続き、なかなか撮影が始まりませんでした。スタッフもいい意味で殺気だっていて。その空気は私にとっては高揚感しかなく、皆さんが作り上げた空間でカメラの前に立てるのが楽しみでしかありませんでした。申し訳ないけれど、作業の様子をロケバスの中からのんびりと眺めていました。セーターを一枚編み上げてしまったくらいの時間です。

いざ現場に入ると、完璧に岩井ワールドが作られていて、不思議に緊張もなく、自然にカメラの前に立つことが出来ました。役はもう作り上げられていたんですね。本当に幸せな時間でした。

――特に好きなシーンや印象に残っているセリフは？

中山―どのシーンもどのセリフも好きです。あえて挙げるなら、冒頭の、雪に寝そべり息を止めてから雪山を長回しで下りていくシーンでしょうか。あの始まりでもう沢山物語っているし、誰の足跡もない山を走るのはそれだけで美しいですよね。一回きりの本番のチャンス。山を下り切る頃にはもうだいぶ引きの画なのでスタッフが「がんばれ！」と雪に描いてくれていました。カットの声も聞こえない中、ひたすら走ったんですけど、そのスタッフの気遣いは、博子としても中山としても心にずっと響いてます。

——中山さんからご覧になって、撮影現場での岩井監督はどのような人ですか？

中山―現場での岩井さんは右脳と左脳を両方フルに動かしていて、その上でとてもアクティブなので、ただ作品のことだけを考えているという印象です。口に発する言葉と頭で考えていることと、つい身体が先に動いてしまうことが、どれも別方向に流れているように見えるんです。そんなことはありえないのかもしれないけれど、そう見えてしまうんです。アンテナがたくさん立っているんですね。その様子からひたすら不思議な人だなあと。

——他の映画やドラマと比較して、岩井監督ならではの演出の特徴はどのようなところにあると思われますか？

中山―空間の作り方でしょうか。アートなんですよね。かと言って押し付けがましくなく、映像と役者に自然に馴染ませる。もちろん美術さんのお仕事ですけれど、岩井さんらしいとも大いに言えます。あと、やはり岩井さんが好きなスタッフばかりだから、チームワークも素晴らしいんですよね。私も『Love Letter』以降、何人もの映画関係者の方から「『Love Letter』を観てこの世界に入りました」と言っていただきました。それって本当に嬉しい。そこが岩井さんの大きな魅力ですね。

演出は特に細かい指示はなく、取り敢えずやってみようという感じで。芝居というより、カメラワークや美術照明などのほうに力を入れているように見えます。それは役者を信頼してくれているってことなのでしょうか。わかりませんが。

海外でもいまだに愛されている『Love Letter』。数年前に台湾で上映されると聞いて、久しぶりにスクリーンで観てみたくなり足を運びました。これだけ時を経てもまったく色褪せていない素晴らしい作品だとあらためて思いました。永く永く愛されてほしいです。

——二〇二二年には、岩井監督がプロデュースを手がけた北川悦吏子監督作品『新しい靴を買わなくちゃ』にも主演されました。

中山―『新しい靴を買わなくちゃ』では岩井さんは

プロデュースという立場で、撮影現場に入られていたんですけれど、撮影初日、どんどんテンションが上がってきたのか、カメラを持って自分で撮り始めちゃったんですよね。あれは岩井さんらしいというか、笑ってしまいました。そして、撮影時間はとことん有意義に、大切にしているので、優雅にランチやディナーをする時間がもったいないらしく、食事をとらないこともありました。海外のスタッフということもあり、それなりに現地のルールもあるのでいろいろやりにくかったかもしれません。ですけど、毎日寝ないで現場にいました。プロデュースですが、やはり監督なんですよね。あの作品もセットが素晴らしかったです。

——そして、『Love Letter』から二五年経った今年公開の『ラストレター』で、久しぶりに岩井監督作品に出演されたわけですね。

中山—なんだか胸騒ぎがしました。明らかに『Love Letter』の流れでしょうし、豊川さんとの共演ということで。「ラスト」というタイトルが引っかかって。けれども、とても嬉しかったです。ほんの数シーンの出演でしたけど、重要な役でしたし、また豊川さんと共演できたことも感慨深い。また起用してくださって有り難く思いました。

それと、初めて私を褒めて頂いた作品です。どことは言いませんが。

撮影時のエピソードとしては、福山雅治さんとのシーンの中で、ロケ場所がカラオケ機器が置いてある居酒屋さんの前だったのですが、お客さんが福山さんと私の曲を交互に歌い始めてしまって。さすがに芝居は難しかったです。岩井さんも辛抱強く撮影したことでしょう。

——あらためて振り返ってみて、中山さんのキャリアのなかで岩井監督との出会いはどのような意味をもっていますか？　また、岩井監督へのメッセージをお願いします。

中山—いつも夢を見させてもらっているような気がします。いろんな内容の作品があるとは思いますが、それらが夢のように儚くも深く心に残るのが岩井さんの映画なんだと思います。今までもそうですし、今という時代を経て、その先もずっと先も、世界中に夢を見させていただきたい。そして、できれば永遠のピーターパンでいてくださいね。

◉論考

村上春樹と岩井俊二――一人称の作家

夏目深雪
Natsume Miyuki

I

岩井俊二の初の中国語作品『チィファの手紙』を観て、これは岩井とアジアとの関係を真剣に考え直さなければいけないと感じた。『チィファの手紙』には国際共同製作作品にありがちな、いろんな国のスタッフと議論をしながら作ったことが想像でき、国際交流という意味では有益だろうけれども、作品としては今一つはっきりしない、強くない、というところがいっさいなかった。背景も時代考証もおかしなところが全くなく、中国映画として馴染んでいて、俳優も自然体で、それでいながらチン・ハオ（秦昊）に今までと違う役をやらせるなど冒険もしている。日本版である『ラストレター』に比べると、例えばヒロインの夫に庵野秀明、DV元夫に豊川悦司、その同棲相手に中山美穂と『Love Letter』の主役二人を配するような、よく言えばファンサービス、悪く言えば悪ノリみたいな部分がなく、その抒情がストレートに沁みてきたというのもある。季節が夏から冬に変わったというのも大きい。回想部分でのジャージなど質素な服を着た子役たち、特にダン・アンシー（邓

恩煕）の美少女ぶりは、「初恋」がテーマの中核にあるこの物語に強い説得力を与えていたし、ジョウ・シュン（周迅）とチン・ハオの所作から醸し出される優しさも身に沁みた。松たか子と福山雅治が悪いわけでは決してなく、日本人俳優については他の役柄を演じるのを見慣れてしまっているこちらの問題も大きいのだろうが。

何よりも、映画を構成する全てに「岩井俊二の世界」を作り上げようという熱意、そして岩井の映画世界に対する敬意が感じられた。随分と前から噂に聞いていた岩井のアジアでの人気を一つの映画として見せつけられたのと同時に、もちろん監督自身も何も努力しないでこんな偉業はやり遂げられないだろう。ドラマ時代から数えると来年で三〇年を迎えるという岩井の映像世界のアジアを視野に入れた文化的意義を探ってみたくなったのだ。

その際に、補助線として外せないのは村上春樹だろう。福嶋亮大は、中国圏のライトノベルをリサーチしていたとき、台湾に「藤井樹」という名前の人気ウェブ作家がいて、中国にも『花与愛麗《アリ》絲《ス》』という若者向けの文芸雑誌があることに驚いたという。「いわゆる「八〇後」（筆者註：八〇年後に生まれた作家のこと）の若い中国人作家にとって、岩井俊二は村上春樹と並んで基礎教養の一つなのであり、彼らの描くリリカルで透明な世界は岩井俊二に直に連なっている」[★1]と述べる。

村上春樹がアジアでどう受容されてきたかに関しては、四方田犬彦が音頭を取り、各国からの村上の翻訳者を集めて実施したシンポジウムの内容を書籍として纏めた『世界は村上春樹をどう読むか』（文春文庫）など先行研究がある。この本の編者でもある藤井省三は次のように述べる。「六〇年代日本に続いて八〇年代から九〇年代にかけて高度経済成長を体験した東アジアでは、台湾・韓国の青年たちが八〇年代末の民主化達成後に虚脱感に陥り、香港や北京・上海の学生たちはあの悲惨な一九八九年六月四日「血の日曜日」事件で中国民主化の展望を失って深い挫折感を味わい、村上

★1　福嶋亮大「「子供のロマン主義」とその彼方」、『ユリイカ』二〇一二年九月号「特集　岩井俊二」、一七七頁

文学に深い共感を抱いたのです。そのいっぽうで村上作品は、若者が経済成長にともない急速に普及した都市文化（バー、単身者マンション、旅行など）を享受するさいのマニュアルともなっています。[★2]」要は日本を追いかけるような形になった中国・台湾・香港・韓国の若者たちが、共感すると同時に指南としたのが村上の小説だったのである。

村上の長編小説デビュー作『風の歌を聴け』の刊行は一九七九年、岩井の長編映画デビュー作『Love Letter』の公開は九五年と、日本での時系列は大分ズレている。だが、中国語圏で村上ブームが起きたのは一度目が八九年、二度目が九八年の『ノルウェイの森』を中心としたものだった。『Love Letter』が九六年に台湾・香港で劇場公開され、その後中国・韓国では海賊版で観られ「情書熱」（『Love Letter』ブーム）を引き起こしたのを考えると二度目のブームとは非常に時期が近い（後述するように、中国では九八年と同年）。

中国人研究者の張瑶による二〇一七年の博士論文「中国における岩井俊二：その映画と小説の受容の比較研究[★3]」では、中国語圏における『Love Letter』の受容が丁寧に記されている。最初に上映された台湾では社会全体に影響が広がり、前述の作家・藤井樹の存在の他にも、人気バンド「五月《メイ》天《ディ》」のボーカルで作曲家の阿信が岩井俊二からの多大なる影響を語ったりした。他にも、小樽を舞台にした純愛ドラマの存在、そしてヒロインが最後に言う「お元気ですか？　私は元気です」の台詞が後に製作された広告やミュージックビデオにおいて見られることも『Love Letter』の影響と考えられるという。

その後を追うように上映された香港では、主に映画ファンを中心にブームが広がり、オープニング劇場である影藝劇院では上映二六週目に五五〇万香港ドルを突破するというロングランとなった。

やや遅れて中国本土に「情書熱」が起きたのは九八年で、映画雑誌で次々と『Love Letter』をはじめとする岩井の映画が紹介され、『キネマ旬報』での岩井のインタビューの翻訳も掲載された。時

★2　『世界は村上春樹をどう読むか』企画：国際交流基金、編：柴田元幸、沼野充義、藤井省三、四方田犬彦、文春文庫、二〇〇九年、四頁

★3　東京大学学術機関リポジトリ https://irdb.nii.ac.jp/00926/0004117851

を同じくしてVCDやDVDの海賊版が出回り、ブームを引き起こした。また小説『ラヴレター』も二〇〇四年に翻訳本が刊行され、再販のものを加えると一三年末には合わせて三〇万部を超えた。翻訳本に序文を寄せた安妮宝貝（慶山）は、中国のネット作家群、「70後」（七〇年以後に生まれた世代）の中でも代表的な作家であり、『Love Letter』からの影響を明言しているという。他に、高倉健主演で中国で大ヒットした『君よ憤怒の河を渉れ』（76）の影響もあるのだろうが、二〇一〇年に個人用観光ビザの発給が解禁されてから巻き起こった北海道旅行ブームが影響として挙げられる。北海道を舞台にした中国映画も撮られ、フォン・シャオガン（馮小剛）の『狙った恋の落とし方。』（08）の他、岩井がスタンリー・クワン（關錦鵬）、ウェイ・ダーション（魏徳聖）とともに製作総指揮を務めた『恋する都市～5つの物語～』（15）の第四話は、北海道を舞台にし、『Love Letter』にオマージュが捧げられている。

また、張瑶が注目したのは「酷似人物」――『Love Letter』と同じく瓜二つの女性――という設定である。第六世代の監督たちが発表した作品、ワン・チュアンアン（王安全）の『月蝕』（99）、ロウ・イエ（婁燁）の『蘇州河』（00）、チャン・ユアン（張元）の『緑茶』（02）の三作を挙げ、いずれも『Love Letter』と同じく、二人の同じ容貌をした女性の一人の男性をめぐる話だという。いずれもユー・ナン（余男）、ジョウ・シュン（周迅）、ヴィッキー・チャオ（趙薇）と中国映画界を代表する有名女優たちが演じ、時期的にも初期の代表作に出演していた頃だというのも『Love Letter』の中山美穂と重なる。三作の共通点は、後から現れるヒロインと瓜二つの女性が、いずれも親から精神病などの病気や遺伝子を引き継ぎ、死にかけたり、死に至ったりすること。また、重要な場面で出てくる喫茶店やレストランで飲む緑茶やコーヒー、バーで飲むカクテルやビールなどが「都市性」を表していることだという。

だがその共通点を聞くと、むしろ浮かぶのは『ノルウェイの森』などの村上の作品世界の方だろう。『Love Letter』は中心人物たる男が（既に）亡き人で、後から出てくる瓜二つの女性は死にかけたりしはするものの、風邪をこじらせるだけだ。また、手紙の行き来がメインプロットで、回想シーンは中学生時代であるこの映画に喫茶店やバーで飲み物を飲む重要なシーンはない。精神病で亡くなる女性は明らかに『ノルウェイの森』の直子を想像させるし、主人公が喫茶店で飲むコーヒーやバーで飲むカクテルは村上作品に特徴的なものだ。

中国における岩井ブームと村上ブームがほぼ同時に巻き起こったことに鑑みると、双子性は岩井作品から、精神病や都市生活といった要素は村上作品からインスパイアされているのではないかと考えられる（村上作品、特に『ノルウェイの森』は双子性という要素はない）。

続いて張瑶は、小説『ラヴレター』と安妮宝貝の長編小説『蓮花』が『ノルウェイの森』に影響を受けているという見立てのもとに、それを論証する。村上ブームと岩井ブームが時期的に重なったことの理由として、張瑶が「90年代になって日本の流行文化が次々と中国に流入したことを背景として、特に両作が中国の多くの文学・映画愛好家の支持を受けたと考えられる。また、同時期の中国において、ネット文学と女性文学を中心とする「70後」文学ブーム（70後美女文学ブーム）が出現したことも、村上・岩井受容の背景として見逃してはならない」と述べるのはおそらく正しいのだろう。だが、張瑶は「『Love Letter』を撮影する前に『ノルウェイの森』を読んで、すぐに彼の作品に惹かれ、それは青春を題材とする作品を作る際に非常に役に立った」という上海国際映画祭での岩井のインタビューでの発言[★4]などを根拠に、『ラヴレター』や『Love Letter』が『ノルウェイの森』に影響を受けている、としている。それはあの時代の村上フィーバーを知っている日本人には少しピンと来ないだろう。むしろ『ノルウェイの森』は様々な作品の血となり肉となり、『ラヴレター』『Love Letter』もそういう部分もある作品の一例に過ぎない、という言い方の方が正確である気がする。

★4　監督本人によると誤情報で、『ノルウェイの森』を読んだのは二〇〇五年、アメリカの会社から映画化の打診を受けた時が初めてだと言う。

だが、張瑶の挙げる類似は、主人公の名字がともにワタナベ／渡辺であることを始め、頷けるものもある。主人公が、死者に対する罪悪感とともに記憶を蘇らせるところから物語が始まること、そして最後にはその記憶の呪縛からの脱出に成功すること。張瑶の解析とは少し違うが、『ノルウェイの森』では村上自身が六〇年代の自身の記憶を探りながら書き、『ラヴレター』『Love Letter』では主人公の渡辺博子が自身の中学生時代の記憶を辿る。両方とも記憶の旅を記録した作品だという類似もあるだろう。死者の記憶と生者の再生の物語。

中国圏、特に中国ではほぼ村上ブームと岩井ブームはほぼ同時に起こり、小説界や映画界に混然一体となった影響を与えてきた、ということを見てきた。高度経済成長時代が一段落し、死者への罪悪感、過去の時間へのノスタルジーとともに描かれた作品が、日本と同じく高度経済成長を体験しながら、その踊り場に立ち、政治的な挫折を経験したアジア各国の人々の心に響いたのは当然のことだったのかもしれない。国内の批評家には並べて論じられることのない村上と岩井だが、近隣アジア国での影響への大きさに鑑みても、その類似と相違点の検証は、我々が考える以上に現代日本のある一面を表しているのではないか。

II

「岩井俊二の映画は、叙情などという表現ではおさまらない、人間の独善性についての考察であると言ってよい。恋愛感情とは独善性の暴走であり、ゆえに当事者にとっては際限を知らぬ甘美な陶酔である。しかも岩井作品においては、その陶酔においてはまたべつの陶酔に溺れる第三者によって鏡像認知的なお墨付きを与えられ、「完全なる幻想」として永久に美化されつづけるのだ。試写室のあちこちから漏れ聞こえてきた鼻水をすする音がその完成度を物語っている。万感をこめて「私は

薦めない」。」（『キネマ旬報』二月上旬号、星取りレビューより）

佐野亨の『ラストレター』短評である。登場人物の独善性を暴走させ、甘美な陶酔に鏡像認知的なお墨付きを与えてまで美化し続ける作家に対してのものなのか、試写室ですすり泣く映画ライターや評論家に対してのものなのか、或いは両方なのか、何よりも評者の怒りが感じられる。評者は一体全体誰の何が悪いと具体的に考えているのか、よく分からないまま怒りの感情だけが伝わってくるところに既視感があった。村上春樹の小説に対する評論にそういうものがよくある。

村上春樹は毀誉褒貶という言葉がぴったりの作家で、一部の支持者を除き様々な批評家やライターに罵詈雑言のような言葉を浴びせられてきて、基本的にそれは今でもそんなには変わらない。蓮實重彥の「結婚詐欺のような小説」という名（？）言もあったが、基本的にはそれが大衆的な人気を得ている原因でもあるのだが、作風の敷居の低さを馬鹿にされることが多く、近年はフェミニズムの文脈で批判されることが多い（『海辺のカフカ』以降「僕」の一人称ではなく三人称を使用するようになったが、その場合も男性が主人公で、視点が男性中心であることに代わりはない）。

私自身イ・チャンドンと比較しながら、村上春樹をフェミニズム的な観点から批判する部分のある論考を書いたことはある[★5]ものの、彼の小説が登場した時は惹かれたし、衝撃的だった。横文字が言われるほど多いわけでもないのだが、固有名詞など重要なポイントで使われ、実際に村上の生活圏である神戸のバーで繰り広げられるシニカルな言い回しも洒落ていて、それまでの四畳半臭さが特徴だった日本文学からかけ離れていた。そして何よりも「僕」という一人称を使った小説が新鮮だった。『風の歌を聴け』の刊行は一九七九年、昭和まっただの中でその内省的だが決して四畳半臭くない「僕」が繰り広げる小説世界は、明らかに別世界だった。

バーやピンボール台などの舞台、そこで飲まれるビールやカクテル、ビーチボーイズやプレスリーなどのアメリカのポピュラーミュージック。特に初期のドラマ作品ではバート・バカラックなどアメ

★5　拙稿「イ・チャンドンと『バーニング　劇場版』と村上春樹」、『ユリイカ』二〇二〇年五月号「特集　韓国映画の最前線」所収

リカのポピュラーミュージックを使用した岩井と共通点がなくもない。ワン・ナイト・ラブが珍しくなく、明らかに乾いた西洋風である（ベッドは出てきても、畳は出てこない）村上作品と、畳も出てくる岩井作品とは違いもある。岩井作品が畳が出てきても四畳半臭くないのは、少女漫画的な、お伽噺的なテイストのせいだろう。人間関係に関して基本的にシニカルだが、その反動でクライマックスの部分で堰を切ったように情緒的になるところも共通している（『風の歌を聴け』でＤＪが言う「僕は・君たちが・好きだ。」という言葉。『GHOST SOUP』で、闖入者たちの素性が分かってからの感動的な大円団）。双方とも寓話性によって無国籍風になりローカリティが低く、他国で受け入れやすくなっているところも共通しているだろう。都市生活者の匿名性が、加速する一方であるグローバリズムを敵にせず味方にしているのだ。

村上が何故一人称を使って、書割のような世界で「僕」をめぐる話を書いたのか。家父長制や企業社会といった、高度資本主義社会のシステムを支えてきたものに立ち向かう「個」を描くことが、作家としての最も強い欲望だったのではないか。村上の主人公が、『風の歌を聴け』や『ノルウェイの森』は学生、他作品でも少年（『海辺のカフカ』）であったり、勤め人でも翻訳家（『羊をめぐる冒険』）や絵描き（『騎士団長殺し』）などのフリーランスであることは重要であろう。村上は極力家族の描写を排し、一人暮らしをしている都会生活者の孤独と自由と愛を描いた。それは学生運動で大きな変革の物語に失敗した村上が、「個」だけでどれだけ幸せに生きていけるのかの実験だったのではないか。一九七九年という時期に、それをやったのは先駆的としか言いようがない（結果として当然ながら、村上が小説家としてデビューしてしばらくは、文芸誌に村上春樹論を持ち込んでも掲載を拒否されたという。「文壇の小説」として認められていなかったのだ）。そこでその時代の日本の生活上のリアリティは犠牲となり、よりシステムを抽象化して描くために物語は寓話的になり、文学的技術は文壇が好むような洗練や玄人向けの晦渋さとはかけ離れていった。

村上に一四年遅れて一九六三年に生まれた岩井には、村上のような政治的な挫折はないだろう。幼少期、小説家に憧れていたという彼は手塚治虫などの少年漫画と同時に、その時期黄金時代を迎えていた少女漫画の影響を受け、油絵と漫画家の道をあきらめてから映像の世界に入り、日本のドラマがアメリカのそれみたいに洗練されていないことに憤り深夜ドラマで頭角を現した。地上波のドラマではあるが深夜の放送枠なので、ある程度経つと好きにやらせてもらえるようになったといい、噛み応えはあるのだが、決して晦渋ではない作風は漫画などのポップカルチャーの影響だろう。

村上と違うのは、ドラマのラインナップを見ても『マリア』『夏至物語』『雪の王様』など女性主人公のものがいくつかあり、ヒロインが魅力的だったり男女どちらが主人公とも言い難い『FRIED DRAGON FISH』などを入れると、男女のドラマ上の主導権の比率は半々の印象だ。そして特に『夏至物語』『雪の王様』など、女性が主人公のものがシニカルで、普通は男性作家が踏み込まないような域まで踏み込んでいて滅法面白い。

『夏至物語』では仕事に出かけたトオルのことばかり考えている女性が描かれ、ラストシーンでそのトオルが向かいのアパートに住んでいることが発覚する。ストーカーのテーマは『ルナティック・ラヴ』などでも描かれているし、佐野の星取りレビューが指摘するように、岩井映画の主人公なら多かれ少なかれ持つものであろう。『雪の王様』はデザインオフィスに勤めるOLが、職場の男性社員と次々と関係を持ち、そのうち一人と付き合いだすが安月給のうえ、見栄っ張りな性格が災いして借金で首が回らなくなり彼氏にも去られる、という話。アディクション（中毒）も岩井的なテーマで、「縛る」行為に夢中になるヒロインが出てくる『undo』やAVに出ることに喜びを感じる女性が出てくる『リップヴァンウィンクルの花嫁』などに繋がるだろう。女性が美化して描かれる少年漫画に違和感があったといい、少女漫画で「煩わしく、恐ろしい」女性の自我が描かれていた少女漫画に影響を受けたというのが本人の弁である。★6

★6　本書インタビュー一八頁より

そこで冒頭の佐野の短評に戻ろう。私は佐野の評のことをなんとなくフェアではない、と思いつつ岩井作品の最も骨幹の部分を鋭く言い当てていると思った。それは偏執的な偏愛ということである。それは『市川崑物語』を観た時確信になった。

この映画は市川の映画と、記録映像の他は、岩井の一人語りが黒い画面に白い文字で表わされる。岩井は幼少期から市川の映画のファンであったといい、その愛情を隠さない。岩井よりも四八歳も年上で、勿論世代の差の問題もあるのだろうが、金田一耕介シリーズが有名な市川崑のおどろおどろしい純日本風の世界と、ジュブナイルやお伽噺調など瑞々しい印象の岩井の作風は、私の中では簡単には結び付かなかった。肝心のところでピンボケである金田一耕介の指摘や、被爆者手帳を持った一〇〇歳を越える市川監督の姉の話など、ところどころで出てくるユーモアもよい。だが、何よりも感動的だったのは、終盤に出てくる、実際に市川に会った時の岩井の次のような字幕だ。

「僕は／この世で一番／話の合う人に出会ってしまった／そんな気がした／でも違った／やがて僕は気づかされる／話が合って当たり前／目の前にいる／この人は／僕のオリジナル」

そんなことはないのではないか……と思いつつ、一人称の語りの強さに惹きこまれてしまう。佐野が間違っていると思うのは、この台詞に表われているように、岩井作品において暴走するのは恋愛感情だけではないということだ。岩井作品の骨幹にある偏執的な偏愛が暴走するのは彼のドラマツルギーの基本であり、「恋愛感情とは独善性の暴走」というのはそこで恋愛感情のみ取り出して声高に批判する評者の潔癖さが垣間見えるだけで、評としては正確ではない。偏執的な偏愛の対象を恋愛対象者に限定しない岩井はジェンダーを軽々と超えている。そしてジェンダーを問わずみなが偏執し偏愛を持つからこそ岩井作品のヒロインたちはかくもリアルで、女性たちの共感を呼ぶのだ。そうやって彼はジェンダーを乗り越える。村上が男性一人称によって世界を席巻したとしたら、岩井は男性一人称、女性一人称それぞれを偏執的な偏愛を基底にして広めたと言えるだろう。

別の男性の映画批評家に岩井作品は基本「女性は聖女か娼婦（かその両方）だ」と言われて鼻白んだことがあった。確かに岩井作品は男性と対等な女性や、新しい女性像なんて別に提供していない。だが普通はそういうことは、女性が指摘し、批判するものじゃないか？

岩井は厳密に言えば村上のように一人称の作品を作ってきたわけではない（それはそういったものがあまり一般的ではない映画の特性もあるだろうし、『市川崑物語』は貴重な例外だろう）。だがその偏執的な偏愛する「自我」の、「個」の強さは、村上作品から引き継いだものかもしれない。そして彼は「僕」という一人称から抜け出すことができず、相変わらずフェミニストに批判されている村上を、ジェンダーを超えることで乗り越える。村上の登場人物が「僕は・君たちが・好きだ」と言ったとしたら、岩井の映画の登場人物は「僕は・君が・好きだ」或いは「私は・あなたが・好きだ」と言い続けている。その愛は異性愛にも、そして同性愛にも限定されず（じゃあ何なんだ？）、愛のために嘘をつき立場が苦しくなったり、愛のために破滅したり死に至ったりする。彼らは一生懸命窓から愛する相手を覗いたり、手紙を書いたり、SNSに投稿したり、婚活したり、一緒に死んでくれる友達を探したりする。その圧倒的な我儘さ、自由さの暴走。

村上作品のものとは違う自由さを手に入れた岩井作品の主人公たちは、だが村上の主人公たちと同じようにアジア各国で愛され、孤独な都市生活や不安定な政治に憂いる人々の心を勇気づける。そうして二人ともアジアで最も人気のある日本人作家と日本人監督になった。頭の固い自国の批評家だけがその自由さと越境を妬み、いつまでも悪口を言い続ける。

「お元気ですか？　私は元気です」——渡辺博子のあの台詞は誰に向かって言っていたのか。台湾で流行語になっていたのは何故なのか。今一度考え直す時に来ているだろう。

◉論考

ファン・ギュンミン
Hwang Kyunmin

『Love Letter』が変えた韓国映画の風景

1.『Love Letter』との出会い

一九九〇年代の韓国は、シネフィルにとって幸福な時代であった。私が大学生になったのは一九九五年のことだが、大学には映像ライブラリーがあり、そこで英語字幕付きの日本の古典映画に初めて接した。そのほかに映画への渇望を満たしてくれたのは、現・韓国シネマテーク協議会の前身とも言える「文化学校ソウル」を中心に催されていたさまざまな上映会だった。自主映画の製作者や映画研究会のメンバーたちが、とある一軒家の一部屋を借りて立ち上げた文化学校ソウルは、シネフィルにとってオアシスのような空間であった。日本映画に関しては、上映作品のほとんどが小津安二郎や溝口健二、黒澤明のような古典映画に限られていたが、それでも韓国語の字幕付きで日本語映画が見られることに、密かな喜びを覚えたものだ。

そうした古典的な日本映画ばかり見ていた私が岩井俊二監督の『Love Letter』に出会ったのは、大学内で文化学校ソウルが主催した上映会であった。学内のイベントを知らせる掲示板には、監督の紹介や映画の内容などの詳細な情報は記載されておらず、映画のタイトルと監督名、場所と日程だけが書かれた白い紙一枚が素っ気なく貼られていた。その監督の名前になじみがなく、タイトルもやや垢抜けないものに感じられたが、一度も見たことのない九〇年代の日本映画ということで、面白くなければ途中で出ようといった軽い気持ちでその上映会に足を運んだ。

結論から言うと、『Love Letter』は、私の日本映画に対する認識を一変させてしまった。それは軽妙な会話で進んでいくドタバタが出色のロマンティックコメディでもなければ、男女の関係をエロティックに描いた西洋の恋愛映画とも似ていなかった。あるいは一九六〇〜七〇年代にかけて全盛期を迎えた、韓国の暗くて重いある種のメロドラマとも違っていた。それはいわば、悲しくも美しく、爽やかに愛の感情を表現する、新しい恋愛映画であった。絶え間なく流れる情緒的な音楽は、恋するときの切ない感情を呼び起こし、寒い季節の小樽の綺麗な街の風景と、温もりに満たされた室内の空間は、『Love Letter』が具現する愛そのものの完璧なイメージだった。漫画からそのまま飛び出したかのような俳優たちの顔貌は、可愛いらしくて、清純で、美しかった。そして、中山美穂が「お元気ですか。私は元気です」と泣き叫ぶあの有名な雪山のシーンで、私は客席の皆と共にすすり泣いた。その短いセリフは、それまで字幕に頼りながら日本映画を見ていた私が、初めて意味を覚えた日本語だった。日本に来て一〇年が経とうとしている今となっては、それがいかに平凡な日常の挨拶であるかをよく知っている。にもかかわらず、「オゲンキデスカ」という六音節の言葉は未だに、愛のおぼろげな記憶を蘇らせるばかりではなく、現代日本映画への「初恋」が始まったあの瞬間を思い出させる魔法のような言葉として私の耳に残っている。

2. 日本文化の開放と『Love Letter』の興行

このように『Love Letter』は、正式に公開される前から、さまざまな自主上映会を通じて若者たちの目に触れていた。そのうち岩井俊二監督のほかのいくつかの作品も知られるようになった。そして一九九八年、いよいよ日本映画が一般劇場で公開されるときがやってきた。韓国政府が、米国アカデミー賞、カンヌ国際映画祭、ベネチア国際映画祭、ベルリン国際映画祭などの四大国際映画祭受賞作を優先して公開すると表明したのである。その方針に従って、同年の一二月に北野武の『HANA-BI』(97)と黒澤明の『影武者』(80)が公開されたが、いずれも観客の不入りのため、まもなく打ち切りとなった。翌九九年九月には、国際映画祭の受賞作以外の全年齢が観覧可能な映画にまで公開の範囲が拡張された。そこで今村昌平の『楢山節考』(83)と『うなぎ』(97)、そして『Love Letter』が公開された。『楢山節考』と『うなぎ』がそれぞれ五万二九九四人、四万二五一〇人という寂しい動員数に終わったのに対して、九九年一一月に公開された『Love Letter』は、週末の二日間だけで八万人の観客を動員し、最終的に一一五万人という驚異的な数字を叩き出した。この記録は、アニメーションを除けば、日本映画が韓国国内で成し遂げた最高の成績であり、現在まで一度も破られていない。ちなみに、韓国における日本映画の歴代興行成績で一位から三位を占めているのは、『君の名は。』(16、新海誠)、『ハウルの動く城』(04、宮崎駿)、『千と千尋の神隠し』(01、同)であり、『Love Letter』はこの三作に続いて、四位にランキングされている。★1

いわゆる巨匠の映画でもなければ、国際映画祭で脚光を浴びた作家の映画でもない『Love Letter』の興行について、封切り前は懸念の声を挙げる者も少なくなかった。というのは、私のようにどこかの上映会を通じて、すでに約二〇万人がこの映画を見たという噂が出回っていたので、果たして

★1 興行成績は韓国映画振興委員会による「映画館入場券統合電算網」を参照。http://www.kobis.or.kr/kobis/business/main/main.do

わざわざ見に来る人がどれだけいるだろうかという懐疑的な見方があったのだ。しかし、実際に蓋を開けて見ると、予想は見事に外れた。粗悪な画質で『Love Letter』を観た多くの人たちは、映画館の見事なスクリーンであの中山美穂の美しい顔と小樽の風景をしかと見るために劇場に足を運んだのだった。実際、私も『Love Letter』の劇場公開を待ち焦れ、上映初日に今はなき「シネコア」――ソウルの中心部に位置していたアートシネマ専門の映画館――へと足早に向かった。このように、『Love Letter』をすでに鑑賞していた人々からの評判が果たした役割は決して小さくなかった。『Love Letter』の成功は、あらかじめ存在していたファンによって決定づけられていたと言っても過言ではない。

　他方で、同時代の日本映画に対する韓国人の好奇心が高まっていたこともヒットの理由として挙げられる。国家的な政策によって全面禁止されていたにせよ、公的に解禁されるずっと以前から、日本文化は韓国社会に深く広く浸透していた。たとえば、日本の漫画の海賊版は一九八〇年代から夜市《ヤシジャン》などで流通しており、行きつけの本屋に頼めば日本のファッション雑誌ぐらいはいくらでも手に入れることができた。日本文化が開放されるほぼ直前の一九九六年には外国漫画の六二%、九七年にはテレビアニメの六〇%が日本製であった。そして、九七年のある調査によれば、小中高生の半数以上が日本の漫画、アニメーション、ゲームに触れていた。[★2] 要するに、韓国の大衆にとって、日本文化はすでに未知のものではなく、同時代の日本映画を受け入れる態勢は十分に整っていたのである。

　さらに付け加えたいのは、九〇年代に韓国の映画産業の体質が大きく変わったことである。『結婚物語』（92、キム・イソク）を皮切りに、若い客層を狙ったいわゆる「企画映画」[★3]が続々と製作され、一般の観客が気軽に楽しめる映画が増えた。九三年にはイム・グォンテク監督の『風の丘を越えて／西便制』がソウルだけで一〇〇万人の観客を集めた。いわゆる「一〇〇万人映画の時代」がよう

★2　イ・ソンファン、「植民地の記憶と日本大衆文化の流入、そして日韓関係」、『第2期日韓歴史共同研究報告書』第五巻第三分科編、日韓歴史共同研究委員会、二〇一〇年、一四三頁。

★3　それまで韓国映画業界には「映画企画」という概念が存在しなかった。ほとんどの映画が、監督のスタイルや問題意識に基づいた現場中心のシステムの中で製作されていたが、一九九二年、二〇代の女性や新世代の夫婦をターゲットにしたトレンディ・コメディー『結婚物語』が大ヒットしたことを契機に、監督中心の製作システムが、企画者やプロデューサーが主導するものに変わり、このシステムの中で多くの企画映画が誕生した。

やく到来し、映画は大衆娯楽としての地位を確立したのだ。映画週刊誌の『シネ21』と月刊紙である『KINO』、アメリカの映画雑誌『Premiere』の韓国語版など、なんと三つの映画雑誌が九五年に一挙に創刊され、翌九六年に釜山国際映画祭が、九七年に富川国際ファンタスティック映画祭が開催されはじめたのも、映画の大衆化を後押しした。この一連の現象は、大衆メディアとして映画への関心が以前とは変わったことを端的に示している。

何より興味深いのは、この変化に敏感に反応したのが、実はシネフィルだけではなく、日本の漫画、アニメ、ゲームなどを楽しんでいた一〇代後半から三〇代前半ぐらいまでの、どこにでもいる普通の観客だったことである。もっぱら娯楽として映画を消費しているこうした観客が、重厚な巨匠の芸術的な映画や、暴力性の高い通好みの映画に惹かれるわけがない。彼らにとっては、黒澤や今村の作品はもう時代遅れの古めかしいものにすぎず、壮絶な北野武の暴力の美学はどうにも共感できないものだったに違いない。『Love Letter』に対しても、感情に訴えるばかりの安易な恋愛話だというような批判もなかったわけではない。しかし、初恋という誰もが経験する切ない感情を、時に美しく、時にユーモラスに描いたこの映画は、日本の恋愛漫画のように、男女の日常を映したものとして、韓国の観客の大きな共感を呼び寄せたのである。

3.『Love Letter』の磁場と韓国「メロ映画」の復活

二〇〇〇年六月における第三次文化開放以降、成人映画を除く日本映画の輸入が可能になり、二〇〇〇年には二〇本、〇一年には二二本、〇二年には一九本、〇三年には一八本の映画が公開された。映画を含めて日本の大衆文化の制限が全面解除された〇四年には二六本の日本映画が封切られた。このとき、スタジオジブリのアニメ作品と『リング』(98、中田秀夫)などのJホラー作品に加えて、『秘密』(99、滝田洋二郎)、『冷静と情熱のあいだ』(01、中江功)、『黄泉がえり』(02、塩田明彦)、『ジョゼと虎と魚たち』(03、犬童一心)、『いま、会いにゆきます』(04、土井裕泰)、『世界の中心で、愛をさけぶ』(04、行定勲)、『ただ、君を愛してる』(06、新城毅彦)など、『Love Letter』のような切なさを喚起させる日本の恋愛映画が多数公開されたのである。残念ながら、どの作品も『Love Letter』が勝ち取った成績には及ばなかったが、それでも日本映画を巡る韓国映画業界の情勢が微妙に動いていたのは確かだった。

二〇〇四年には日本映画のみを上映する「メガボックス日本映画祭」が始まり、〇五年には韓国初となる日本映画専門の映画館がソウルの明洞に開館し、さらに〇六年には日本のインディペンデント映画を積極的に紹介する「スポンジハウス」が設立された。そして、今日に至るまで日本映画は外国映画の中でアメリカに続いて最も大きい比率を占めており、アメリカよりも優位に立ったこともある。この一連の出来事のすべてを『Love Letter』の成功と関連づけるのは無理があるかもしれないが、二〇〇〇年前後に韓国映画業界で起こった現象、とりわけそれまで姿を消していた韓国の恋愛映画が、突然復活したことを考えると、『Love Letter』の影響を強く感じるのは私だけではないはずだ。

というのも、男女の恋愛物語を主題とする映画は一九五〇年代と六〇年代に限られており、七〇年代に入ってからは、貧しい女性が娼婦に淪落し惨めな状況に陥る「ホステス・メロドラマ」が多く作られていた。いずれも、貧富の差と階級の問題による愛の挫折を描いた新派性の強いジャンルである。これらの恋愛映画は「メロ映画」と一般に呼称されていたが、八〇年代以降、社会的・政治的情勢の激しい動乱の中でほぼ消滅した。だが九〇年代になると、企画映画の始動とともに、若い世代の観客をターゲットとした軽快な映画が登場しはじめ、九〇年代後半から二〇〇〇年代の中盤にかけて『Love Letter』風の新しいメロ映画が多数公開されていったのである。

これらの映画が『Love Letter』からどの程度影響を受けたのかを検証するのは実に難しい。しかし、一度は途絶えたメロ映画の製作が、『Love Letter』以降、ふたたび盛んになり、古典的な韓国メロ映画との伝統からかけ離れた特徴を帯びていたことは確かである。そして、その視覚的要素やイメージ、物語のモティーフから『Love Letter』との類似性を見出すのは容易いことなのである。たとえば、違う時間軸に属している男女が家に設置されたポストを通して手紙のやり取りをする『イルマーレ』(00、イ・ヒョンスン)、男の主人公が差出人不明の葉書を受け取り、叶わなかった恋の記憶を振り返っていく『永遠の片想い』(02、イ・ハン)、母親のラブレターに綴られた初恋の記憶と娘の現在の片想いが交差する『ラブストーリー』(03、クァク・ジェヨン)は、いずれも物語の重要な装置として手紙を使っている。手紙ではないけど、男女の主人公が二一年の時を乗り越えて無線通信でやりとりを交わす『リメンバー・ミー』(00、キム・ジョングォン)では、壊れた無線機が、ヒロインの恋が実らなかった真相を明らかにする鍵になっている。

これらの映画における物語は過去と現在を横断するが、ミステリアスな雰囲気を帯びるその進み方は、手紙の交換によって二人のヒロインの記憶が交差し、愛の全貌が徐々に紐解かれていく『Love Letter』によく似ている。また、作品全体を通じて過去へのノスタルジアが駆り立てられることや、音楽が重要な役割を果たす点も共通している。『Love Letter』の印象的な音楽の使い方と同様に、これらの韓国メロ映画でも、音楽は愛の美しさと登場人物に対するペーソスを高める装置として頻繁に用いられる。

ヒロイン像にも注目してみたい。『Love Letter』の中山美穂は、気さくで活発な藤井樹と、おとなしくて引っ込み思案の渡辺博子という対照的な人物を一人二役で見事に演じているが、特に前者の藤井樹に近い快活なヒロイン像が、前述した作品だけではなく、『猟奇的な彼女』(01、クァク・ジェヨン)、『僕の彼女を紹介します』(04、同)『私の頭の中の消しゴム』(04、イ・ジェハン)、などでも登場し、現在における韓国メロ映画の類型の一つになっている。

最も決定的なのは、切ない愛に死の影が絡み合う『Love Letter』の設定が、前述した韓国メロ映画に見出される点である。中山美穂のあの美しい横顔は、二度と会えない恋人への想いを、悲しさと寂しさと共に醸し出しているが、それが映画の冒頭のショット——雪原に横たわる姿——に置かれていることは、彼女の愛が死に深く関わっていることを表象している。その悲劇的な死があったからこそ、愛は永遠で、純粋なものへと昇華されていく。そして、この感傷的な愛のイメージが、韓国メロ映画に与えた『Love Letter』の最も大きな影響であろう。九〇年代後半から二〇〇〇年代中盤の韓国メロ映画はまさに、この愛と死の必然的な関係性を『Love Letter』から引き継いでいるのである。

4. 岩井俊二の遺産：その影と光

『Love Letter』は初公開以降、二〇一三年二月、一六年一月、一七年一二月、一九年一二月まで、四回も再公開された。日本ほど再上映や名画座の文化が豊かではない韓国の映画興行の背景を考えると、『Love Letter』に対する韓国映画ファンの愛情がいかに熱いものであるのかがわかるだろう。今でもリバイバル上映が続いているのは、『Love Letter』の感動を覚えている人だけではなく、新たな世代の観客が『Love Letter』に出会っていることを意味している。実際、韓国の大学で日本映画について教えている知人によれば、修士課程のある学生は『Love Letter』のような映画を作りたいと思い、映画製作と研究を始めたという。私が非常勤を勤めている東京のある大学でも似たような話を聞いたが、初回の授業で学生たちに自己紹介をさせたら、韓国から来た一人の留学生は、最も好きな監督としてアルフレッド・ヒッチコックとともに岩井俊二の名前を挙げた。また、二〇二〇年の韓国のミジャンセン短編映画祭で最優秀賞を受賞した日韓合作映画『確か夏の終わりだったはず』を手がけたキム・ソヒョン監督は、中学生の頃、岩井俊二の映画を見て以来、日本で映画を撮るという夢を持っていたと打ち明けた。

このような話を聞くと、『Love Letter』と岩井俊二の作品が、韓国の映画研究者と若手作家に、いかに強いインスピレーションを与えたかが見えてくる。しかし一方で、日本映画のスペクトラムが『Love Letter』と岩井俊二に限られていることも否定できない。現在の韓国において『Love Letter』はもはや古典の一つになっており、日本映画＝『Love Letter』という認識がすっかり根づいてしまっているのだ。ところが、去年の一一月に公開された『ユニへ』(19)を撮ったイム・デヒョン監督は、ソウルと小樽を背景に手紙を通じて初恋の記憶を辿っていく『Love Letter』の設定を継承しつつ、全く新しい解釈を交えた素晴らしいメロ映画を作り上げた。私はこの作品を観て、韓国映画が『Love Letter』の面影からやっと解放されていく気がした。

最後になって告白するが、結局のところ私が日本に来て日本映画について研究することになったのも、およそ二〇年前のあの『Love Letter』との出会いがあったからである。あの時の胸のときめきを今でもはっきり覚えている韓国出身の日本映画研究者として、『Love Letter』を凌駕する韓国メロ映画とポスト岩井俊二の登場を期待しながら、個性豊かな日本映画と韓国映画が、互いにより多くの観客に出会い続けていくことを心から望んでいる。

◉論考

岩井俊二監督作品は中国でどう観られてきたか

劉文兵
Liu Wenbing

二〇一八年一一月九日、中国で封切られた『チィファの手紙』（原題『你好，之華』）は、ハリウッド映画『ヴェノム』（18、ルーベン・フライシャー）や、アニメ劇場版『名探偵コナン 純黒の悪夢』（16、静野孔文）や、中国映画の話題作『無名之輩』（18、饒曉志）の上映時期とぶつかりながらも、八〇一九万元（約一二億四〇〇〇万円相当）の興行収入を稼ぎだし、一八年度に劇場公開された三九八本の中国映画のうち、興収ランキングは四九位となった。★1「文芸映画」にしてはヒット作と見なされてもよいだろう。

いっぽう、作品にたいする評論家や観客の評価に基づいたランキングにおいて、『チィファの手紙』は二六位にランクインした。★2 中国の映画研究者や評論家たちは、ジャック・ラカンの鏡像段階理論や、フロイトの精神分析理論、ジュリア・クリステヴァの間テキスト性（インターテクスチュアリティー）の概念をもちいて、熱心にテキスト分析をおこなっているのにたいして、一般観客の反応はより明快だった。すなわち、「岩井監督作品らしい力作」との好意的な意見が多いなか、「現実離れでわざとらしい」とのコメントも見受けられる。★3

なぜこのような賛否両論の評価が生まれたのか。そもそもハリウッドの大作映画や、中国産コメディやアクションものなどの商業映画が支配的である中国映画市場は、なぜ岩井俊二監督とその作

★1 『中国電影産業研究報告 2019』、中国電影出版社、二〇一九年、六七頁

★2 『中国電影産業研究報告 2019』、中国電影出版社、二〇一九年、六八頁

★3 「トウバン（豆瓣）」という中国語サイトにおける『你好，之華』の映画レビューを参照。

品を必要としているのか。それを紐解くために、その作品が中国で受容されてきた経緯を振り返ってみよう。

特権的な『Love Letter』

長年にわたって、中国の映画人やファンたちに愛されてきた岩井俊二作品だが、その人気を思うと、二〇一八年に劇場公開された『チィファの手紙』は、中国本土（大陸）の観客が初めて映画館の大きなスクリーンを通して観た岩井作品であるとは、にわかに信じがたい。

中国での岩井俊二ブームを巻き起こした決定的な作品は『Love Letter』（中国語題『情書』、95）だった。日本での封切りに続いて、一九九六年に台湾と香港でも劇場公開されたが、その当時、中国大陸には輸入されていなかった。しかし、香港や台湾での人気ぶりが、大陸にも伝わり、海賊版が横行していた当時、多くのビデオ制作会社がこの作品に目を付けた。海賊版のソースを現時点で特定することは難しいが、香港、台湾、日本で相次いでビデオ化、あるいはＤＶＤ化された正規版の複製だったように思われる。安価で販売され、広く流通していた複数のバージョンの海賊版は、岩井人気の火付け役となった。

二〇〇〇年代に入り、中国ではインターネット時代が幕開けとなり、『Love Letter』は、その後の岩井俊二監督作品とともに、この新しいメディアによってさらに広まり、ロングヒットとなった。二〇〇二年、中国中央テレビ（ＣＣＴＶ）は正式に『Love Letter』を輸入したとはいえ、自社の映画チャンネルで数回、放映するだけにとどまり、違法アップロードの影響力にははるかに及ばなかった。★4

岩井監督作品のファン層

インターネットの普及とともに、ユーザーが関心のある分野について、同じ趣味の人々と交流し

★4　中国における『Love Letter』の受容について、熊思語が二〇一九年一月に西安建築科技大学に提出した修士論文「岩井俊二青春電影在中国的伝播与影響的研究」／張夢蝶「論電影『情書』之読者反応批評与闡釈―接受」、『新聞研究導刊』（二〇一八年第二号）を参照。

合うインターネット上の電子掲示板が登場すると、よりコアな岩井ファンが生みだされた。電子掲示板をつうじて岩井監督作品のダウンロード情報や、作品にたいする感想などを共有することから、安定したファン層ができたように思われる。彼らは主に一九八〇年代に生まれた都市生活者で、九〇年代生まれのファンも一部含まれている。そして、男性より女性ファンのほうが多いようだ。★5

一人っ子政策の産物である彼らは、家族の愛を一身に集め、良好な教育環境に恵まれた反面、受験戦争にストレスを抱え、他人とのコミュニケーション能力に欠けている世代でもあると言われている。そこで、彼らは岩井作品をつうじて、受験戦争で失われた青春やかなわない恋愛を疑似体験し、「青春や人生の良き日への思い出を淡々としたタッチで描きながら、観客がその美しい世界に酔いしれているところに、人生の残酷さを突如、突きつける」という岩井作品に心を奪われたことも容易に想像できるだろう。★6

映画人にも愛される岩井作品

いっぽう、筆者が中国の映画人に取材するなかで、彼らに最も高い頻度で話題に取り上げられた日本の映画監督は岩井俊二と北野武であった。とりわけ、中国映画市場の担い手となる若手監督たちは、恋愛ものなら岩井、バイオレンスなら北野と割り切って、自らの映画製作の参考としているのだ。

たとえば、『修羅 黒衣の反逆』(原題『繡春刀Ⅱ 修羅戦場』、17)の洗練された演出で日本でも高い評価を得た路陽監督は、筆者のインタビューのなかで岩井俊二監督の作品についてつぎのように語っている。

初めて観た岩井俊二監督の作品は『四月物語』。その後、『花とアリス』(中国語題『花与愛麗

★5 前掲熊思語「岩井俊二青春電影在中国的伝播与影響的研究」、一五〜一七頁

★6 一九八〇年代以降に生まれた中国人のメンタリティーの構築についての研究は数多く存在し、郭燕『代際与断裂——亜文化視域中的〝80后〟青春文学写作』(『天涯』二〇一一年第六号)はその代表格である。

絲』）から『リップヴァンウィンクルの花嫁』（中国語題『瑞普・凡・温克的新娘』）までの全作品を観ました。登場人物の心の機微を捉えるその繊細さや、フィクションのなかに含まれる現実の質感といった彼の演出の手腕は独特で、模倣やコピーはとてもできませんね。★7

そして、複数のストーリーラインが並行して進行したり、現在と過去が複雑に絡み合ったりする随筆的な物語構造、仰角や広角レンズを多用するキャメラワーク、柔らかい質感の白い画調、緩やかなテンポ、細やかな感情表現は、岩井作品の特徴としてしばしば中国の映画人に取りあげられているが、それらは、また二〇一〇年代以降、製作された中国の青春映画や、恋愛映画に大きな影響を及ぼしてきた。

中国人の「純愛もの離れ」

『Love Letter』が広まっていた時代の中国では、青春映画というジャンルがまだ確立されていなかった。岩井作品や、その後の韓流作品の人気によって、純愛ものにたいする需要の大きさが認識され、中国産の青春映画も徐々につくられるようになり、二〇一〇年以降、その製作が隆盛を極め、中国映画市場を支えるメジャーなジャンルの一つとなった。

しかし、ストーリー設定からキャラクター、キャメラワークに至るまで、岩井監督の影響下でスタートを切ったとはいえ、その後、中国産青春映画の作風は著しく変貌した。すなわち、細かいカット割り、速いテンポ、わめいたり怒鳴ったりするオーバーな感情表現に加え、婚前交渉、堕胎、暴力描写などのセンセーショナルな内容もエスカレートしていった。★8

二〇一五年度の統計によると、中国における年間映画観客動員数は約一二億人、その平均年齢は二二歳未満である。市場原理に基づいて、最大公約数の観客のニーズに応えるために、中国の映画

★7 拙著『映画がつなぐ日本と中国』（東方書店、二〇一八年）における路陽監督インタビューを参照。

★8 梅雪風、「『墊底辣妹：有関青春片的路線問題』」『大衆電影』二〇一六年五月号、二頁

製作は「ネット世代」と言われる観客の嗜好を無視できない。[★9]

中国の映画研究者李駿は、二〇一九年の時点でつぎのように指摘している。

インターネット時代の若者たちは、長い受験戦争を経てようやく大学に入るが、しかし、その大学では、学業に専念したり自分の世界に浸っていたりすることや、体制に反抗するという若者の特権を駆使することも、もはや不可能である。大学生たちは在学中につねに就職のことを考えつづけなければならず、家を買うことや、金儲けのことで頭がいっぱいだ。彼らは夢を追い求めるよりも、厳しい現実に妥協せざるを得ず、目先の利益しか考えられない。（中略…）純愛映画は、その主人公をネット世代の若者に設定する以上、成り立ちにくく、「ニセの青春」「ニセの純愛」と観客に揶揄されてしまうゆえんでもある。[★10]

このように『Love Letter』に素直に感情移入できる土壌が現在の中国で失われつつある。さらに、「純愛映画のもつ癒やしという機能が、インターネットが生みだしたさまざまな新しいメディアに担われるようになったため、純愛映画の需要は著しく縮小した」というのも、中国人の純愛映画離れの一因であると指摘されている。[★11]

岩井監督作品へのオマージュ

岐路に立たされる中国の青春映画の製作に新しい方向性を示したのは二〇一六年に製作された『七月と安生』（中国語題『七月与安生』、曾国祥）であった。幼馴染の二人の女性の、二十数年にわたる友情を繊細に描いたこの作品は、映画評論によって高く評価され、さまざまな映画賞を受賞し、興行的にも成功をおさめた。

★9 中国映画市場の現状について、拙稿「『君の名は。』のヒットと巨大化した中国映画市場」を参照。https://animeanime.jp/article/2016/12/20/31856.html（最終確認日二〇二〇年九月二〇日）

★10 李駿「新媒介語境下的復古版〝致青春〟――従『你好，之華』談起」、『斉魯芸苑』二〇一九年第五号、一〇三頁

★11 凌燕「『你好，之華』：与経典互文的困境」、『中国電影報』二〇一八年一一月二一日、第二面

いっぽう、この映画は岩井俊二監督にオマージュを捧げた作品としても注目されていた。エンディングロールには「岩井俊二監督に敬意を表する」と明示されており、『Love Letter』のポスターでお馴染みの降る雪を見上げる中山美穂の横顔のアップや、雪景色の画面の奥へ歩いていく彼女の後ろ姿を、中国の女優がそのまま再現し、『花とアリス』における鈴木杏と蒼井優を彷彿させる女同士の絆を、中国のスター女優の周冬雨、馬思純が演じている。ちなみに、近年の中国では、スター女優がダブル主演の形で二人の女性の成長を追うという女性映画が立て続けにつくられてきているが、それらは岩井監督作品からの影響とみてまず間違いないだろう。[★12]

興味深いことに、『七月と安生』をプロデュースしたのは、ほかならぬ『チィファの手紙』のプロデューサーをつとめたピーター・チャンである。

ピーター・チャンが目指す「中予算映画」

ピーター・チャンは、香港の映画監督として中国本土の映画市場に進出した先駆者だった。中国映画市場の急成長を先取りした彼が、香港と中国本土との合作の形で製作したミュージカル映画『ウィンター・ソング』(原題『如果・愛』、05)、ジェット・リー主演の『ウォーロード　男たちの誓い』(原題『投名状』、07)はそれぞれヒットした。その間、ピーター・チャンは、映画市場を支える中国本土の観客の嗜好に合わせて、自らの演出や製作のスタイルを調整し、共同製作のノウハウを蓄積しつつ、中国本土の一流のシナリオライターや、俳優、スタッフとの人脈も形成した。それらはすべて『チィファの手紙』の製作の土台となったに違いない。事実、それまでにピーター・チャン監督作のシナリオを手掛けた中国本土出身の脚本家の許伊萌、李媛、呉楠は、『チィファの手紙』の製作にも携わっていた。[★13]

ピーター・チャンは、二〇〇八年の時点でつぎのように語っている。

★12　『少女哪吒』(14、李霄峰)『左耳』(15、蘇有朋)などの作品が挙げられる。白惠元「哪吒之死:鏡像、幻想与縫合——近年中国少女電影的文化症候」(『文藝研究』二〇一七年第一〇号)を参照。

★13　趙麗「"不別扭的中国電影"這個事情上，我覚得已経做得挺好的了——専訪『你好，之華』監制陳可辛」、『中国電影報』二〇一八年一一月一四日、第二六面

私がつくりたいのは、低予算のインディペンデント映画、または大作映画ではなく、その中間を行く「中予算映画」なのだ。「中予算映画」がなければ、映画界の生態系は良好な状態が保たれない。それは、どの社会でも中産階級の存在が最も重要であるのと同様であろう。★14

のちに、ピーター・チャンが岩井俊二と手を携え中国の中産階級を描き、中産階級層の観客に見せる『チィファの手紙』を生みだしたことは、決して偶然ではないだろう。★15

岩井俊二が描く「中産階級」

『チィファの手紙』のなかで、中国社会に注ぐ岩井監督の「日本的」なまなざしは中産階級にたいするものにほかならない。ロケハンに当たって、下町の雰囲気が漂う中国南部の都市はあらかじめ候補地から外し、岩井一行は中国北部の天津、大連、青島をまわった。★16 これらの都市は、いずれもかつてドイツや日本など外国の租借地・植民地だった。最終的に岩井監督の母親が生まれた大連に決めたという。★17 異国的ともいえる景観を背景に、中国の中産階級の暮らしが、岩井俊二という日本人の目からノスタルジックに捉えられているわけだ。

そのため、かつて『Love Letter』に魅了され、『チィファの手紙』をノスタルジーの対象として好意的に受け入れたのは中産階級の中国人であり、彼らが『チィファの手紙』の主な観客層となった。『チィファの手紙』の鑑賞は、彼らにとって『Love Letter』、そして、自らの過ぎ去りし青春にたいするノスタルジーを喚起する、スクリーン内外にまたがる儀式なのだ。

中国はここ二〇年のあいだ、順調に世界経済において勝利をおさめ、その結果、富裕層へと成り上がった人々の私的蓄財のみならず、社会的インフラも徐々に整備され、蓄積された資本はいまや

★14 袁蕾「三億元究竟有多大？：陳可辛調侃中国式大片遊戯規則」、『南方週末』二〇〇八年一月二五日

★15 そもそも『チィファの手紙』は中国の中産階級を想定して製作され、プロモーションの段階で中国大都市のホワイトカラーや、文学青年のあいだで重点的に宣伝をおこなっていた。前掲：凌燕『你好，之華』：与経典互文的困境」

★16 前掲趙麗「〝不別扭的中国電影〟這個事情上，我覚得已経做得挺好的了——専訪『你好，之華』監制陳可辛」

★17 白惠元『你好，之華』：懐旧、視覚地方性与東亜電影」、『電影芸術』二〇一九年第一号、五九頁

現実に目の前にある。しかし、膨張した願望や欲望にたいして、実際に得られるパイが限られているという厳しい現実のはざまで、競争社会に由来するストレスや将来にたいする不安を解消するために、彼らは現実から遊離した夢や癒しが必要とされている。『チィファの手紙』は、こうした中産階級のメンタリティーにマッチしているといえる。

というのも、大躍進や文化大革命が続いたかつての中国では、集団の利益や政治が重んじられる時代が長かった。個人の生活や心情は低次元なものと見なされ、その表象にも大きな空白と断絶が生じた。その後の改革開放政策の推進により、経済発展を成し遂げた現在の中国の映画観客にとって、ノスタルジーの対象となりうる自国のコンテンツはけっして多くはない。その代替として、政治とは無縁で、個人の感情や生活、人間関係を描く岩井監督作品は、ノスタルジーにたいする中国人の欲求に応える回路として重宝されているのではないだろうか。

だが、中国の新興市民層が『チィファの手紙』に求めているノスタルジーは、退行的な懐古趣味に留まらず、競争社会に置かれている現在の自分たちの「多様な価値観のなかで生きる市民」としてのあるべき姿やアイデンティティーを模索しようという新たな欲求につながっているはずである。そのため、『チィファの手紙』はジャ・ジャンクー（賈樟柯）や、ワン・ビン（王兵）監督らによる、社会の低層に焦点を当てる従来の中国のリアリズム映画に新しい視点を加えたといえるだろう。

◉論考

渡邉大輔
Watanabe Daisuke

「代行業者」たちの物語
――『チィファの手紙』『ラストレター』に見る代補の論理

0　ふたつの映画の担う意味

岩井俊二の『ラストレター』と『チィファの手紙』は、自身の小説『ラストレター』を共通の原作とし、それぞれ日本と中国で撮影された映画である。また、岩井の長編映画監督デビュー作となった『Love Letter』への四半世紀越しのアンサーにもなっている。過去作の『花とアリス』や『リップヴァンウィンクルの花嫁』と同様、原作のあらすじにほぼ忠実なこのふたつの映画は、物語もほとんど共通しているが、いくつかの重要な違いもある。『チィファの手紙』は冬、『ラストレター』は夏という季節の違いがその大きなものだが、それ以外にも、映画『ラストレター』には主人公男性の妹は登場せず（原作小説には登場する）、また、『チィファの手紙』の終盤近くに印象深く登場する夜の街をえんえんと長回しで追うシークエンスも出てこない。また、『チィファの手紙』に比較して『ラストレター』のほうが語り口のテンポが早く、ナラティヴが重層化している。

とはいえ、どちらも岩井の映画では頻繁に登場する「電車」がまったく登場しない（その代わりに

バスが登場する）という点からも窺われるように、このふたつの映画は、これまでの岩井作品とは明らかに一線を画しているという趣がある。この小論では、デビューから三〇年、また『Love Letter』から四半世紀を経て岩井が手掛けたこの二本の映画が、彼のフィルモグラフィのなかでいかなる意味を持っているのかを、「代行」という主題からメディア論的な知見を踏まえて考えてみたい。

1　「手紙の物語」の再来、『Love Letter』と日本映画のメディア史的転換点

すでに述べたように、『ラストレター』も『チィファの手紙』も、また小説版『ラストレター』も、物語の大枠の骨子は変わらない。

物語は、自殺して亡くなったひとりの女性（未咲／チィナン）の葬送の場面から幕を開ける。その女性には若いころの彼女と瓜二つの一人娘（鮎美／ムームー）、そして娘（颯香／サーラン）と息子（瑛斗）を持つ妹（裕里／チィファ）がいた。従姉妹同士の娘たちは仲がよく、結局、妹の娘は母を亡くした従姉に付き添い、しばらく実家に残ることになる。そして、亡くなった女性の妹は、女性宛に高校の同窓会の知らせが来ていることを知る。

姉の死を知らせるつもりで彼女は会場に赴くが、そこで同窓生たちから姉と間違われてしまい、そのまま姉のふりをしてスピーチをする羽目になる。その同窓会の帰り際のバス停で、彼女はひとりの同窓生の男性（鏡史郎／チャン）から呼び止められる。ＳＮＳの連絡先だけを交換して別れるが、帰宅後、彼から送られてきたメッセージをたまたま夫（宗二郎／ウェンタオ）に見られてしまう。妻の浮気を疑い激怒した夫はそのまま彼女のスマートフォンを壊してしまった。男性との連絡手段を奪われた彼女は、亡くなった姉のふりをしたまま、やがて男性に手紙を綴り始める。

他方で、彼女からの手紙を一方的に受け取る男性のほうも、卒業アルバムに記された女性の実家の住所を見つけ、そこに返信を送り始めるが、その手紙を受け取って読んだのは、女性と姉の娘た

ちだった。ただ、男性はすでに知っていた。手紙の主が、姉のふりをした妹であることを。そして三〇年前の高校時代、男性は彼女の姉に恋をしていた。しかし、彼に密かに思いを寄せていたのは妹の方だった……。

「死者を含む瓜二つの人物が登場する手紙の文通の物語」という概要から冒頭の葬送シーンにいたるまで、それ自体が「双子」のような瓜二つの関係を持つ『チィファの手紙』と『ラストレター』が、同時に二五年前の『Love Letter』をも意識的に反復しようとしていることは明らかである。また、岩井自身が強調しているように、『チィファの手紙』にせよ『ラストレター』にせよ、この二一世紀前半の情報社会に、ひいてはデジタル世代の先導者だった岩井にはおよそ似つかわしくない、きわめて「アナログ」なコミュニケーションが描かれるところに本作の物語の妙味がある。とりわけメディア論的な視点から岩井のこれまでの仕事を追ってきた人間からすれば、この「手紙の物語」の再来は、まず注目すべきポイントだろう。

よく知られるように、岩井が『Love Letter』を発表した一九九五年は、Microsoftから「Windows 95」が発売され、日本を含む世界中でインターネット（ワールド・ワイド・ウェブ）の普及が始まった年である。つまり、この作品の公開当時、世界にはまだネットもケータイも、またEメールもSNSもほとんど、あるいはまったく存在していない。だからこそ「手紙の文通」というコミュニケーションには、なおギリギリ確固たるリアリティがあった。だがひるがえって、その後の社会や映画界は、今日にいたるまで急速にデジタル化や情報化を推し進めていったことはいうまでもない。

そして、これも筆者自身がかねてから問題にしていることだが、ミュージック・ビデオの演出家としてそのキャリアを出発させた岩井自身こそが、ノンリニア編集からデジタル撮影まで、日本映画におけるデジタル技術の導入をもっとも早くから積極的に行ってきたイノベーターだった。その意味で、岩井が「インターネット元年」と呼ばれる九五年に映画監督としてデビューしたことはきわめて興味深い符合だといえる。『Love Letter』は、そうしたメディア史的な端境期の作品だった。

2 岩井映画と「接続過剰」の社会

実際、その後の岩井の仕事と作品は、何もかもが瞬時に繋がり、またあらゆるものがデジタルデータに還元されていく時代に率先し棹差すようにして作られ続けたといえる。

たとえば、ごく近年の『リップヴァンウィンクルの花嫁』でも、ヒロインの皆川七海（黒木華）に襲いかかる「悲劇」は、そもそも結婚相手となる男性と、SNSを通じていとも、あっけなく繋がってしまったという点から生じていた（この作品で登場したLINEを思わせる架空のSNSは、『ラストレター』でも登場する）。ほかにも、七海が家庭教師をするときに使っているオンライン会議サービスをはじめ、岩井の作品ではつい最近まで「すぐに繋がれる」ツールが画面のいたるところに溢れていた。そもそも新型コロナウイルス感染拡大による外出自粛要請を受けて作られた『8日で死んだ怪獣の12日の物語』もまた、ウェブ会議アプリ「Zoom」を用いて撮られている。

以上のように、『Love Letter』以降の岩井の軌跡を整理してみると、やはり今回の『チィファの手紙』と『ラストレター』のコンセプトが決定的にアナクロニックなものであることがわかる。繰り返すように、先に挙げたような先端的なツールは、今回の両者の世界の登場人物たちからはごっそりと奪われている。その代わりにあるのは、四半世紀前にすでに消えつつあった手紙による文通、あるいは糸電話、そしてフィルム写真が収められたアルバム（アドルノをもじっていえば、Instagram以降、写真を「保存」することはすっかり「野蛮」になってしまった）などのいかにもアナログなガジェットやメディアばかりである。そもそも小説のハードカバー書籍ですら、いまや読む者も限られているだろう。加えて、こうしたアナログ的風土においては、本来のデジタルデバイスですらその機能をたちまちのうちに失調させることになるようだ。事実、『チィファの手紙』では、ムームーの弟チェンチェ

ンがチィファの家に厄介になるときには「あの家はWiFi弱いし」と零すし、チィファの夫ウェンタオの職場のシーンでは画面の向こうでパソコンを覗き込む同僚たちが「こんなプログラムじゃ簡単に破壊されてしまうぞ」と危惧している。

むろん、これらの作品の趣向を岩井の仕事を離れて文脈を立てるとすれば、さほど突飛な事態ではないのかもしれない。なんとなれば、SNS（リアルタイムウェブ）の社会的普及に伴う「接続過剰」の趨勢に対して、あえてアナログ的な「切断」や「遅延」こそを提案する言説──「スロージャーナリズム」、「スローリーディング」……は、ここ数年ではわりとありふれているものでもあるからだ。その意味では、本作における「手紙」という岩井のコンセプトも、とりたてて奇抜という感じはしないことも事実である。ただ、ここではそうした本作の趣向を、より具体的な主題や演出のディテールから跡づけておきたいと思う。

3　代行業者たち

『チィファの手紙』と『ラストレター』の物語は、登場人物たちによる、数え上げればきりがないほどのいくつもの「代行」の連鎖から成立している。

もちろん、彼らの「代行業」の中心にあるのは、ヒロインの裕里／チィファによる亡くなった姉の未咲／チィナンの同窓会への代理出席であり、それがきっかけで再会を果たした鏡史郎／チャンへの、やはり裕里／チィファによる未咲／チィナンの手紙の代筆作業にほかならない。そのほかにも、ここには、鏡史郎からの手紙を受け取った鮎美／ムームーと颯香／サーランによる母の代読という役割がさらに加わる。そうすると、高校時代の鏡史郎／チャンが書いた姉へのラブレターの妹の手渡しの代理、鏡史郎／チャンによる友人の生徒会活動の代理、ひいては現在の裕里による姑の用事の代理……と、その代行業はえんえんと彼らのあいだを連鎖し続けることになる。要するに、『チィファの手紙』と『ラストレター』の登場人物たちの行為はほとんど、終始、ほかの誰かの役割を「代行」＝媒介しているのだ。

「手紙の物語」である以上、半ば必然的な帰結ではあるが、こうしたディテールからは、メディア／メディエーションの問題が見え隠れしている。たとえば、ここで起こっている事態を、フランスの哲学者ジャック・デリダの概念を借りて「代補（supplément）の論理」（『グラマトロジーについて』第二部）と呼んでもよいだろう。

知られるように、プラトンの『パイドロス』を参照しつつ、デリダが代補の具体的事例として挙げる例は、まさに「文字」（エクリチュール）である（「プラトンのパルマケイアー」）。文字は本来、記憶を埋め合わせるための補足物として用いられる。ところが、それはしばしば書き記すうちに記憶に取って代わり、むしろその忘却を促してしまう（忘れないようにすると、忘れてしまう）。すなわち、何らかの本体や起源にその外部から（あるいは事後的に）埋め合わせるために現れた偶然的な補足物（代理物）が、つねにすでにその本体や起源の内奥に侵入し、それを汚染し取って変わってしまうというダブルバインド的な事態、それが代補の論理である。なるほど、この物語の登場人物たちの紡ぐコミュニケーション（メッセージ）は、その意味で互いに何らかの代補として機能している。高校時代の鏡史郎／チャンの姉に対する思いをしたためたラブレターを届けるはずの妹の「代行業」は、同時に、むしろ彼女自身の思いを逆に彼に濃密に伝えることになる。また、亡くなった姉に代わって鏡史郎／チャンに手紙を送り続ける妹は、そのことで彼に姉の死を伝えることにもなるだろう。そこには確かに、代補の論理が満ちみちている。そして、それはやはり手紙＝エクリチュールというメディアの物質性がもたらすコミュニケーションのズレから必然的に派生したものだ。

4　幽霊と（しての）手紙

それでは、この『チィファの手紙』『ラストレター』の代補の論理＝「代行業」を、岩井の作品群のなかでどのように捉えるべきだろうか。

というのも、おそらくひとによっては、ここで描かれるような岩井的キャラクターたちの行う「代行業」は、すでに十分見馴れたものでもあるはずだからだ。最近の例として比較的すぐに思い当たるのは、『リップヴァンウィンクルの花嫁』だろう。この作品もまた、『チィファの手紙』『ラストレター』や、かつての『花とアリス』のように、原作小説のほか、劇場公開版とSerial edition版など複数のバージョンが存在している（いわばこのコンテンツ自体が互いを「代行」している）。ともあれこの作品でそれは、ヒロインの七海が、自分の結婚披露宴で安室行舛（綾野剛）の斡旋した見も知らぬ他人に「サクラ」（代理出席）をしてもらい、またのちには七海自身もその同じ役割を担うことになるという展開として描かれている。あるいは、思いを寄せる先輩についた嘘を取り繕うために、いもしない「元カノ」の役割を「代行」してもらう『花とアリス』のヒロイン、自殺志願者たちの自殺を彼らの全身の血液を抜くことで「代行」する『ヴァンパイア』の主人公なども、その一連の岩井的「代行者」の系譜に忠実に連なるだろう。もっと遡れば、岩井の出世作となったテレビドラマ『打ち上げ花火、下から見るか？横から見るか？』で、安曇祐介（反田孝幸）に頼まれて及川なずな（奥菜恵）との駆け落ちを「代行」する主人公の島田典道（山崎裕太）もその先駆けたひとりだった。

いずれにせよ、岩井作品におけるこうした「代行者」の主題は、これもすでに筆者を含めいたるところで論じられているように、彼の「分身」や「嘘」の主題と密接に結びついているものである。いうまでもなく、この「分身」や「嘘」の主題もまた、『チィファの手紙』『ラストレター』それぞれにも反復して登場していることは明らかだ。だとすれば、この両者もまた、やはりこれまで岩井が手掛けてきた数ある作品群の構造と共通しているものなのだろうか。

しかし、九〇年代以降の多くの岩井作品が描き続けてきた「代行者」のイメージと『チィファの手紙』『ラストレター』における「代補の論理」としてのそれでは、その内実が決定的に異なっている。そして、そこにはやはりメディアの問題、具体的にはアナログ／デジタルという支持体の対立図式が象徴的に反映されているだろう。

結論からいえば、そのもっとも大きな差異は、その「代行」＝「代補」の行為に、物質的な実質が介在しているかどうかというところにある。『チィファの手紙』と『ラストレター』のひとびとの「代行業」は、それぞれの「代行」が取って代わる物質的な根拠があった。たとえば、鮎美／ムームーの代読行為には、すでに読んだ母について書かれた鏡史郎／チャンの小説（書物）というメディアが物質的に介在している。また、裕里／チィファによる姉の代筆も、いうまでもなく姉本人の死（身体の物質的消滅）がそのメディアとなっていることはいうまでもない。

『Love Letter』もそうだったが、『チィファの手紙』と『ラストレター』の「代行業」には、こうした物質的な――つまりは「アナログ」な――メディアがつねにそれ自体、代補として伴っている。そして、物質である以上、そのコミュニケーションには時間＝歴史が伴う。それゆえにそのメディアによる複数のディス／コミュニケーションのズレ（リズムの差異）から、あの代補的なダブルバインドが（事後的に）発生する。

その点により踏み込むために、ひとつの隠喩を召喚しよう。たとえば、最初に未咲／チィナンに宛てた鏡史郎／チャンの手紙を読んだとき、颯香／サーランはいみじくも「なにこれ？　この人、霊界と文通してる？」と呟く。ここから、わたしたちは先ほどのデリダが後期思想で頻繁に用いた「幽霊（revenant）」という、代補にまつわる有名な隠喩をごく自然と想起するはずだ。起源を埋め合わせる補足物としてのエクリチュール（＝手紙！）というメディアが生み出すコミュニケーションの物質性（反復可能性）にいつの間にか取り憑き、確率的に到来するノイズ（幻影）を、デリダは「幽霊」（それは「死んでいるのにうごめく存在」である）と呼んだ。

　知られるように、revenantは、「再来＝回帰する」という意味の動詞revenirの現在分詞の形をしており、ゆえに「幽霊」とは本質的に「再来＝回帰する存在」というメディア的意味をも内包している。だからこそ、本作でも手紙は幽霊となって何度でも再来＝回帰する。そして、本来のコミュニケーションを裏切りながら、鏡史郎／チャンの手紙＝小説は未咲／チィナンに、そして未咲／チィナンの手紙＝卒業式の答辞は鮎美／ムームーに代補的に無事届い（てしまってい）たことが、事後的にわかるのだ。そう、かつて筆者が『Love Letter』を論じたときに引用したジャック・ラカンの教えのように、「手紙は必ず宛先に届く」のである。

5　暗号から埋葬室へ

しかし、これまでの多くの岩井作品では、——一見似たような顔つきの「代行業者」が幅を利かせているように見えても——このような幽霊は現れない。というのも、そこで行われている「代行」行為は、『チィファの手紙』や『ラストレター』のような「代行」に関わる物質的な根拠（宛先）を持たないからだ。

　たとえば、繰り返すように『花とアリス』の有栖川徹子（蒼井優）が「代行」すべき「元カノ」なる存在はそもそも最初から存在しないし、また、『リップヴァンウィンクルの花嫁』の長大な「代行」の物語を彩るいくつもの「嘘」や「演技」にせよ、それは同様に起源や宛先を持っていない。つまり、それらの「代行業」は『スワロウテイル』のあの「偽札」のように、根拠／実質なき「嘘」なのである。『チィファの手紙』や『ラストレター』とこれらの作品が決定的に違うのはその点だ。

　おそらくその違いが、もっともわかりやすく示されているのが、『リリイ・シュシュのすべて』で

ある。この作品では主人公の蓮見雄一（市原隼人）をはじめとする少年少女たちのコミュニケーションのメディアとなっているのは、カリスマ的な人気を誇るシンガーソングライター、リリイ・シュシュの音楽であり、映画ではドビュッシーをはじめ、この彼らが聴くリリイ・シュシュの音楽が全編を情動的に満たしている。しかし、これもまたデリダ（や彼が参照した後期ハイデガー）の哲学で論じられるように、主体の意識や言表を現前化し中心化する「声voix」（パロール）は、手紙＝エクリチュールのようなコミュニケーションのズレ＝幽霊を生まない。リリイ・シュシュの「歌声《フォネー》」は、つねに「いま・ここ」（リアルタイム）でいっさいのズレや反復なくさまざまなひとびとを一体化し、根拠／実質なく同一化してしまう。インターネットとデジタル撮影を駆使し、ミュージシャンとのメディアミックス（まさにそれは、Netflixのコンテンツのように、デジタルデータによって複数のメディウムの差異＝幽霊をのっぺりと漂白してしまう手法だろう）によって作られた『リリイ・シュシュ』の世界観が、そうした「声《パロール》」の論理で規定されることはある意味当然であるだろう。

何にせよ、もう明らかな通り、これらの岩井作品の根拠／実質なき「代行」行為や「声」の論理は、彼の作品の象徴的なメディア形式である、この唯一の現実世界との接点をもたない、あるいはそのバーチャルな複製物であるデジタル映像のメタファーになっている。それは、『リップヴァンウィンクルの花嫁』で、あたかもInstagramのデジタル写真のように、ヒロインの目の前から忽然と消えてしまった卒業アルバムの夫の浮気相手だという女性の写真イメージが象徴的に示すような、徹頭徹尾エフェメラルな性質を宿しているのだ。しかし、岩井は『チィファの手紙』と『ラストレター』で、そうした場所からはるかに遠ざかった。

もちろん、最後に短く付け足しておけば、『チィファの手紙』と『ラストレター』から、これまでの岩井作品のような「デジタル的」なディテールがまったく認められなくなったとも思えない。たとえば個人的には、日本で撮られた『ラストレター』と中国で撮られた『チィファの手紙』が、ほ

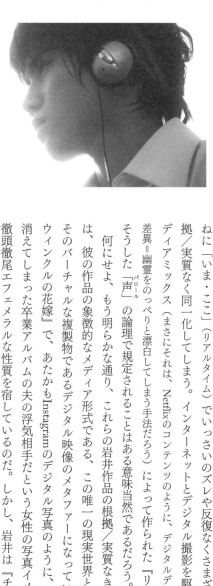

とんど同じ映画として出来上がっていることにまず驚かされた（今回、あえて両作の差異を強調しなかったのはそのためでもある）。もちろん、本作におけるローカライズやナショナリティの差異の問題は見逃せない。当然、それについて周密に論じた論考もあるだろう。しかし筆者としては、それ以上に、どこの国でも似たようなＳＮＳを使い、消費生活を送っているという物語を岩井がこのふたつの国で撮ってしまったことに、メディアミックスにも似た現代の「フラット化」（トマス・フリードマン）の問題を見ないわけにはいかない。また、『チィファの手紙』にはウェンタオが連れてきた二匹のボルゾイの視点から写されたショットが登場する（『ラストレター』では登場しない）。この「犬の視点」が人間のカメラアイに不意に紛れる演出も、昨今のデジタル撮影の映画で典型的な表現でもあり、かねてから岩井がやってきたセンスに近いものがある。

　とはいえ何度もいうように、今回、『チィファの手紙』と『ラストレター』で岩井が試みた「代行業者」たちの新たな「手紙」の物語は、彼のフィルモグラフィにこれまでにはない形のコミュニケーションを呼び込んでいることは確かである。それをいささか修辞的に、「暗号《クリプト》」から「埋葬室《クリプト》」へ、と要約してもよいだろう。『チィファの手紙』のラストショットは、冒頭の葬儀場を思わせる広々とした卒業式の教室で締められるが、このぽっかりとした空間《クリプト》から、岩井の次なる「手紙」がわたしたちのもとに届くことを待ち望んでいる。

II.

ボーダーレスな作家、
岩井俊二

多才な大林との出会いから、半世紀以上が過ぎて、今、又新たな多様な才能を持ち、活躍されている岩井俊二さんを知る。大林の歩んだ道を振り返りながら、大林が「僕の続きを……」と記した監督たちは皆さん多才、頼もしいです。私は、小説家としての岩井さんの繊細な才能に、胸をしめつけられたのです。小説『ラストレター』は、私にとって特別の意味を持ってしまいました。どんなに時代が移り変ろうと、人間の愛、人を思う愛は変わらない。人として生きるということは愛すること、信じること。大林が亡くなる数日前に語った真夜中のひとり言、「死ぬ覚悟はできてるよ」「最終カットだね。ありがとう」「生きてるからできるんだよ。ヨーイ、スタート」

大林恭子

【特別寄稿】

大林宣彦
Obayashi Nobuhiko

岩井俊二くんとの約束

心の真《まこと》を信じること。それが自由の力である。自由とはとめどなく、変化するもの。変化しない日常の「記録」を、とめどなく変化する心の真《まこと》の「記憶」に変えていくからだ。あの戦争の「記録」を変えることはできないが、芸術と映画をもってすれば「記憶」に変えることはできるかもしれない。いや変えられるものである、と私たち映画を信じる者は芯からそう切望している。

永遠に変化しない本の時代、紙の時代が終わり、永遠に変化しつづける機械の時代、インターネットの時代がやって来た。文明とは変化するものであり、僕はそれを是と受け止める。だが、使い方を間違ってはいけない。機械を賢く使うはよし、機械のごとく使われては駄目なのです。

そんな時代に岩井俊二くんが一冊の本をのこし、「僕は忘れません」と書いた。僕は、

PROFILE

映画作家。1938年広島県尾道市生まれ。3歳のときに自宅の納戸で出合った活動写真機で、個人映画の製作を始める。上京後、16ミリフィルムによる自主製作映画を手掛け、CMディレクターを経て、77年の『HOUSE』で商業監督デビュー。以後、『転校生』、『時をかける少女』、『さびしんぼう』の〝尾道三部作〟をはじめ、数多くの作品を製作。近年には〝大林的戦争三部作〟となる『この空の花―長岡花火物語』、『野のなななのか』、『花筐／HANAGATAMI』を発表。『海辺の映画館―キネマの玉手箱』の公開予定日だった2020年4月10日、肺がんのため逝去。享年82。

岩井俊二は表現者として死ぬ気だな、と思った。この時代の痛切すぎる切迫感を皆、感じているはずだ。僕がいま、こういうことを話しているのも、そんな時代の空気のせいだろう。人は空気を吸って生きる。生きているからものを語る。そこから未来を創ることができるかもしれない。

岩井俊二くん。青い澄み切ったサンセットの下で、僕はいま、君と約束します。

賢くなりましょう。人間は学べば賢くなります。これまで日本人は勝つことしか考えず、負けることから学ぼうとしなかった。せめて映画から、自由の学校から人の賢さをまさぐり出そう。人間もたいしたものだったぜ、人間はもっと賢くなれるぜ……未来の人にそう言われなきゃ、人間である意味がねえぞ。なあ、あんたたち、若い人たちは未来を生きているんだ。表現で過去は変えられないが、未来を変える力はあるんじゃないか。変えてごらんよ、変えてみせようよ、人間である俺たちが。なあ、それが生きてるってことだよ。

妻よ、愛する妻よ。一生愛し、忘れないでいよう。それが人間が生きつづける、愛しつづける、思いつづける、賢さを見せうる、ほんのわずかなチャンスかもしれない。そのチャンスを生かそうぜ、愛そうぜ。なあ、奥さんのことを忘れるなよ。約束だぜ。人として、人間として、君を信じているぞ。人の賢さを信じているぞ。未来をつくる人間の可能性を私は信じ切ってみせます。

ああ、向こうに富士山が見える。日本の美しい青い平和をたぐり寄せる、未来を信じる一日です。きれいだね。美しいね。力があるね。なあ人間よ、奥さんを愛しつづけような。日本人の二人に一人がガンになる時代。せっかくガンになったんだから、賢くなってみせような。神様、また力を貸してね。愛の力、未来の平和をたぐり寄せる力を。映画の力を。それが広島の尾道で生まれた僕の、他人事ではない、自分事としての実感です。

以上の文章は、2019年11月21日に故・大林宣彦監督が、生前最後となった広島への帰郷の車中で語った言葉から抜粋したものです。

【エッセイ】
岩井俊二と岩井さんのこと。

北川悦吏子
Kitagawa Eriko

一九九五年の映画『Love Letter』で彼を知り、そして作品をさかのぼって見た。『FRIED DRAGON FISH』や『GHOST SOUP』や、『打ち上げ花火、下から見るか？ 横から見るか？』や。

あの頃、私が仕事をする第一線の役者たちが、たとえば、豊川（悦司）さんとか山口（智子）さんとか（木村）拓哉くんとかが、みんな騒いでいた。凄いクリエーターが出て来た、と。まだ名前は世間に知れていなかった。感度の高い人たちが、見つけて騒いでいた。

それが、『Love Letter』で一躍、時代の寵児となった岩井俊二だった。

私は衝撃を受けた。こんな映画があった

PROFILE

脚本家・映画監督。テレビドラマの脚本作品に『愛していると言ってくれ』『ロングバケーション』『ビューティフルライフ』『オレンジデイズ』、NHK連続テレビ小説『半分、青い。』など。岩井俊二プロデュースの元で『ハルフウェイ』と『新しい靴を買わなくちゃ』を脚本、監督する。

なんて！　それは、まるで、タクローや南こうせつが、神田川とか歌い、四畳半フォークと言われるものが全盛だった時、横からスッとユーミンが出て来て、みんなの心をかっさらっていったのに似ていた（例えが古くてごめんなさい）。

私は、中学三年の春に、クラスで一番勉強の出来て、ピアノのうまい英子ちゃんにユーミンの「ミスリム」というアルバムを貸してもらった時の衝撃を思い出した。世界は変わった。

岩井さんの映画は、貧乏くさくなく、重くなく、しかし軽薄でなく切実で、雨のシーンはまるでそこで雨が降っているように感じて傘をさしたくなった。不思議なリアルがある。

映像は、まるで奏でられたメロディーのようで、緩急自在。テンポさえ刻んでいるように思った。音楽みたいな映像だ、と思った。これを操っている人がいるなんて、信じられない、と思った。でも、魔術師のようにそれを操るのが岩井俊二なわけだ。

ユーミンのあとに、ニューミュージックというものが生まれ、手で払いたくなるような埃臭くない、お洒落で素敵で、憧れるような音楽はたくさん出てきた。というか、みなそれを目指したと思う。日本の音楽は変わったんだと思う（専門的なことは全くわかりません。ごめんなさい。ただ、個人の感想です）。

私は、岩井俊二が日本映画を変えた、と思った。きっと、岩井俊二に追随する貧乏くさくない、素敵なものが、それでいて胸を裂くような強烈なものを作る映画監督がたくさん出るんだろう、と思った。

が、一向に、ポスト岩井俊二は出てこなかった。あれから何年経つんだ？

誰かがそこを目指しているようにすら、見えなかった。

岩井さんは、永遠に、ひとりで岩井俊二であり続けなければならないのだ、と私は思った。誰もそこを目指さない。映画監督たち。

海外の映画を観ていても、あれだけ映像で

語る作家を私は知らない。岩井さんだけにしか出来ないマジック。

このように、ただの一ファンだったわけだが、縁あって仲良くなった。仲良くなったら、岩井さんは、普通の人だった、というのがこういう場合のオチだが、やっぱり徹底的に変人だった。

素晴らしく変人！

安倍首相と同じ病気で（これで市民権を得た）、ほぼ、慶應病院に入院したきりの私が映画を撮ってみたい、というと、よし来た！　映画は撮れる！　と言い切り、ブルドーザーのように事を前に進め、プロデューサーをしてくれた。そして、現場ではカメラを回してくれて、私は、現場岩井ワールドまで満喫することになる。

現場での岩井さんは、あの美しい映像とは裏腹に、まさに怪物だった。映画に取り憑かれた魔物だった。

岩井さんの集中力はとてつもなく、瞬発力もとてつもなく、天才的な瞬時の判断をするわけだが（現場は、時間との戦い）、こんなに集中してはこの人、自分の炎で焼けちゃって人間じゃなくなっちゃうじゃないか、と思った。少なくとも、周りの人はどんどん焦げていったと思う（笑）。私はといえば、ついていくのに必死だった。

それからも、時が過ぎた。今やＬＩＮＥ友達であり、飲み友達であり、（ホントはもう一度、一緒に仕事を、と思うけれど、お互いの我が強すぎてうまくいかない。またこれも一興）、朋友である彼であるが、これからどんな作品を作っていくかとても楽しみである。天才は長生きして欲しいよね。その時々で見えている景色も感じ方も違うだろうから、いろんな作品が観られる。なんてことを最近公開された『ラストレター』を観て思いました。これはこれで今の彼にしか作れない作品だと思う。もうちょっと生きて、見てようかな、と思う。岩井俊二も岩井さんも。

【エッセイ】

行定勲

Yukisada Isao

二八年前、岩井俊二監督と出会った

二八年前、私は岩井俊二監督と出会った。その出会いが私の映画人生に大きな影響を与えるとはその時知る由もなかった。

始まりはこんな感じだった。街角で偶然顔を合わせた先輩から深夜ドラマの助監督をやらないかと誘われた。参加するはずだった映画の話がなくなったばかりの私は喜んでその依頼を引き受けた。すぐに監督と顔合わせをしたいと言われ、私は先輩と制作会社に出向いた。監督が遅れていたので、待っている間に以前演出されたドラマを観せてもらうことになった。「世にも奇妙な物語」の一編『蟹缶』というタイトルのドラマだった。ちっとも世にも奇妙な物語っぽくはなかったが、フィルムでもないビデオでもない、その観たことのないノスタルジックなルックと凝った画作りにすぐに目を奪われた。その独特な語り口には只者ではない才能が漂っていて、それが画面からはみ出していた。約二〇分のドラマを観終わった私たちは思わず唸り、言葉にできないほどだった。ノックアウトされた私たちの前に、のそっと現れた男は長い髪を一束にし、ボストン型のフレームの眼鏡をかけた、まるで少女漫画にでも出てきそうな色白の人だった。それが岩井さんの最初の印象だった。そのとき、彼から渡されたのは出来

PROFILE

映画監督。1968年熊本県生まれ。『ひまわり』で釜山国際映画祭FIPRESCI賞、『GO』で日本アカデミー賞最優秀監督賞を受賞。『世界の中心で、愛をさけぶ』がメガヒットを記録。以降、『北の零年』、『春の雪』、『クローズド・ノート』、『今度は愛妻家』、『ピンクとグレー』、『ナラタージュ』、『リバーズ・エッジ』、『劇場』、『窮鼠はチーズの夢を見る』など話題作を作り続ける。

立ての『GHOST SOUP』の脚本だった。クリスマスになぜ人は優しい気持ちになるのかについての物語は、さっき観た作品とは違ってファンタジーでどんな作品になるのか見当もつかなかった。

『GHOST SOUP』の撮影は徹夜続きではあったが刺激的な現場だった。撮影の最終日に岩井さんに言われた言葉が忘れられない。

「行定はいずれ監督になるだろうから、それまでは一緒に映画を作ってよ」

　その言葉に私はほだされ、その後、映画やドラマやMVと岩井作品に参加した。やがて、〝岩井美学〟と呼ばれるようになるその作品群の中に取り込まれ、私は岩井さんと共に幾度も困難を乗り越えていった。

　ストーカーのサイコパス男の苦悩も、子供時代のひと夏の忘れられない想い出話も、同じ顔をした女が同じ名前のかつて愛した男を巡る複雑な回想録も、近未来のアジアを舞台にした壮大な虚構も、大学生の小さな恋心を描く青春も、岩井俊二の手にかかれば耽美で美しい映画になった。

　若い頃の岩井さんは、撮ることにおいては欲望に忠実で妥協のない人だった。私は現場で何度もぶつかって怒りに震えたが、ぶつかった分だけ良い作品が出来上がってくるからすべてが許せてしまう。そんな力が岩井さんにはみなぎっていた。そのエネルギーを浴びていながらも世の中が認識している岩井美学がどんなものなのかを私は知らずに、とにかく岩井さんと向き合って悪戦苦闘してきた。

　その岩井美学を私が本当に理解したのは『リリイ・シュシュのすべて』の試写を観た時だったかもしれない。私が岩井さんの助監督を卒業して最初に彼が作った作品だった。『リリイ』の撮影中、岩井さんから突然電話がかかってきたことがあった。「俺たち『打ち上げ花火』の時に子供たちをどんな風に撮ってたっけ?」という質問だった。岩井さんが映画と向き合い一人で闘っているのが伝わってきた。「一日でいいから現場に来てくれな

いか」と言われたが私は自分の映画の準備中で顔を出せないと言って断った。現場に行きたいのは山々だったが、岩井さんが生み出す純度の高い映画が生まれている予感がしてそれがどんな作品になるのか観てみたいと思ったというのが真意だったかもしれない。その予感は的中した。いや、私の想像を遥かに凌駕した。途轍もなく青春の残酷さに満ちていて、閉塞的な現代社会に斬り込んだ独創的な見たこともない映画だった。スクリーンに映し出されたナイーブな映像の洪水に飲み込まれ、打ち上げられた岸で新たな映像表現を体感し覚醒させられ、これが〝岩井美学〟なのかと衝撃を受けた。

釜山国際映画祭に私は『GO』を、岩井さんは『リリイ・シュシュのすべて』を携えて参加した時のことだ。それぞれの上映を終えた私たちは海辺の屋台で合流し飲んでいた。岩井俊二の姿を見つけた韓国の映画ファンは彼にサインや握手を求め、「お元気ですか?」と『Love Letter』のセリフを日本語で言う。岩井さんの知名度の高さを見せつけられた。その日は、かなり遅くまで飲み明かしたが、その時に岩井さんが私に言った言葉がまた忘れられない。

「俺は日本映画界を壊してきた怪獣みたいなもんだ。壊してきた本人は瓦礫を前に何もできない。そこに行定が『GO』を作った。あれは日本映画にとってエポックな映画だ」

師匠が切り開いた地平。そこに私は立たせてもらっているのだ。何よりも岩井さんに映画を認められたことが嬉しかった。

岩井さんは二八年経っても衰えることない感性で独自の世界を描き続ける。軽やかに越境し新たな地平を切り開く。その先にあるものは何?　それが知りたくて私も越境する。岩井俊二が作り続ける限り私も映画を作り続けられる。彼が辿った道がある。私は彼が通らなかった道を探して歩く。いつかその道が交わった時は立ち話でもして、またそれぞれの道を歩いていけばいい。

【エッセイ】

宮崎大祐

Miyazaki Daisuke

誰のものでもないまなざし

わたしが映画製作をはじめたころ、「岩井俊二」は世界のどこにでも存在していた。それはテレビや雑誌の中の情報として、あるいは販売されたばかりの真新しいデジタル・ビデオカメラを抱えた映画部員たちの会話の中に、そして彼らが短いながらも意味を持ちはじめた人生をすり減らし撮影したあの映像群の中にも存在していた。当時の岩井俊二はただの「映画監督」ではなかった。まだPVと呼ばれていたころのミュージックビデオやテレビドラマ、CMなど、映像関係のクリエイションならばなんでもやるというその姿勢は、古典的な「映画監督」とは違う、いわば「映像作家」のさきがけであった。そして、それ以後の時代を担う存在になるような俳優やミュージシャンをいち早く発掘しては自分の作品世界の中できらめかせ、世にひろめていくその予言者的な手つきは、大島渚以降長らく空席であった映像業界の生んだカルチャー・アイコンとして光りかがやき、強烈な引力をはなっていた。当時の岩井俊二は「岩井俊二」という名の帝国を形成していたと言っても過言ではない。そんな岩井の強力な磁場に同人たちがことごとく羅針盤を狂わされ、田園風景を歩く女子高生の姿ばかりを逆光気味のソフトフォーカスでとらえ、背景に「月光」を流すようになる様子を横目で見ていたわたしは、生来のあまのじゃく気質も手伝って、氏の作品をつぶさに鑑賞し、その都度心ゆさぶられたり落涙したりしながらも、常に「岩井俊二」なるものとは客観的な距離をとりつづけながら今日にいたった。

　八〇年代後半にはじまり今にいたる岩井のフィルモグラフィーは初期の代表作『Love Letter』から中期の代表作『リリイ・シュシュのすべて』を経て近作の『ラストレター』まで、実体が見えないものとの交信＝幽霊的空間とのコミュニケーションを通じて現実世界の関係性が変化するという一貫したテーマにつらぬかれている。インターネットが普及する前の時代から「手紙」というモチーフを用い、きたるべき匿名空間の到来を予見していた岩井の慧眼と予見性は驚くばかりだが、インターネットが完全に生活の一部となり、匿名の対象とのコミュニケーションが当たり前になった現代においても岩井はひきつづき、見えざる者、失われた者たちに呼びかけることで物語を駆動している。このように、映画作家としては一貫したテーゼをなぞる岩井だが、一方でそのフィルモグラフィーにはハッキリとした縦線が引かれている。その縦線の名は撮影監督の故・篠田昇という。篠田が撮影していた以前／以後で岩井の作風はあきらかに変化している。一九九四年のデビュー作『undo』から二〇〇四年の『花とアリス』までつづいた岩井と篠田の協働は、岩井が発見したみずみずしくゆれうごく被写体たちに篠田の手ブレをともなう手持ちカメラが迫り、

PROFILE
映画監督。代表作は『大和(カリフォルニア)』、『TOURISM』など。
最新作『VIDEOPHOBIA』が全国劇場公開中。

彼女彼らの〈永続しない永遠〉を画面に定着させるというところに賭金があった。そうした瞬間は岩井の仮構した日本ともアジアとも西洋とも違うトランス・ナショナルでカオス渦巻く土地や鉄塔たたずむ殺伐とした郊外のあぜ道に一瞬の安定と美をもたらし、そこへ重なる福音のような音楽がわれわれを岩井映画だけで甘受できるあの独特のカタルシスへと導いていた。

しかし、二〇〇四年に篠田が亡くなると、岩井は監督としてしばしの沈黙期に入る。そして震災をはさみ八年の月日が流れ、満を持しての復帰作『ヴァンパイア』でカメラを握ったのは岩井自身であった。この、篠田以外は自分の映画を撮れないのだという宣言にも見える決断から岩井は積極的にステディ・カムによる撮影を導入するようになる。ステディ・カム撮影は篠田の得意とした古典的移動撮影や手持ち撮影と異なり「揺れ＝ブレ」を徹底的に排し、観客に「無人称」のような、抽象的な視座を提供する。つまり岩井はそれまで篠田が岩井映画にもたらしていた、思春期の不安定さや即物性をすくい上げ乱反射させる、粗く、おぼつかないまなざしを断念し、誰のものでもない透明なまなざしで世界をとらえることを選んだとも言える。その後岩井の撮影は篠田の愛弟子である神戸千木が引き継ぐことになるが、ステディ・カムやドローンを多用するこの無人称スタイルは今日までつづいている。それはまるで揺さぶり迫らずともこの世は既にノイズと混沌に充ち溢れているのだから、映画はただそれを記録すればよいのだとでも言っているようである。そんな酷薄な世界を岩井映画の主人公たちはよるべなくさまよい、死者たちに呼びけ、返ってこない返事を待ちながらときにサイモンや安室、阿藤といったハイパー・カオスと遭遇し、命からがら生き延びる。誰のものかもわからない透明なまなざしが無限に行き交う世界を、誰のものかもわからないまなざしによって結晶化しようとする新しい岩井俊二の試みはまだはじまったばかりだ。

【エッセイ】

坂上秋成
Sakagami Shusei

まぼろしを追いかけて——岩井俊二による撹乱

はじめて『スワロウテイル』を観た時、その空気に驚かされた。

イェン・タウンという町の特殊性、そこを牛耳るマフィアのおそろしさ、篠田昇のカメラワークによる映像美と浮遊感、グリコやフェイホンやアゲハのキャラクターとしての強度と、それを演じる俳優陣の演技力。

マフィアのリーダーであるリョウ・リャンキは狂気じみた危険性と、見知らぬ少女の命を助けようとする優しさを併せ持った人物だったが、暴力と救済という二面性は本作の根底に置かれているものであり、中学生だった自分はその描き方に魅了された。

何度も、『スワロウテイル』を観返した。観るたびに印象は変わり、個々の登場人物たちが求めているものがなんなのかも、うっすらと理解できるようになった。

ＶＨＳ版とＤＶＤ版のパッケージには、穴の開いた千円札を通して世界をのぞく人々の姿が描かれている。彼らはその先に、きっと幸福を見ていた。実際この作品において、主人公たちは一万円札の磁気データが記録されたテープを入手したことで大量の金を手にし、それを元にYEN TOWN CLUBを作り、グリコは歌手としての成功をおさめていく。

その果てに待っていたのは暴力と死、そしてどうしようもない虚無感だった。テープを持っていたことでマフィアの襲撃を受け、

PROFILE
小説家、1984年生まれ。早稲田大学法学部卒業。純文学からサブカルチャーまで幅広い領域で執筆を行う。著書に『惜日のアリス』『夜を聴く者』(ともに河出書房新社)、『ファルセットの時間』(筑摩書房)、『モノクロの君に恋をする』(新潮文庫nex)、『TYPE-MOONの軌跡』『Keyの軌跡』(ともに星海社)などがある。

フェイホンは警察に逮捕されたのち不当な差別と暴力を受けた結果死亡してしまう。

物語のラスト、フェイホンの死を受けたグリコやアゲハは、持っていた大量の札束を炎の中に投げ入れる。それは資本主義に対するささやかな抗議であり、同時に、自分たちの求めていた幸福が金を通して見た世界の先にはないという無言の主張だった。

声を聴いた。金の先にある幸福などまぼろしなのだと、その映像は懸命に叫んでいた。

岩井俊二の作品はいつもまぼろしを求めている。

精神病院に入れられた患者たちとその脱出を描いた『PiCNiC』は、ココとツムジとサトルが、細い塀の上を歩きながら「世界の終わり」を見るために旅をする物語だった。彼らは遠くへ遠くへ歩いていく。けれど「世界の終わり」なんてものは存在しない。彼らが求めたものはどこにもない。だからココは、自分の頭に向けて拳銃の引き金を引いたのだ。天使として仲間の罪を贖い、彼らが幸福な未来へと進めるように。

ココが死んだところで、幸福をたぐりよせられるとは限らない。新たな悲しみが仲間を覆うだけかもしれない。それでもココは賭けたのだ。自分が天使になれるその可能性を信じたのだ。自己の死と他人の救済の重ね合わせ。暴力と癒しの区分はここで消滅する。

そのモチーフは『リリイ・シュシュのすべて』の中に、よりくっきりとあらわれている。星野から凶悪ないじめを受け続ける雄一にとって、自分の運営するリリイ・シュシュのファンサイト「リリフィリア」は癒しの場所だった。そこで彼は青猫と名乗る人物と心を通わせていく。けれど物語の終盤、青猫の正体が星野であると知った雄一は、リリイ・シュシュのライブ後にリリイがいるぞと叫んで人混みを作り、その騒動の中で星野を刺し殺す。

雄一は青猫に感じていた奇妙な友情がまぼろしであると知ったのだ。同じ偶像を崇拝し

ていたはずの同志は、自分を迫害し続けてきた人物その人だったのだから。リリイ・シュシュというまぼろしが、新たにまぼろしの友情を生み出し、そうしてあっさりと崩壊する。

『undo』で用いられた強迫性緊縛症候群という病は、消え去ってしまうまぼろしを、どうにか留めようとするこころみだったのかもしれない。病が悪化した結果、自分自身を縛ってくれと夫に頼む妻の姿は、愛という不確かで逃げ去ってしまうものを、ひとつの場所に固定しようとする欲望のあらわれだ。

幸せに、愛に、まぼろしに、形と安定を求めてしまうわたしたち。

『リップヴァンウィンクルの花嫁』は、その欲望を攪乱する。もともと気弱で、夫に捨てられたことで絶望していた七海は、真白と出会い彼女を愛したことで救われた。真白の死によってその時間は終わりを告げるが、ラストシーンで笑う彼女の姿にははっきりとした成長が見て取れる。

けどそれは、偶然にたどり着いた幸福だ。七海は何度も、安室に助けられた。真白と出会うことができたのも、彼に依頼された仕事がきっかけだ。だけどそもそも、夫と別れることになった原因は安室の策略にあった。彼は真白が自殺する際、七海も一緒に死ぬものだと思っていた。彼はトリックスターであり決して分かりやすい善人などではない。

それでも。

真白の母の前で泣いた安室の涙は嘘だったのだろうか。七海の引っ越しを手伝い、家財道具までプレゼントしてくれた彼の姿は虚構だったのだろうか。

ここで、嘘と真実の境界は消える。

まぼろしと実体の区別はできなくなる。

岩井俊二はまぼろしを追っている。

それに手が届こうが届くまいがかまわない。

どれがまぼろしでどれが本物なのか。

攪乱が起きるその瞬間をとらえるからこそ、彼の映画はやわらかく、どこまでも美しい。

◉論考

空っぽの体とフラジャイルな心

夏目深雪
Natsume Miyuki

I

「村上春樹と岩井俊二――一人称の作家――」（本書五二頁）では、同時期にアジアで絶大な人気を持つようになった二人の作家を「一人称」をキーワードに比較してみた。だが、二人の共通点はむしろ「個」を押し出したということだろう。もう少しこの二人を比較しながら見てみよう。

日本も昔は、都会も地方も隣が誰でどんなことをしているのか知っているような、いくつかの共同体の集合体だった。主婦たちは井戸端会議で住民の情報を仕入れ、行き遅れそうになった適齢期の男女にはお見合いおばさんが相手をあてがう。プライバシーもない代わりに村八分にされない限りは、人並みの幸せが向こうからやってきた。だが、五〇年代後半からの高度成長期、そして八〇年代後半からのバブル期と、その景気の良さも手伝って、地方の若者が都会の大学や専門学校に上京して一人暮らしするようになる。そのアパートやマンションでは隣が何をしているか感知しない、狭いながらも気楽な楽園である。

都会にも盆踊りはあるだろうが、そんなものには目もくれず洋楽ばかりを家で一日中かけていることもできるし、洋食でもジャンクフードでも食べたいものをいつでも食べることができ、親や近所の目もなく異性とも自由に付き合える。日本が豊かになったからこそ、まだ年端もいかない若者が手に入れることができた趣味と交際相手の選択の自由。そのスタイリッシュな生活と放埒さを、その自由と引き換えにした「何か」を二人は描いたと言えるだろう。

村上の小説によく出てくるいつの間にか蒸発したガールフレンドはその象徴だろうし、岩井の初期のドラマ作品『雪の王様』は、表面的には華やかな都会の生活に流されて、いつの間にか借金が雪だるま式に膨れてしまったOLを描いている。

監視されているようで、いつも誰かがいつの間にか見守ってくれている田舎と違い、落とし穴もある都会――だが、多くの若者がその自由を享受し、その中で村上と岩井を愛好したのだ。共同体の時代から個の時代へ――そんな時代の変化に、二人の作風が嵌ったと言えるだろう(二人自身、地方から首都圏に上京した若者であった)。そして私自身、地方から東京に大学進学のために上京してきて、そんな若者を身をもって体現していた。上京組の多くの若者がそうだったように、私も田舎に帰らずそのまま東京で就職した。毎月家賃を払わなければいけない生活は余裕があるとは言えなかったが、村上の新作は必ず買って読んだし、岩井の新作を観に映画館に行った。だからその熱が日本を追いかけて経済成長していったアジアに伝播していったのも全く納得がいく。

「個」を描くことはすなわち自分と他人の間にある「壁」を描くことでもある。境界線を確かめることでもあり、それを超える冒険を描くことでもある。二人がただ等身大であり理想的でもある都会の若者を描いただけでなく、そこまでできた作家だからこそ、多くの人から愛され、評価もされたのだろう。

村上が「壁」に思い入れがあるのは、二〇〇九年、エルサレム賞授賞式典でした「高くて硬い壁と、壁にぶつかって割れてしまう卵があるときには、私は常に卵の側に立つ」というスピーチにも表れている。処女短編小説集『中国行きのスロウ・ボート』（一九八三年）には、そんな村上の資質がよく表れている。表題作では、小学生の時に模擬試験で行った中国人学校、バイト先で出会った中国人女子大生、再会した中国人の同級生などとの出会いを通して、「そもそもここは私の居るべき場所じゃないのよ」（中国人女子大生の台詞、二九頁）という彼らの違和感や孤独に寄り添う短編である。他にも「貧乏な叔母さん」について書きたいと思っていたら背中に貼りつかれてしまった奇譚『貧乏な叔母さんの話』など、自分より弱い立場の者に対する罪悪感や優しさが沁みてくる短編が多い。

村上の登場以前にこういった題材を文学が扱わなかったわけではないだろう。村上の場合は本人を想像させる聡明そうな青年が、「彼女の姿は僕に、夜の海にゆっくりと沈んでいく船を思わせた」（二二頁）、「空売りと空買いに支えられて膨張しつづける巨大な仲買人の帝国……」（四〇頁）など大仰で文学的な比喩とともにそれこそ「一人称」で語りかける都会的な作風とのギャップが大きい。物分りのいいガールフレンドの他はほとんど家族も出てこない典型的な「単身者」である主人公が、それなりに順風満帆な生活を送るのが村上の小説の基盤だ。だが、これらの短篇はいわゆるシティボーイズが主人公の恋愛小説などでは排除されるであろう「辛気臭い」ものたちが核になっている。在日中国人、親戚に一人はいる貧乏な叔母さん、可愛がっていたけど死んでしまい庭に埋めた子犬。壁にぶつかって割れてしまう卵の側に常に立つという、村上の主張はこの短編集を読む限り全く正しい。村上の主人公は、彼らに自分から積極的に関わるわけでもないが、彼らに真摯に向き合おうとし、結果的に「自分は彼（彼女）ではないこと」「自分が自分でしかないこと」（自分は日本人であること、順風満帆な成人男性であること）の痛みを噛みしめる。そのモノローグは素直に読者の胸をうつ。単に「個」の自由と拡張ではなく、「個」でいる時に立ちはだかる壁や、「個」の原罪をきちんと描いたからこそ、村上は同じような若者たちの心を捉えたのだ。

地域や家族といった共同体が以前より形を成さなくなっていることは、若者に選択の自由を与える反面、孤独化にも繋がり、そこにつけ込んだオウム真理教などのカルト集団が蔓延る原因になったと言われる。村上は長いキャリアの中のかなりの時期まで「僕」という一人称を使用した「個」を打ち出したことに自覚的なのか、オウム真理教の問題にもきちんと向き合い、一九九七年に地下鉄サリン事件の被害者にインタビューした『アンダーグラウンド』、続いて信者たちにインタビューした『約束された場所で underground 2』（一九九八年）というジャーナリスト顔負けのノンフィクションを続けて上梓した。

村上は『海辺のカフカ』（二〇〇二年）から三人称を使用するようになった。冒頭、映画のカメラのような視点で「私たち」という三人称を使用する『アフターダーク』（二〇〇四年）のような実験的な作品を別にして、むしろ一人称で颯爽と登場した時のような革新性から遠ざかってしまったような感があるのが残念なところである。また、せっかく三人称を使用するようになったのに、男性中心の視点が崩れない（一人称でずっと書いていた癖が抜けないのだろうか？）のが、特に近作でフェミニズム的観点から批判されるところであろう。だが、一人称を使用していた時期に限っていえば、偶然使い出してそれが若者の風俗に嵌ってブームになったというような軽いものではなく、時代が要請したものであったろう。また、その「個」の揺るぎない存在感と同時に「個」である時に他人との間に立ちはだかる壁、「個」であることの自由と原罪を鋭く捉えたその小説世界が人々、特に同じような局面にあった若者の心を摑んだと言えるだろう。

II

村上の小説を読む行為とは、ブルース・リーの映画を観た後に「アチョー！」といって電柱にキックしたくなるのと同じような効果がある。ハードボイルド小説から影響を受けたスタイリッシュな文体にすっかり染まってしまい、主人公と同じように今日吸った煙草の数を数えたくなったり、恋人に電話した後「やれやれ」と呟いてみたくなったりする。

岩井の映画を観たあとは、主人公の真似をしたくなったりはしない（どちらかというと真似したくないような壮絶な目に遭う主人公の方が多い）。岩井の本を編むために岩井の映画について書かれたものを読み返していた時も、この本を編集している時も、自分の一番核になるような、フラジャイルな部分を突然告白してくる書き手が多いな、と思っていた。それは岩井の映画が観客の最も弱い部分を突き、それにまつわる思い出を喚起するような力を持っているからだろう。「個」を描くことはすなわち自分と他人の間にある「壁」を描くことでもある。境界線を確かめることでもあり、それを超える冒険を描くことでもある」と書いたが、私は村上が前半部分はできたと思っているが、後半部分ができたとは思っていない。後半部分をやったのは、もっぱら村上より一四年遅れて生を受けた岩井であろう。

私も多くの書き手に倣って告白しよう。この本を編もうと思った直接のきっかけは『チィファの手紙』だが、岩井に注目し始めたのは『リップヴァンウィンクルの花嫁』を観てからだった。ＯＬをしていた頃にレイトショーで観た『打ち上げ花火、下から見るか？ 横から見るか？』と『undo』の二本立ての邦画とは思えないセンスの良さ（そこはやはり岩井と村上の共通点だろう）は衝撃で、私の胸に「岩井俊二」という作家の名前は深く刻み込まれたが、もともと寡作なこともあって、新作を発表する度に心酔してきたというわけではなかった。

私は『リップヴァンウィンクルの花嫁』にとても衝撃を受けた。何か凄いことがスクリーンの中で起きているのは分かったのが、何が凄いのか観た当時は分からなかった。何よりも、その分からなさによってこの映画は私の中にずっと鎮座し続けた。一番気になったのは、七海と真白の関係だった。女性同士の恋愛関係のようなものを描いているが、同性愛ではない（性的関係は明示されない）。しかし、二人でウェディングドレスを着て結婚式まがいのこともする。恋愛というよりも、『テルマ&ルイーズ』(91)風の追い詰められた女性同士の連帯と見ることもできる。でも真白の心変わりによって、七海は生の世界に一人残されるのだ(最終的には連帯ではない、やはり愛なのだと思わせる)。『リップヴァンウィンクルの花嫁』が公開された年の年末、私はアピチャッポン・ウィーラセタクンに関する論考集を共同編集で出版している。そこで私はアピチャッポンの同性愛性に注目した論考を寄稿している。★1 そこでは、プリンス、ツァイ・ミンリャン(蔡明亮)、川口隆夫等、オープンリーゲイのアジアの作家、またはジェンダーを超えようとしたアーティストなどを順々に比較しながら芸術における性の問題、または同性愛性について考えている。そして最終的にはロラン・バルトが自作で、決して明瞭に同性愛者だと書かなかったことを引き合いに出し、がしかしその同性愛性は「名付ける」ことの暴力を超えて全体をさまよい、共鳴していることを、アピチャッポン作品の共通点として提示している。

クィア(という言葉も定義が難しく、取扱い注意の言葉だが)と芸術の問題はその論考を書きあげた時から、もっと深めて考えていきたい議題であった。その際に外せないのがポリティカル・コレクトネスの問題だろう。一九八〇年代以降、世界に広まったこの概念のおかげで、性的少数者などマイノリティと芸術の関係は、非常に議論の多いものになったと言える。

『「差別はいけない」とみんないうけれど。』(平凡社、二〇一九年)で綿野恵太は、「アイデンティティ」と「シチズンシップ」という二つの論理を示しつつ、差別を批判するロジックが前者から後者へとシフトしたところに問題を見出す。もともとアメリカの大学のスピーチコードだった「ポリティカル・コレクトネス」は「シチズンシップ」の論理である。要は、「足を踏んだ者には、踏まれた者の痛みが分からない」というのは、よくマイノリティがマジョリティに向ける抗議であり論理である。以前だったら足を踏まれた者だけが「痛い!」と言って踏んだ者が謝れば済んだところを、「市民」や「個人」の権利を重視するシチズンシップの論理が普及した現在では、足を踏んだ人に

★1　『アピチャッポン・ウィーラセタクン　光と記憶のアーティスト』(夏目深雪・金子遊編、フィルムアート社、二〇一六年)

向かって、踏まれてない外野も声を揃えて「差別者だ！」と糾弾するような図式ができあがってしまった。混んだ電車の中で、誰だって悪気はなくて他人の足を踏んでしまうことはあるだろう。その時に複数の踏まれてもいない外野に差別者扱いされることへの反発が、逆にレイシズムに繋がり、ネトウヨやトランプ支持者の増加となって表れているというのが綿野の分析である。

さらに、そもそも人が持つ差別に繋がるような様々なバイアスは、狩猟採集社会で人々が群れ、部族として生活するために獲得されたものであるという。例えば「内集団びいき」というバイアスは、自分が所属しない集団よりも自分が所属する集団を優遇する傾向であり、それは群れを維持するためのモラルであった。そのようなバイアスが次々と紹介され、論証される。

「差別」が、人間の本能レベルに刷り込まれているものだとしたら――私たちは、一体何ができるというのだろう。もちろん、本能に逆らいなるべく差別しないようにすることはできるだろう。私の場合で言えば、社会を牛耳っているヘテロ男性の前では一歩引きながらも主張することを怠らず、性的少数者の前では自分がマジョリティであることを意識しつつ、相手を傷つけないようにする、といったところか。もちろん、それが正しいことなのだろう。

だが、私がアピチャッポンについて書いた時に観た夢とは随分違っていた。私が求めていたのは、PC的に正しい振る舞いでも、諦念から始まる現実主義でもなかった。差別者と糾弾されることを避けるために八方美人になるような振る舞いは違和感があった。そういうのが人間っていうわけじゃないだろう。私が必要としているのは、その場その場を切り抜ける方法ではなく、もっと抜本的な解決法――少なくとも、それに繋がるものだった。

III

『リップヴァンウィンクルの花嫁』、そして遡って岩井の映画を観ていった今は、そこここに自分の求めていたものがあるのだと、はっきり分かる。岩井映画の主人公は偏執的な偏愛が基盤になっていることは既に「村上春樹と岩井俊二――一人称の作家――」で見た。もう一つの特徴はアディクション（中毒）であることも見た。どちらも勿論登場人物を危機に陥らせ、ドラマを盛り上げるための設定でもあるだろう。だが同時に、他人との境界線を曖昧にする設定だとも言えないだろうか。私はあなたであり、世界である――セカイ系と揶揄されそうだが、セカイ系の作品のように社会などの中間項が決して（最初から）排除されるわけではない。例えば縛ること、縛られることに執着していく妻となすすべもなくそれを見ている夫が主人公の『undo』では、妻と夫との間の距離がどんどんなくなっていき、二人の世界に閉じ込められていくところが見ものである。

明らかに高学歴そうな男性が常に主人公である村上作品と違って、岩井作品の主人公は常にフラジャイルな存在である。それは少年少女が主人公であることがまずそうだし（『打ち上げ花火、下から見るか？横から見るか』『ARITA』『花とアリス』）、さらに加えて彼らが奇跡を起こすこと（俺がプールでの競争に勝っていれば、なずなと花火を観に行くのは俺だったのに――と思った途端、その世界が始まっている『打ち上げ花火〜』の典道。最初から、ノートに不思議な「アリタ」という生き物を持つという奇跡を実現している広末涼子演じる『ARITA』の少女）がまたそうだろう。他人との境界線がまだ薄い彼らは、やすやすと現実の境界線を飛び越える。

また美しい奇跡だけでなく、『リリイ・シュシュのすべて』のように、音楽への耽溺を見せ、現実から後退していくような若者の残酷な奇跡も描かれた。以前は好青年だったのに沖縄に行き何かに触れた途端、残忍ないじめっ子になる星野。星野は結局、音楽によってバーチャルなインターネットの世界で繋がっていたはずのフィリア＝雄一に刺されてしまう。他人との境界線が薄いからこそ、恐ろしい奇跡もそこで玉突き事故のように起きてしまうのだ。

それから女性であること。ストーカー一歩手前の『夏至物語』のユウコや、職場中の男と寝て安

売り子ちゃんと呼ばれている『雪の王様』の康子や、『undo』の妻のように、いかにも危うい タイプもいる。岩井映画の女性主人公はもともと自立したキャリアウーマンはほとんど出てこず、男性の庇護心をそそる可愛らしいタイプが多いが、先のような危うさがなくて比較的普通の女性でも、恋人を亡くしたり（『Love Letter』）、姉を自殺で亡くしたり（『ラストレター』『チィファの手紙』）、喪失感をもった存在であることが多い。

喪失感をもった女性がふとしたきっかけでかつて愛した人に手紙を書く、というのが『Love Letter』『ラストレター』『チィファの手紙』の基本的なプロットである。『Love Letter』では、手紙が亡くなった恋人がかつて愛した女性に偶然行き当たり、その女性が自分に似ていることも知る。恋人の秘密を知った博子は、再生への道を歩き始める。

『ラストレター』『チィファの手紙』では、（便宜上、以降登場人物は『チィファの手紙』を例に取る）自死した姉、チィナンの代わりに同窓会に出席した妹チィファが、昔好きだった、そして彼自身はチィナンに恋していたイン・チャンと再会する。インからのメールを誤解した夫にスマートフォンを壊され、チィファはインに手紙を書くが、インが返事を実家に送ったことから、チィナンの子供・ムームーと、チィファの子供・サーランがその手紙を読むことになる。それからムームーとサーラン、インの三者で不思議な文通が始まる。チィファはこの映画では狂言回しのような役で、この映画で再生への道を歩くのは、どちらかというと、元恋人の死を知り、だが自分の書いた小説を彼女が読んでいてくれたことを知ったインと、決して幸せな人生を歩んだわけではない自分の母親のことをこんなにも愛してくれたインと実際に会うことができたムームーの二人だろう。

『Love Letter』と『ラストレター』『チィファの手紙』のストーリーを較べてみると、話の核になる、前者でいうと渡辺博子と藤井樹（女）、後者でいうとインとムームーの心の交流が、後者がより自然なものになっていることに気づかされる。そもそも渡辺博子と藤井樹（男・女）の三人は瓜二つ、（し

かも男性と女性で）同姓同名、と少女漫画的な偶然が多すぎる。だが、中山美穂ら役者のもつ透明感と語り口の清新さで、その無理さが感動に繋がっていくところがむしろこの作品の美点であろう（その意味では、この映画が韓流映画に影響を与えたというのも正しいだろう）。だが、二十数年経ってから同じ「手紙」をテーマにした『ラストレター』『チィファの手紙』にはそういった飛躍がほぼなく、双子性という岩井にとって重要なテーマも、単にチィナンとムームー、チィファとサーランを同じ子役が演じるという、そう突飛でないやり方に昇華されている。こなれ、優雅になり、岩井の映画作家やストーリーテラーとしての成熟を感じさせる一方で、『Love Letter』という作品が持つ畸形的な美しさや何か爆発的な喚起力とでも呼べるようなもの（アジアの観客たちがこぞって北海道旅行に来るような）が懐かしくなったりもするのだが……。

『Love Letter』が持つ魅力は、死んだ恋人によって黄泉の国に引っ張られがちな博子が、そのことによって自分と瓜二つの女性、ある意味でドッペルゲンガーのような存在に出会うという設定によるところが大きい。手紙という小道具は、単に博子と樹の間を行き来するだけで、凝った使い方をされているわけではない。

『ラストレター』『チィファの手紙』になると、そもそも手紙を書くという行為が一般的ではなくなった現在だからこその、その行為への岩井の愛着が感じられる。夫にスマホを壊され、夫に隠れて昔の想い人であるインにチィナンになりすまし手紙を書くチィファの表情の艶。同窓会に来ていたのがチィナンではなくチィファと気づいていながら、チィナンに向けて恋文を書くインの倒錯。母への、伯母への恋文を読むムームーとサーランの禁断のときめき。インからチィナンへの恋文は、本となって宿敵であるジャン・チャオにもその恋人であるタン・ジュオにも読まれる。その元になる手紙が書いた本人であるインとムームーの前に現れる時のなんとも言えない感動。レトロなツールである手紙に対する愛が詰まった映画であり、登場人物は手紙を中心に一喜一憂し、まるで手紙が主人公であるかのようだ。

『Love Letter』『ラストレター』『チィファの手紙』は、手紙による奇跡を描いている。愛する人の死を受け止めきれないヒロインが、書いた手紙が起こす奇跡を。博子は来るはずのない返事をもらい、チィファは愛されたかった人に向け、その人が愛した姉になりすまして手紙を書いた。そこから昔の思い出が蘇り、埋もれていた愛と逸話が発掘される。決してSFと呼べるまで奇想天外な話や設定ではないのだが、弱りフラジャイルになっているヒロインが、手紙の行き来の連鎖によって時空を超え、埋もれかけていた愛を発見するこの三作は、まるでそれ自体で一つのジャンルとなるような独自の輝きを持っている。

また、発掘する愛がヒロイン自身への愛でないところがまた重要かと思われる。それは自分が愛した男の、自分と瓜二つの女性への愛であり、自分の姉への愛だ。博子はある意味で自分が身代わりであったことを知り、チィファはインのチィナンへの愛がかくも強いものであったのかを知らしめさせられる。自己愛に満ちたセカイ系と岩井映画の間にある一線は、こんなところにも表れているだろう。男一人、女二人の三角関係の一人（『Love Letter』では男が、『ラストレター』『チィファの手紙』では女の一人）が亡くなっているなか、ヒロインは生と死の狭間、過去と現実の間を旅し、自分のものではない愛――けれど現在となっては（片方が亡くなっているので）成就しようがない愛――の欠片を丁寧に拾うのだ。

その凝った設定で岩井は何をしようとしているのか。決して登場人物の自己愛を満たすことでも、彼らの強く不変の愛を謳うことでもないだろう。主人公は、あくまで自分のものではない愛を発見するフラジャイルなヒロインなのだ。彼女は過去を旅し、他人（生者と死者の二人）との境界線が薄くなった時空を生き、そして現実に生還する。そんなヒロインの姿こそが、岩井が最も描きたかったものであるに違いない。

Ⅳ

そして『リップヴァンウィンクルの花嫁』である。岩井自身が「二〇年くらい持っていたエレメントがそこに凝縮されたような気がしてい」(本書二八頁)ると語る通り、今まで見てきた岩井映画の特徴が詰まった映画ではある。とはいえ、ヒロインの七海は偏執的な偏愛も持たないし、アディクション(中毒)の気もない。双子性やドッペルゲンガーも、七海と真白のウェディングドレスを着るシーンという、アレンジされた形にて表現されている。なりすましも、赤の他人の結婚式に親族のふりをして出席するという、真白との出会いのシーンに、いわば風刺のような形で挟み込まれているだけだ。

この映画の凄さは、七海というヒロインの設定に尽きる。村上春樹と岩井俊二は、「個」を描く作家だと述べた。共同体や集団ではなく、「個」。「俺(私)は俺(私)でしかない」ことの宣言。圧倒的に個であることの、それぞれ違う形での宣言が、若者の支持を集めたのだ。だが、先に述べたように八〇年代以降PCの概念が一般化し、世界各国に広まった。「個」は集団や共同体に較べたら自由かもしれないが、性別や人種、性指向などの属性は持っている。「僕」という男性主人公の一人称を使用してきた村上の行き詰まりは、そこにあるのではないかということだ。男性、日本人、ヘテロの主人公は、マイノリティとは言い難い。そこで、女性主人公も多く登場させてきた岩井の方に分があるのは既に見た。だが、この映画はもっとすごいことをしていると思う。

例えば、属性がない主人公だったら? 或いは属性がどんどんズレていく主人公。とても刺激的で、風刺的ではないか。また、PC的な言説で批判されようがないし、むしろそれ一辺倒の風潮への批判にもなっている。

七海は、女性であるが、何者かははっきりしない。非常勤の教師をやっているが、些細なことで馘になってしまう。処女だったがSNSで恋人を見つけ、トントン拍子に結婚し、馘になったことを隠したまま専業主婦になる。だが、義母に嵌められて浮気の事実を捏造され、離婚され家を追い出され、今度はホテルで住み込みで働き始める。ずっとお世話になっていた安室（だが実は義母と組んで七海を嵌めていたのは彼）の采配で、今度は大きな屋敷で住み込みでメイドをする月収一〇〇万円の仕事を始める。そこで結婚式のバイトで出会った真白と再会し、一緒に生活し始める。真白は実はAV女優で、しかもガンで余命わずかで、一緒に死んでくれる友達を探していた。七海を雇ったのは実は真白だったのだ。二人でウェディングドレスを着たその日、キスしてベッドに倒れ込むが、次の日真白は亡くなっていた――。

七海は全てにおいて受動的すぎ、いそうもなくはないが、女性のある部分を戯画化していると言えるだろう。他人を疑うことを知らず、攻撃はおろか防御すらせず、下手したら（真白が翻意しなかったら）殺されていたのだから、ブラックユーモアが効いている。

マザコンの男にひどい目に遭わされ、白い館で出会ったカッコいい女性と恋に落ちる話なら、今までのレズビアン映画でも描かれてきただろう。だが、七海と真白はプラトニックな関係しかない。また、先に書いたように、七海は真白の翻意によって、一人生の世界に残されるので『テルマ&ルイーズ』的な女性の連帯の物語というよりは、やはりそこには「愛」があるのだ。

七海は職業もはっきりせず、性的指向も途中から曖昧になり、「曖昧な個」であり続ける。先生、専業主婦、メイド、AV女優の花嫁、いろんな属性をその都度受動的に身に付けるが、結局何一つ身にはつかない（オンラインでの家庭教師を除いて）。

だが、だからこそ私は七海が全てが終わり、一人暮らしを始めた部屋で、安室に貰った家具に座り、窓の外を見るシーンに、これまでにない感動を覚えたのだ。その顔は、表面的には黒木華の可愛らしい童顔だが、あらゆる属性を剝ぎ取られた剝き出しの顔であった。ただの顔――いろんな修羅場をくぐり抜けた彼女は、働く女性でも専業主婦でもヘテロ女性でもレズビアンでもなく、そう、

ただの人間だった。

彼女の空っぽさに、そしてその豊かさに、私はとても感動した。彼女は、「個」の自由や権利を主張するつもりで、毎日SNSで論争している私たちの分断を、静かに笑っているように見えた。そして、彼女はこれからも、何にでもなれる。今までも、なれたのだから。私は七海のふっきれたような笑顔を見ながら、彼女のように生きていきたいと、心から思ったのだ。

そして、『ヴァンパイア』になると、岩井は「人間」の枠すら超えようとする。もちろんヴァンパイアは人間ではない。だが、タイトルからオーソドックスなヴァンパイア映画を想像すると、肩透かしを食らう（むしろ皮肉のようなものと捉える方が正しいだろう）。主人公のサイモンは血を飲むために自殺志望者の若い女性の自殺を手助けしているのだが、車に酔って飲んだ血を吐いてしまうようなヘタレなヴァンパイアであり、また、思い入れた子の命を救ったりしてしまう。そんな彼の優しさが裏目に出たのがラストシーンで、彼は自殺して輸血が必要な教え子に献血（ヴァンパイアが献血するのは、映画史上初めてだろう）したおかげで、悪事がバレて警察に追われた際、貧血で倒れ、逃げ切ることができない——と、なんとも人間寄りのヴァンパイアなのだ。むしろ、ヴァンパイアを人間と変わらない生物として描いている。

人間とその他の生物の狭間を生きる者たちの物語ということでは小説『ウォーレスの人魚』のような傑作もあるのだが、もう紙幅が尽きた。

岩井映画の主人公が、様々に張り巡らされた境界線を超えようとしていることを見てきた。空っぽの体にフラジャイルな心——曖昧な個を持つ主人公が、その曖昧さやフラジャイルさを武器にして、境界線を超える瞬間が、岩井映画の奇跡であり、エクスタシーであろう。さらに、その奇跡は彼らの弱さや曖昧さによって、決して我々観客に無関係のものではない。彼らが駆け抜ける冒険は、常に未来形で、私たちの脳の中に描かれるのだ。

◉論考

岩井俊二作品における「科学」と「神」
――『番犬は庭を守る』を中心に

藤田直哉 *Fujita Naoya*

岩井俊二は、土着的で、生命に満ちており、暴力的で、過激で、野蛮で、労働者階級に寄り添おうとし、科学の残酷さを主題とする作家である。

そんな印象は、おそらく多くの観客にはないだろう。だが、岩井俊二の代表的な小説作品『番犬は庭は守る』（二〇一二年）『ウォーレスの人魚』（一九九七年）と、それが構想され、書かれていた九〇年代半ばの映画『スワロウテイル』、エッセイ『トラッシュバスケット・シアター』（一九九七年）などを見ると、少なくともこの時期には、彼は前述したような作家であった。本論は、岩井俊二の最も過激な作品のひとつである『番犬は庭を守る』を中心に、これまであまり多くは語られてこなかった、この時期の岩井俊二作品における「科学」と「神」の問題を論じていく。

原子力政策が変えてしまった生の形

『番犬は庭を守る』は、原子力の寓話である。

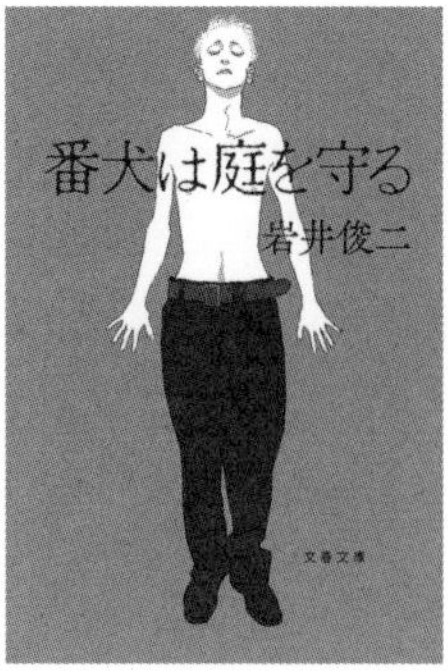

『番犬は庭を守る』（文春文庫）

原子力発電所が爆発し、放射性物質に汚染された世界で、生殖能力がほとんどなく最底辺の労働をして生きるしかない過酷な境遇の男の性と暴力をひたすらに描く。

発表されたのが、二〇一二年。言うまでもなく、東日本大震災と、福島第一原発の事故の直後だ。だが本書の内容は福島第一原発の事故によって構想されたものではなく、原型が書かれたのは映画『四月物語』と『リリイ・シュシュのすべて』の間ごろで、そのとき念頭にあったのはチェルノブイリ原発事故だという。

東日本大震災後は、メディアや人々が様々な自主規制のムードに包まれ、多くの善意の（あるいは悪意の）自己検閲が行われ、タブーが公然と君臨していた。その時期に書かれた数々の「震災後文学」と比較すると、本作はかなり過激に振り切れている。内容を紹介しよう。

まず最初に、主人公ウマソーの祖先、イジュサム・イアザッドの生涯が語られる。彼は鯨取りだ。イジュサムは、鯨を取る。自然と密接で、血なまぐさい、生命力に溢れた生活をしていた。「神童、神の子、鯨の子、鯨名人、鯨神、鯨聖、鯨王」（九頁、文庫版）などの異名を取る彼は、まさに神話的人物だ。妻とはセックスに明け暮れ四人の子どもを作り、あちこちの港に愛人を作るような性的な生命力に満ち溢れた人物である。

彼が住んでいる村は「アルミアコットarumiakot」と呼ばれる。それは「東海村tokaimura」を逆から読んだものだ（イジュサム・イアザッドは、太宰鱒二だろうか）。作品全体はファンタジー風だが、ローマ字で逆から読むと、現実に対応するもの（寓意の対象）がすぐわかるようになっている。

イジュサムの住んでいた土地に、原子力発電所が建設されることになり、金をもらって彼や子供や孫たちはその地を離れた。「原発がやってきて、漁民は姿を消し、今では原子炉すべてが廃炉となった」「まるで忘れ去られた死の町のような風景だった」（一五頁）。

イジュサムのひ孫のイルゴと、その五歳の娘エカットが原子力発電所の事故で被曝。イカザウィシャク（柏崎）やアコアマフ（浜岡）などでも次々と爆発事故が起こり、爆心地を中心に人々が土地を捨てざるを得ない状況になっていく。エカットはやがて妊娠したまま白血病を発症し、死んでしまうが、その遺体から生きて取り出された胎児が、主人公のウマソーである。彼は染色体異常で生殖能力がない。この作品世界は、生殖能力によって階級が分かれる超階級社会として設定されており、そこで最底辺に位置づけられることになる。

高校を卒業し、警備会社に就職した彼は、市長の娘とのトラブルにより「流刑地」に送られる。そこは「アルモシャコル」、つまり六ケ所村再処理工場の廃墟である。

原子力政策により、イジュサムが享楽していたような神話的な生の充実を奪われた彼は、社会的つながりも無に近い孤独な最底辺の状況の中で、小学生たちに襲われリンチすらされる。悲惨な彼は、哀しくもこの庭＝再処理工場を守る番犬であることに誇りとアイデンティティを見出さざるをえない精神状態に追い込まれる。彼は、自分が世界を守っているのだとすら思いこむ。番犬であるウマソーは、庭である原子力施設を守ることを、アイデンティティと感じる。その原子力こそが、彼の祖先が享受していた充実した生を破壊し、彼の母親と、生殖能力を奪い、彼に最下層の人生を強いたものであるのにもかかわらず、だ。

縛り付ける鎖は、あるのかないのか

これに似た構図を、ドキュメンタリーで観たことがある。

舩橋淳監督のドキュメンタリー作品『フタバから遠く離れて』(12)『フタバから遠く離れて　第二部』(14)は、原発事故によって故郷を追われた双葉町の人々を追いかけた作品だ。

そこで、原発に賛成するか反対するかで、町を分ける政治的な対立が発生する。特に原発に賛成するのはいわき市の仮設住宅に移り住んでいる住人たちで、そこでは多くの者が原発で働いている。

彼らは原発を生活のために必要なものと感じており、労働に誇りを感じているようだ。こういう現実は、確かに存在している。それはこの町だけではない。

川口勉監督のドキュメンタリー『彼らの原発』(17)は、大飯原発のあるおおい町の人々を丹念に取材して作られた作品だった。彼らも原発に賛成である。それが産業であり、生活を依存しているからである。原発に反対との意見を示す川口監督に、住人の一人は、だったら別の産業を用意してくれと嘆息する。

ぼくの祖先は、いま、国立アイヌ民族博物館がある白老の近くの、樽前という場所に住んでいた。アイヌではなく入植者だが、祖母は野生の馬を捕まえて乗ったり、自生している蕗や蕨を取って食べたり、祭りで売ったりしていたらしい。その祖母は今も存命で、札幌にいたころには同居していた。移動手段として野生の馬を捕まえて、裸馬で乗り、その度に股が血まみれになるような生が、ぼくから二世代遡ればあったらしい。

白老の近くには苫小牧という、工業都市がある。父親はそこの高専に通い、一時期、原子炉の世界シェアがナンバーワンであった大手電機メーカーに入り、「重電」の仕事をした。変電所やら発電所やら送電に関係する仕事で、ぼくは泊原発の中の見学に連れていかれたこともある。祖母はしばらく、苫小牧にある団地の中で暮らしていた。自然と結びついた神話的な世界――とはいえ、壮絶な貧困と、過酷な寒さに晒された残酷な世界でもあるのだが――が、一世代で科学技術と工業の世界に塗り替えられたわけである(その三代目のぼくは、東京に移住し、文化芸術に関わり、文字を書いて売るという第三次産業に従事しているのだから、三世代の落差は相当なものである)。

そうであるから、当然、親戚には農業をやっている者が多いし、工業都市である苫小牧とも縁が深い。自分の目で見ているこの世界は、この人々は、一体何なのか。社会とはどういうものなのか、この格差は、生活の違いは、一体何なのかと、考えさせられることが多い。今でもよく分からない。

時々、これを説明するものとして「従属理論」のことを思い出すときもある。先進国が第三世界を、支配し従属させているという理論だ。同様の構造は、一国の内部でも起こる。植民地がそうであるように、先進国は一次産業の生産物を必要とする。世界が皆先進国並になってしまえばそれに従事したがる人がいなくなる。だから、わざと教育や文化などのレベルを低く抑える「低開発」状態にするのだ、という理論だ。皆が洗練され豊かで教養のある生活をしようとすると、やりたくない重労働をやる人がいなくなる。だから、嫌な仕事を誰かに押し付けるために、わざと無知に留め置く、という理論だ。

この考え方は、若干、マルクス主義的な、資本主義とブルジョワジーに対する悪意が強いな、と思う時もある。憎悪を煽り、ルサンチマンを動員する、邪悪な理論ではないかと思うときもある。しかし、真実ではないかと思うときもある。

過酷な単純労働に従事する人を、資本主義は、というか文明は、常に必要とする。たとえば石炭を中心としたエネルギーの時代には、炭鉱夫たちがそうだった。生命の危険が多く、肺などが病気になる可能性が高いこの仕事を積極的にやりたがる人は少なく、結局、徴用工などの形で強制的に労働に従事させた。北海道の開拓もまた危険な仕事であり、道路一つ作るのに何百人も死ぬとかは普通に起こる事業であったが、ここではタコ部屋労働や囚人労働が行われた。不当に騙したり、労働力にするために微罪で逮捕するなどして、強制的に労働に従事させ、少なからぬ者はそのまま死んだ。少なくとも一九四五年——七五年前までにはそれがあった。石炭が原子力に代わり、表面的には自由意志を尊重しているように見える民主主義の社会になったが、本質的な構造はまだ変わっていないのではないか。いまだ巧妙に、鎖で繋ぎ止める仕組みになっていないだろうか。

そんなことを考えるのだが、実際に働いている人たちはこの認識の構図に反発するだろう。ぼくも別に革命をアジりたいわけではないし、この見方が偏っていることも自覚している。電気は産業のために必要であり、誰かが従事する必要がある。それによって安定と豊かさが維持されているのだから、彼らに感謝するべきで、従事者は自身が日本のため、皆のためになる偉大な事業に関わっていると誇り、アイデンティティやプライドを持つのは当然ではないか？　そういう立場も分かる。ぼくもその仕事をする立場になれば、そのようなアイデンティティを作って、自分を支えるし、仕事を誇るだろう。科学、文明を体現し、人々のため、日本のためになる偉大なる仕事をしているのだ——と（おそらくぼくの父親がそうであっただろう。そしてそれは実際ある程度正しく、電力によって多くの人命が救われ、多くの苦痛が消滅しただろう）。一方で、そのようなアイデンティティや世界観こそが、支配層が植え付けるイデオロギーに過ぎないという、マルクス主義の見方も分かる。だが、そのような自分自身の仕事や存在意義の「物語」を信じ込み自分を支えることを、笑うことも難しい。自分だって、そのように自分を鼓舞したり、正当化したり、納得させたりしているのであるし、それを否定されれば尊厳を踏みにじられるような辛さを感じるからだ。

どちらの視点が正しいのか、ここで決めようとは思わない。だが、時々やりきれない感じがして、その感情をどう処理していいのか分からなくなるときはある。

岩井俊二と「科学」

岩井俊二にも、このようなやりきれなさがあり、これらの作品を作ることで、それを処理しようとしたのではないか。そのように想像する。

森田真帆によるシネマトゥデイの記事「岩井俊二監督、核の世界を描く準備…最新作『番犬は庭を守る』の主人公は原発の核廃棄物処理施設で働く守衛の男がテーマ」によると、「岩井監督は、トークショーの中で自身の親戚が原発関連の学者だったことで、小学生のときに東海村原子力発電所を訪れたエピソードを告白」したという。

映画での作風からはあまり想像しにくいが、岩井俊二は「科学」に言及したり、科学的な思考をする人物を登場させることがとても多い。一二歳のときの夢が「科学者になってノーベル賞を取ることだった」（『トラッシュバスケット・シアター』一一〇頁、文庫版）。

『トラッシュバスケット・シアター』の連載初回の最初のパラグラフに「映画に興味はなかったが怪獣は好きだった」（八頁）と彼は書き、「〝ゴジラ〟のようなスター」という表現も使っている。「ラヴストーリーよりは怪獣映画だった」とも書いている。

掲載媒体が、女性読者の多い『ダ・ヴィンチ』なので、連載に何度も登場する怪獣映画への言及はリップサービスではないだろう。『ゴジラ』の主題が、「戦後日本が科学技術立国になったことによって失われた古いもの、自然、信仰、神が復讐する」という内容であることに鑑みれば、『ゴジラ』の精神は、一見そうは見えない岩井俊二の作品に継承されていると言うことができるのかもしれない。

『番犬は庭を守る』では、原子力という技術と産業が、自然と結びついて生きていた人間を抑圧し、蹂躙した結果、東北的なそれが噴出してくるのだ。

東日本大震災を受けて、生まれ故郷の仙台を含む東北地域が大きな被害に遭い、岩井俊二は『番犬は庭を守る』を完成させる。それは、原子力政策に蹂躙される、東北の人々の寓話というべき作品であり、寓話という形を採ることでしか表現することが難しい、このタブーに満ちた言説環境への抵抗のような作品であり、叫びのようなものだ。

犯された無垢なるもの

純粋で無垢なものが、レイプされるというモチーフが岩井俊二作品には繰り返し登場する。一番印象的なのは『リリイ・シュシュのすべて』（小説版）の久野陽子だろう。一人でピアノを弾く上品な

『リリイ・シュシュのすべて』（角川文庫）

彼女は、強姦され撮影され、売春を強要されそうになって自殺する。

このような、無垢で上品な存在がレイプを受け、金のために自分を売るということの悲しさに（主人公や観客が）悶えるような、間接的な「寝取り」のような欲望の仕組みが岩井作品には頻出する。『番犬は庭を守る』にも同型の構図がある。警備員をしているときに見える家に住んでいた、プリマドンナ志望の女性・レバンナにウマソーは憧れを抱く。あるとき、レバンナは交通事故に遭い、夢を絶たれてしまう。やがて彼女は売春を始め、その家で客を取っている様子をウマソーは見てしまうようになる。

この境遇は、ウマソーも似たようなものである。金を得て生活するために、精神や身体、生命や尊厳を売り渡さなければいけない状態である。

ウマソーはアルモシャコルを首になり、イリューボンレック（チェルノブイリ）のゴミ処理の仕事をすることになる。そこは「二〇世紀が遺してくれた厄介な産業廃棄物の処理施設」（二三四頁）である。そこで子どもを作れなくなる「黒い液体」を被ったりもする。様々な事情で流れてきた下層労働者たるウマソーには、そんな仕事しか従事することができない。その液体の水たまりにある労働者が落ちてしまい、その後の生存が絶望的な状況になる。しかしその事故は「作業の妨げにもならなかった」「全ブロックで計算すると、一週間に一人は死んでいる」（二五三頁）、そのような、過酷で生命の価値が安く見積もられている現場である。そういう現場は歴史的にたくさんあった。

やがてウマソーは「歯茎から出血し、鼻血も頻繁に出るようになった。次第に髪も抜け始め、半年ですっかり痩せこけてしまった」。そしてウマソーは言う。「これは神様から頂いた罰だ」（二五七頁）と。

イリューボンレックはこのように描写されている。「その昔は美しい海だった。二十世紀の人々は、この悠久の遺産を僅か十年で五十平方キロメートルの陸にしてしまい、その地に付与された名がイリューボンレックである」(二四三頁)。

つまり、かつては無垢な「美しい海」だった。それを、科学と資本と文明が「レイプ」し、蹂躙したのだ。それと同じことはウマソーにも言える。鯨を取り、神話的かつ暴力的に、生命との濃厚な繋がりを持ち、去勢されていなかった、男性的な無垢の状態にあったイジュサムの家系は、原子力発電所に象徴される工業化によってレイプされ、「身売り」をしなければいけない状態にまで落ちぶれている。

これらが、原子力産業に蹂躙された「無垢なる」東北の港町の寓話であることは言うまでもないだろう。『番犬は庭を守る』はこう始まる。「鯨はかつて世界の燃料だった。遠い昔、人類がまだ電気を利用していなかった時代。世界がまだ今ほど汚れていなかった時代の話だ」(七頁)。これは、科学や技術、文明に抑圧された自然的な生の寓話でもある。岩井俊二作品における欲望論的な側面は、実は社会のあり方、文明のあり方への寓話的な側面を持っているという読みをこそ、我々は『番犬は庭を守る』から学ぶべきだろう。

岩井の最初の映画『undo』から明らかだが、岩井映画にはSM的な欲望が濃厚にある。『undo』に出てくるのは「強迫性緊縛症候群」の女だった。無意味かつ不必要に自分自身を縛ることが主題となっていたことを思い出すと良い。ウマソーもまた、そのように自分を縛り付けている「番犬」である。

「縛る」ことと「無垢」なる自然

『番犬は庭を守る』が構想された一九九〇年代、岩井は『スワロウテイル』や『ウォーレスの人魚』や『リリイ・シュシュのすべて』などの企画を練り、動かし、作っていた。これらの作品は相互に連関しているところが多く、岩井俊二の主題系が色濃く出てきている。いくつか、本論の文脈に即し、見ていこう。

たとえば『ウォーレスの人魚』は、石井竜也監督『ACRI』(96)の原作として書かれ、やがて原作の枠を超えて小説作品として完成した作品である。石井竜也の実家は北茨城の港町にあり、福島第一原発にも近い。

この作品では、「鯨」と似たイメージで描かれる「人魚」が、科学者に捕まり、様々な実験を行われる様子が描かれる。最初に人魚を捉えるのは、ある港町の漁師である。

　鯨やイルカの描写には、科学や文明を否定しイルカや鯨を理想化したヒッピーたちの影響が感じられる。本作での人魚は科学や文明に「犯される」以前の無垢な存在である。

作品のクライマックス、南極の氷の下で、科学者であるウォーレスが行った実験の結果として、縄で縛られたまま凍っている人魚が発見される。『ウォーレスの人魚』における「緊縛」は、科学や文明などで、自然で自由であった存在を縛ることのメタファーであると言ってよい。

『スワロウテイル』の舞台は「円都」。まさに資本主義を問題としており、お札を燃やすなど、金銭に対する憎悪の感覚が強く出ている映画である。

映画の始まりで、延々と続く均質なコンビナートや工業地域を映し、円都の発展の歴史を振り返る。岩井俊二と言えば、リリカルかつ繊細に女性や心を描く作家というイメージになりがちであるが、この冒頭はかなり荒々しく、敢えて工業化していく戦後日本を映し続けた「怪獣映画」(特に、本多猪四郎の諸作品)の影響を強く感じさせる。

川や海の近く、工業地帯にあるスラムのような建造物や、そこに生きる社会的に劣悪なポジションの者たちを執拗に映し続ける本作は、いわゆる洗練されたプチブル的な世界観ではなく、港町などにあるような荒々しい生を寿ごうとしているかのように見える。それを、SF的設定や、サブカルチャー(音楽やクラブ)の意匠を通じて、回復させることを意図した作品であるようにも思えてく

る。

『スワロウテイル』は、科学や技術や資本主義が犯した世界の中に、原初的な生命感が、歌やサブカルチャーを通じて回復してくるという希望を描こうとした作品であると言っていいだろう。それは岩井俊二作品についての自己言及なのかもしれない。

原因と結果の乖離

「鎖」は、目に見える分かりやすいものではなくなり、見えにくく、分散したものになった。それと同じように、犯罪の原因も、見えやすいものではなく、因果の鎖を、複雑な玉突きのようなものとして岩井は描く。

作中で、ウマソーは「通り魔」を行う。アルモシャコルの警備員をしているとき、小学生たちの襲撃をウマソーは繰り返し受けていた。人類の生殖能力が衰えた世界では、子供たちは貴重な存在で大切に扱わなければならず、だからこそ増長した彼らに侮られ、バカにされ、リンチされ続けているのである。それに怒り心頭になったウマソーは銃を発砲し撃退し、「暴力」の威力を思い知ってしまう。その後ウマソーは、街中でアイスピックを突き付ける通り魔を行い「有料精子認定」をされている「種馬成金」の股間を蹴り上げるなどの復讐を行う。さらに、ウマソーは、美しい小学生の子どもを、穴に突き落として殺害もする。

重要なのは、原因と結果の距離である。一九九五年前後には、動機が不明で、「心の闇」などと世間がレッテルを貼った少年犯罪が多発していた。その煽りを受けて映画『PiCNiC』の一部をカットせざるを得ない憂き目にあった岩井は、この時期、それらの犯罪のことを考えていたと思しい。ウマソーが通り魔をするのは、子供を殺害するのは「心の闇」のせいか。そうではなく、たとえば社会構造や、彼のペニスが小さく生殖能力がない状態になってしまったことなど、複雑な要因が背景にあるのではないか。岩井は、明らかに本作では、原子力発電所の建設によって故地を追い出されたことや、産業構造が変わったことなどに、その遠因を求めようとしている。

二人の少年犯罪者（売春組織を運営する星野と、彼を刺した蓮見）の内面を描いた『リリイ・シュシュのすべて』は、まさに犯罪の、原因と結果の複雑な関係を描こうとしたものだ。優等生だった星野は何故、イジメの主犯になり、売春組織を運営するようになったのか？　それ以前に受けていたイジメのせいだろうか？　様々な原因がありうる。だが、多くの観客や読者の抱く印象は「理由がない」だろう。意味不明、かつ、突然、そう変化したように見える。

星野が変わるのは、中学一年のとき、秋葉原でオタクから奪った金で沖縄に行ってからである。このシーンは、映画版では、登場人物が撮影したという体の、ホームビデオのデジタルな映像で構成されている。ここから記すのは、小説版である。

決定的な変化が起きたのは、東大生と一緒に島の「秘境」のエリアに行ったときだ。地元の人々はそこに行くときに「神々の話」（文庫版、三四二頁）をする。「ゴジラの指」のようになっている島の「指の隙間に入り込んでゆく」（三四三頁）と行き止まりで、滝が落ちている。その後、シュノーケリングの最中に星野が溺れて死にかける。地元の人は「島になんか悪いモン持ち込んだんだろ」と言い、東大生は「島の神様が怒っているんですかね」（三四九頁）と言い、彼らは本気でビビり始める。

星野はオタクから奪った金が呪われているので、儀式をしなければならないと主張する。蓮見は「星野お前、なんかに取り憑かれた？」（三五三頁）と記述する。

その後、海からダツという魚が飛び出してきて、星野を掠める。東大生は、それが胸に刺さって死ぬ。突然の、無意味な死。そして生存の偶然性の感覚が、星野を襲う。

ここで示唆されているのは、不正に入手した金を（デジタルカメラのようなテクノロジーも？）自然の中に持ち込んだがゆえに、神の怒りが生じ、何かが星野に憑依したということだ。真面目で優等生だった星野が変わった原因の中核にあるのは、これである。つまり、神の怒りである。

日本における土着的な神は、自然そのものだ。恵みをもたらしてくれるが、災害などの形で巨大な破壊を行う、理不尽に生命や富を奪い続ける暴虐的な力である。星野に憑依したのはそのような神だ。それが彼を変え、彼が率いる集団が様々な事件を起こし、苦しみを生み出すようになる。

そのような広い視野での原因と結果の複雑な関係を、『リリイ・シュシュのすべて』は描こうとしている。そこでは被害に対して直接的に復讐するという形ではなく、転移や逆転移などの複雑な心理的メカニズムを経て、乱反射的に、ビリヤードのように、連鎖反応を起こしている。加害者そのものではなく別のものに復讐が行われるなど、心理的に狂った磁場をこそ岩井は描こうとしている。

そのような視線から個人・社会・世界を見るということ、そのような心理的な磁場があることを前提として世界を描く事において、『番犬は庭を守る』も同じ視座を持っている。この「犯罪」観は、ある男の連続殺人の遠因として、家庭環境や、太平洋戦争中の「神」である天皇と長崎におけるキリシタンの「神」の対立を見ようとする今村昌平の『復讐するは我にあり』(79)に近いだろう(そのような、予期せぬズレが起こる磁場が、善い方で作動すると『Love Letter』になる)。

ウマソーは、死に至る病で苦しむ中「これは神様から頂いた罰だ」と言う。自然を、生活を、科学と資本主義が蹂躙した「罰」を、何故か彼が受ける。その神は、自然と密接に日本人が生きていた頃の「神」だろう。なぜ、その罰を、ウマソーが受けなければならないのか。その理不尽さこそ、本作の肝だ。本来被害者である彼こそが罰を受け、それを受容してしまう。自分自身を縛り付ける鎖を肯定してしまうのだ。この受容は、無知の産物であるかのようにも見えるし、ある種の聖人的な境地における許しであるかのようにも見える。

叛逆と欲望――映画と芸能の存在意義

最後に、少しだけ視点を引いて、岩井作品の芸術としての存在意義や、そこにある欲望論について言及しておきたい。

科学や文明を否定し、原初的な生や自然に自由を見出す岩井の態度を「ロマン主義」と批判するのは容易い。結局のところ、人間には、秩序も文明もシステムも科学も必要である。その立場から、カウンターカルチャーやロマン主義を批判する議論には、一定の正しさがある。

とはいえ、生きる上で、社会を維持する上でどうしても必要なものの仕組みが抑圧するものがあることも確かだ。フロイトの言い方を借りれば、抑圧されたものは必ず回帰する。人間の衝動や無意識、欲望は、理性や秩序で完全にコントロールすることはできないのではないか。だから、この秩序、文明の中で生きるために、それが押し殺した衝動や抑圧したものを昇華させる場が必要になってくる。たとえば、（広義の）芸術がその一つだろう。そこでは、一見そうは見えない形で、滅ぼされたものが保存されていたりする。

たとえば能がそうである。『土蜘蛛』では、朝廷に滅ぼされた豪族が現れる。朝廷が、支配する領土を広げ、考え方やシステムを統一していく過程で、それに叛逆し、滅ぼされざるをえなかった存在たちを、能は敢えて描く。彼らを単に悪役として描くのではなく、同情的に彼らを扱い、繰り返し舞台の中で彼らを復活し、その叛逆と鎮圧の心理的葛藤を昇華し追悼するような芸能を、なぜか日本は六〇〇年以上も維持してきた。『番犬は庭を守る』や、岩井作品にも、それと似た心理的機能を感じる。

岩井俊二には明らかにカウンターカルチャーが影響しているし、サブカルチャーへの接近も著しい。だがその深奥には「近代」「科学」「合理性」「秩序」に蹂躙された、土着的な東北の港町の精神があるのかもしれない。そこに、「神」がいるのかもしれない。

抑圧されたものが現れるためには、意識や超自我の「検閲」をすり抜ける戦略として、「変形」されることが必要になる。そして抑圧された衝動が噴出するときには、性的なものと近しい快感が伴う。岩井俊二の作品における欲望の構造は、それと関わっているはずだ。

無垢なるものが犯されるとき、そこに悲哀やいたましさと同時に、犯す悦び、汚す興奮もまた存在する。映画とは視覚的なメディアであり、生身の人間が演じる場合は特に、肉体的な欲望が大きく影響する。だから、理屈や綺麗事だけでなく欲望も含みこんだ複雑な人間の現実を描写できる。映画を想定して書かれている岩井の小説作品も同様である。

犯すものとしてではなく、犯される者としての快感も存在する。縛る者でなく、縛られる者の方こそむしろ主体であり、より大きな快を得るのがマゾヒストのあり方である。縛られ、従わせられ、満足の充足をひたすら遅延させられていく中で、自由な状態や完全な満足の状態への幻想が肥大化し、それへの渇望に焦れること自体の悦びも存在している。被害と加害の関係は単純ではなく、苦痛と快楽の関係も単純ではない。その欲望論を詳述するには紙幅がないが、そのことを踏まえたこの世界のあり方を岩井俊二は描き得ている。

『番犬は庭を守る』のような原子力や社会の描き方は、おそらく、東日本大震災以降には、タブーになってしまっているだろう。しかし、そのような方法によってしか描きえない「真実」もあるはずだ。何とか昇華しなければならない葛藤や矛盾も、この世にはどうしても存在している。この時期の岩井俊二の作品には、そのようなギリギリで紡がれる、決死の賭けのような緊張感が漲っている。

◉論考

岩井俊二の映画を巡る四つの断想

河野真理江
Kono Marie

岩井映画の観客たちへ

岩井俊二。日本の映画作家。あなたは彼の映画をどれくらい観たことがあるだろうか？『打ち上げ花火、下から見るか？横から見るか？』と『スワロウテイル』。このくらい？もしそうだとしたら、あなたはきっと、ポップで、スタイリッシュで、カッコイイ映画を撮る監督として岩井を認識しているに違いない。『打ち上げ花火』には『モテキ』（久保ミツロウの漫画でもそれを大根仁がテレビドラマ化したものでもよい）を通じて岩井に出会ったという人もいるはずだ。それから遡って、『PiCNiC』や『undo』などのオシャレそうな短めの作品を動画配信サイトで観て、「意味わかんない、キモイ」と思ったかもしれない。『Love Letter』と『ラストレター』だけを観て、美しい映像を撮る監督だと思っている人もいるだろう。それともあなたは彼がかつて手がけた関テレの「DORAMADOS」の枠で放映されたテレビドラマや、製作総指揮として携わったAKBのドキュメンタリー映画も全部観ているという口？それはすごい。あなたは岩井俊二の最大のファンだ。

わたしが岩井の映画に出会ったのは、一五歳か一六歳のとき。地元の駅構内にあったレンタルビデオショップ。改札口の眼の前にあったその店に学校帰りによく立ち寄っていた。その頃、わたしは

映画を観始めたばかり。監督の名前もほとんど知らない。だからもっぱら、ジャケ借りをしていた。なんとなく面白そうな映画を借りて観てみる。映画館に一人で行きはじめたのもこの頃。でもそれは本当に時たまで、レンタルビデオショップで借りたVHSやDVDで映画を観ることの方が多かった。で、初めて手に取った岩井の作品は『リリイ・シュシュのすべて』。この映画を実家のリビングで一人で観た。そして、とても衝撃を受けた。トラウマ的な映画体験だったと言っても差し支えない。そこに映っていた世界は、一〇代半ばのわたしにとっては、あまりにリアルで、すごく残酷だった。そしてわたしは、そのような残酷さにある種の憧れを見出してしまうような未熟で危うい年頃だった。★1

それから、たぶん岩井の過去作をレンタルビデオショップで一通り借りて観たと思う。『リリイ・シュシュのすべて』ほどではないけれど、どれもミステリアスで、アーティスティックな映画に見えた。一七歳のとき、塚本晋也の『六月の蛇』(02)を観て、こういう「アーティスティックな」映画を作る人はほかにもいるのだと知った。数年後、大学生になったわたしはいわゆるシネフィルになり、岩井の映画に衝撃を受けた過去があるなどとはあまり口外しなくなった。岩井の映画はその界隈ではあまりよい評判を聞かなかったし、なんとなくみんな話したがらないような、話すことすら疎まれているような空気があった。だから、わたしは自然と岩井から遠ざかり、その後、彼の新作を観たり観なかったり、とにかく積極的には観なかった。ほかに観るべき映画がたくさんあると思っていたし、実際当時のわたしにとってはそうだった。ただ『リリイ・シュシュのすべて』を巡るトラウマ的な映画体験を秘密のように胸にしまって、さまざまな映画作家の作品を映画館で漁るように観て、ブレッソンだのドライヤーだの成瀬だの神代だのという名前を口に出してはシネフィルたちとの映画談義に興じていた。けれど、映画研究者になった今、わたしは、一つの機会に恵まれて、岩井の作品にもう一度出会うことになった。そしてこの論考を書いている。

ここまではわたしと岩井俊二の映画との個人的な出会いのお話。みんな多かれ少なかれ、この本を手に取る人は、個人的な仕方で、岩井の作品とそれぞれに出会ってきたことだろう。そしてわたしのように距離を置いた人もいれば、ちょっと前に出会ったばかりという人もいて（若い読者ならそうだろう）、レアなことに出会ってからずっと偏愛してきたという人もいるに違いない。もしかすると、個人的な

岩井の映画は、そういう私的なレベルで本来語られるべきなのかもしれない。というか、個人的な体験としてしか語り得ないような映画ばかりを彼は撮ってきたようにも思う。

しかしながらわたしはこれから、彼の現在までのフィルモグラフィーを一度総括してみようと企てている。正直あまり気が進まない。なぜなら、岩井俊二は、二度と観たくはない映画を撮る映画作家だからだ。皮肉でもなければ、否定的な意味でもない。まさにその点で、凄い作家だと心から思っている。わたしはその二度と観たくはない彼の作品たちを二度観た。今しがた述べたように、機会に恵まれて。

断絶と断片、そして四つの断想へ

わたしと岩井の映画との間には断絶がある。岩井の映画から目を背けていた空白の期間があった、という意味でもあるが、それだけではない。個人的な映画体験から、テクストとしての映画を切り離すことが重要なのだ。そうしなければ、見えないものがある。つまり近づきすぎてはいけない。

しかし、岩井の映画はしばしばカメラと被写体との関係にも示されるように、観客と作品とを過度に近づけさせようとする傾向がある。つまり、クロースアップ、ソフトフォーカス、ジャンプカット、ほの白い陽光とハレーションを活かした色彩設計、粗いコントラストをあえて際立たせるような画像加工など——彼が好んで使用する当世風に言えば「映え」な感じの技巧は、[★2] 観る者を半ば強引に物語世界の内部へと引きずり寄せる。一方で、ある瞬間においては、岩井映画の画面は非常に淡

★1 今となってはほとんど笑い話だけれど、わたしはリリイ・シュシュという歌手が実際に存在していると思い込んでしまったし、紛らわしいことに、この作品は宣伝用に映画の公式ホームページに映画に出ていたのとちょうど同じようなBBSを作ってファンの交流の場を設けていて、映画のサントラもリリイ・シュシュ名義で販売されていた。だから、Salyuという歌手が彼女を演じていて、リリイ・シュシュなんて歌手はJポップ界に存在しないと知った時は、かなり拍子抜けしたものだ。

★2 岩井俊二の技術的なアプローチとその影響については、大根仁「岩井俊二を生み出した環境」『ユリイカ』（特集岩井俊二）二〇一二年九月号、一二三-一二七頁を参照されたい。

白かつリアリズム的だ。観客を置いてけぼりにして、思いもよらぬ方向へと物語が進み、観たくもないものを不意に観せつけられる。そうして、観客は激しい同一化と乖離の振り子状態の中に置かれてしまう。このような映画作家には実はあまり出会ったことはない。★3 その意味でも、岩井は立派な映画作家だ。

さて、彼のフィルモグラフィーをどう分析すべきか？ 岩井が映画の中で紡ぐ物語、あるいは構築する世界観の肌理に沿って話を進めれば、とりとめもない個人的な体験談しか生まれてきそうもない。だから、丁寧に切り刻んで、岩井の映画に繰り返し現れるいくつかのモティーフを取り出してみよう。人体解剖のように、というとあまり良くない言い方だが、それ以外に思いつかない。『スワロウテイル』でロウ（渡部篤郎）が抉り出したみたいに、肝臓の裏側から彼の「マイウェイ」が見つかれば良いけれど。まあ、やってみることにしよう。

その一、儀式。

岩井の映画では、必ずと言っていいほど、何らかの儀式が執り行われる。親族や友人やクラスメート、とにかく多くの人々が集うその場で、主人公はたいてい居心地の悪い思いをする。たとえば、母親の葬式の場面から始まる『スワロウテイル』で、伊藤歩演じるアゲハは、泣き叫んで遺体に群がる女性たちを前に呆然と立ち尽くし、警官からの尋問に対して、その人物は自分の母親ではないと、か細い声で嘘を言う。その後孤児となった彼女は母親の知人である娼婦に見捨てられ、その友人の娼婦のグリコ（Chara）の元に身を寄せて、偽札密造を巡る大事件に巻き込まれていく。『リップヴァンウィンクルの花嫁』の七海（黒木華）は、結納式の場面で両親が離婚していることを婚約者の家族に隠し、結婚式に出席する親族が足りないために代理人出席サービスに依頼をして人数の穴埋めをする。彼女はそのことを夫にも教えないので、結婚式を心から楽しむことができない。

★3 このような所感を抱くのはわたしばかりではない。福島亮大は、『リリイ・シュシュのすべて』について論じる中で、「こういうシビアかつロマンティックな態度によって子供を撮った日本映画を、少なくとも僕はこの二一年観ていない」と述べている。福島亮大「「子供のロマン主義」とその彼方」『ユリイカ』前掲、一七四頁。

この嘘は結局、退屈な結婚生活を送る中参列することになった夫方の法事の後で、義母から問い質され、彼女にとって不利な証拠を提示されて浮気疑惑までをも難詰される。彼女の結婚生活は破綻を迎え、自宅を追い出された彼女は流浪の日々を送る。

『ラストレター』の松たか子演じる裕里と、その中国版である『チィファの手紙』のジョウ・シュン（周迅）演じるチィファは、どちらも思いがけず姉のふりをして同窓会に出席する羽目になり、開会のスピーチまで求められるが、「学園のマドンナ」だった姉のように上手に話をすることはできず、そそくさと会場を去っていく。彼女たちはバス停で、自分を追ってきた初恋の人――それぞれ乙坂（福山雅治）とチャン（チン・ハオ）――と姉のふりをしたまま再会し、スマートフォンのメッセージアプリを通じて連絡先をシェアする。しかし、帰宅後、彼女たちの入浴中に、届いたメッセージを目にした夫によって、そのスマホは水没させられる。★4

岩井映画におけるこうした儀式のありようは、彼の長編デビュー作『Love Letter』から一貫している。かつての恋人藤井樹の三回忌の法要の場面から始まるこの映画でも、中山美穂演じる博子は、墓前に群がる親族や友人たちの後方に立ち、その後の宴会には出席しない。だから、彼女は恋人の面影に囚われたまま届くはずもない手紙を送りはじめることになる。

これらの儀式は一旦ヒロインたちに試練や困難をもたらすが、それは別のかたち、すなわち私的なレベルで再び執り行われることになる。このときヒロインたちは能動的に自らを再生する。すなわち『Love Letter』では、藤井樹が遭難死した山における「お元気ですかー！」の呼び声を通して、博子は彼とようやく告別し、映画が幕を閉じた後、おそらくは秋葉（豊川悦司）と結ばれる。『スワロウテイル』では、「あおぞら」における廃車ごと火葬にふされるフェイホン（三上博史）のために、アゲハはグリコと共に白い花の花冠を編む。『リップヴァンウィンクルの花嫁』ではウェディングドレスの貸衣装店で、七海は真白（Cocco）と結婚式の真似事をし、存在しない指輪をはめ合う身ぶりに

★4 『チィファの手紙』の舞台となる中国では湯船の文化がないので、それはシャワーを浴びさせるという些か滑稽な身ぶりを通じて遂行される。

よって彼女と友情以上の関係で結ばれる。『ラストレター』と『チィファの手紙』では、裕里とチィファは、姉が遺書として残した中学時代のスピーチの原稿——それは同窓会の会場で録音された音声として流された——を読み、それを姉と共に作成した乙坂とチャンと職場である図書館で慌ただしく別れの挨拶をして、中学時代の想い出に別れを告げ、姉の死を克服する。

その二、暴力。

岩井の映画はしばしば過剰に暴力的である。言わずもがな最も凄惨なのは、『リリイ・シュシュ』のいじめの場面で、この描写にかんしてはインドネシアの研究者が真面目に青少年への悪影響を指摘した論文を書いているほどだ。★5 冒頭から結末まで、言葉で詳らかに描写することをためらうほどの暴力に、この映画は溢れている。つまり、強制される自慰、レイプ、殺人、自殺など。主人公である雄一（市川隼人）と星野（忍成修吾）の関係は、終始暴力によって結ばれる。

初の劇場公開作である中編『undo』でも、彼は哀れな二匹の亀を亀甲縛りにして天井から吊るし、同じように山口智子を細い縄で雁字搦めにして壁に縛りつける。「もっとちゃんと縛って」と虚ろな目をして繰り返し言う彼女の性的マゾヒズムは、しかし非現実的な舞台空間と、同じく非現実的な精神分析医（田口トモロヲ）の存在によって、小説家であるらしい主人公（豊川悦司）の「創作」の一部であるとみなす読解可能性を担保している。

『PiCNiC』でツムジ（浅野忠信）の幻覚として現れる、彼が殺めた教師は、ボタンの外れたワイシャツの間から女性的な乳房と、ぶよぶよと膨れ上がった腹部を晒し、尿意を催しては、細長い管状の何本もの陰茎を股間から出してシャワー状の尿を飛び散らせ、ツムジを苦しめる。これほどまでにグロテスクなイメージを用いる意図は、正直よくわからない。それゆえに観る者にとって、この教師の身体は端的に暴力的だ。

★5 Yohana Mariza Asi, Analisis Kenakalan Remaja Jepang Akibat Pengaruh Lingkungan Melalui Krya Shunji Iwai Film 'All About Lily Chou Chou' (2001), Undergraduate thesis, Universitas Kristen Maranatha, 2009. この論文の抄録は日本語で書かれているのでわたしたちでも読むことができる。

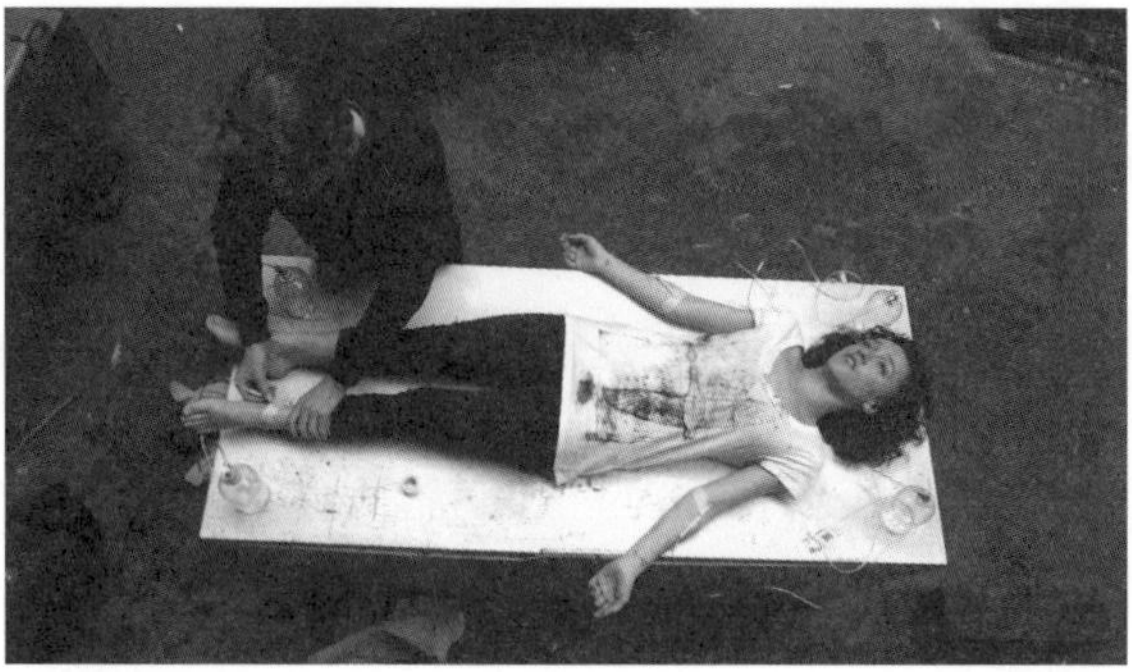

今のところ日本で最も成功したサイバーパンクの実写映画といえる『スワロウテイル』の暴力は、ギャングたちの抗争というかたちを取るので、北野武や三池崇史のより過激な暴力描写に慣れている者であれば、いくら血が飛び散ったところでどうということはない。とはいえ、この映画で現れる少女の裸体は、こんにちにおいてはやはり暴力的に見える。[★6] わたしたちは、成熟のほんのすこし前にある伊藤歩のかたちのよい乳房のちょうど乳首の上あたりに、ミッキー・カーチス演じるアヘン街の闇医者が手を置き、その胸の谷間に蝶のタトゥーを入れるのを見届ける。このとき、アゲハのからだは『転校生』（82、大林宣彦）における小林聡美や、『大地の子守歌』（76、増村保造）における原田美枝子の裸体とはまったく異なる視覚的外傷をもたらす。[★7] タトゥーのように、その乳房は脳裏に刻みつけられる。

二〇一一年一月のサンダンス映画祭で披露された、岩井初のアメリカ映画『ヴァンパイア』における暴力は、『リリイ・シュシュのすべて』よりもさらに酷く不可解だ。この映画の主人公は、自殺志願者の女性をおびき寄せ、その血を四肢に刺した注射針からガラス瓶に採取して死に至らしめる連続殺人犯の高校教師サイモン（ケヴィン・ゼガーズ）である。彼は、「ヴァンパイア」の通り名にふさわしく、死体を冷凍庫にしまった後、ガラス瓶に満たされた犠牲者の血をごくごくと飲む。しかしこの不気味な男性主人公はその血をすぐさま吐き出してしまう。サイモンは、吸血鬼愛好家たちのパーティーに参加した後、自分の正体を見破った同じく連続殺人犯である男の自家用車であるタクシーに乗せられ、運悪くそのタクシーを拾ってしまった女性をその男が窒息死させ、レイプするのを目の当たりにする。そして、死体を乗せた車が再び発進した後で、男の行為を焦りに満ちた顔で非難した後、車を止めさせて外に飛び出しパーティー会場でせっかく飲んだワインを吐き出す。この岩井映画には珍しい大人の男性主人公は、岩井あるいは岩井映画の代理人としても読みうる。つまり、彼は暴力的で、殺人と吸血の衝動を抑えることができないが、それは美しいとすら言える儀式

★6　日本映画では『ピストルオペラ』（01、鈴木清順）あたりまで、少女の裸体を撮ることが許されていた。

★7　七〇年代の日本映画においては、売り出し中の若い女優が裸を晒すことは慣例化されていた。

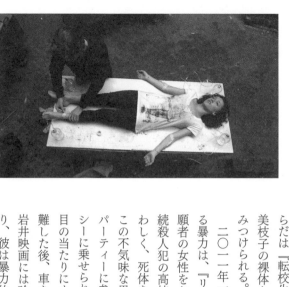

的な一連の所作を通じて行われることで彼自身をひとまずは満足させる。しかし、彼は結局、他人のより残虐な暴力を見せつけられた後で、自分がしでかした罪に耐えられないとばかりに赤ワインを嘔吐してしまうのである。

このような岩井映画の直接的な暴力性は、3・11以後、ほとんど影を潜めたように見える。『リップヴァンウィンクルの花嫁』のラストでは、それは毒性のある貝を握りしめて自死に至る真白のように、おとぎ話のようなロマンティシズムの中に覆い隠される。『ヴァンパイア』で岩井は己の暴力性を冷凍庫の中に封じ込めたままにしておくことにしたのだろうか？　だが、『ラストレター』と『チィファへの手紙』では、夫の暴力のために精神を病み自殺したという未咲とチィナンをめぐる悲痛な場面が物語の前提のうちにしまい込まれている。

その三、遊戯といたずら。

おぞましいお話からは閑話休題しよう。岩井の映画ではしばしば少女たちの遊戯が描かれる。もっとも顕著なのは『花とアリス』とその前日譚を描いたアニメ『花とアリス殺人事件』で、それはバレエというダンスを通じて示される。『花とアリス』では、風子という名の同級生が文化祭――これも儀式――での展示のためにバレエ教室で写真を撮る場面で、少女たちはさまざまなポーズを取って戯れる。夜中の公園での写真撮影の場面においては、あからさまにエドガー・ドガの絵画が参照され、風子の持つカメラの閃光をスポットライトがわりに暗闇の中で少女らは舞う。このとき、映画の画面も彼女たちと共に遊ぶ。ジャンプカット、手持ちカメラのブレ、即興演出。岩井は映画のカメラに憑依して少女らの遊戯に混じる。

ところが、少女たちの遊戯はしばしばたちの悪いいたずらとしても示される。つまり『花とアリス』では、志ん生の本でも読んでいるらしき宮本先輩（郭智博）がシャッターに頭をぶつけてしばし気を失っている間に、花（鈴木杏）は、彼が記憶喪失で、自分と付き合っていることを忘れてしまったという嘘をでっち上げる。このボロだらけの嘘は、アリス（蒼井優）を巻き込んで一騒動に発展し、宮本をしばらくの間混乱させる。『花とアリス殺人事件』でも、花は、好意を寄せていた幼なじみの湯田光太郎のシャツの中に蜂を入れるというひどいいたずらをする。その後引っ越しをした彼が、ことによるとそのせいで死んでしまっているかもしれないと思い込んだ花はひきこもりになってしまうが、その間に学校では「四人の妻を持つユダの殺人事件」がまことしやかに膾炙する。転校生としてやってきて湯田の席を与えられたアリスは、魔除けの儀式に参加させられる。おまけにアリスは自分が引っ越してきた家がかつてのユダ＝湯田の住居であったことを知り、真相を突き止めるため隣の花の家に忍び込む。その後、アリスと花の二人は、湯田の生死を確かめるため、湯田の父親を尾行するという遊び事めいた行動に出る。

このように、遊戯といたずらは、はじまりはほんの出来心だが、思わぬ騒動や事態に発展していく。『花とアリス』、『花とアリス殺人事件』ではそれはまだかわいらしいものに過ぎないが、『PiCNiC』のピクニック、『スワロウテイル』のYEN TOWN CLUB、『リリイ・シュシュのすべて』における星野らにとってはいたずらの範疇にあるいじめ、『リップヴァンウィンクルの花嫁』における結婚式ごっこは、それだけでは済まない。これらの映画においては、遊戯の代償は死というかたちをとって贖われる。つまり、岩井映画における遊戯は暴力といつも隣接している。

その四、手紙。

これは外せない。岩井の長編映画では、一貫して手紙および手紙的なものが物語世界で重要な役割を果たす。そして、そこに綴られたメッセージは、いつも正しい相手に届かない。『Love Letter』で渡辺博子（中山美穂）が死んで三年も経つというのに忘れられない恋人藤井樹宛てに出す手紙は、同姓同名の彼の中学の同級生（中山美穂の二役）に届いてしまう。ここから奇妙な文通が始まり、博子は恋人だった樹の初恋の人が、自分によく似た容貌の藤井樹という女性であったことを知る。二人の藤井樹の間では、図書館の貸し出しカードを通じて例のごとく遊戯めいた交流があり、大人になった樹は、中学時代の同姓同名の男子がそのカードの裏に自分の横顔を描いていたことを知る。このカードを見つけて彼女に知らせに来るのは、母校の現役の女子中学生たちであり、彼女たちの間では図書カードに書かれた「藤井樹」の名前を探すゲームが流行している。この出来事を樹から手紙を通じて知らされた博子は、亡き恋人が自分を愛したのは初恋の人に似ていたからかもしれない、という知りたくもない事実を知らされる。しかし、結果として彼女はそのことで藤井樹の呪縛から解放されていく。

『ラストレター』と、それとほぼ同じ物語の『チィファの手紙』でも、ヒロインの初恋の人から届く「君にまだずっと恋してるって言ったら信じますか？」というメッセージは、夫に見られてしまうし、そもそもその言葉は彼女ではなく、自殺した姉に向けられたものだ。そして、夫によって（というか作家の意志によって）無理やり水死させられるスマホのために、裕里は乙坂に、チィファはチャンに、姉のふりをしたまま手紙を送ることになる。一方、乙坂とチャンは、住所の記載されていないその手紙に返信するために、卒業アルバムの住所宛に手紙を出す。その手紙は、彼が二五年間恋し続けている女性の実家に届き、彼女の娘とそのいとこ（つまり裕里とチィファの娘）に読まれてしまう。そして少女たちは、やはりいたずらめいた思いつきで、その手紙に返事を出し始める。乙坂とチャンは、その手紙の主が、彼が想いを届けたいと望む本人ではないことに気づきながらも、その妹と、娘と姪の双方とやりとりをする。最終的にすべての真実は明らかになり、乙坂とチャンは、未咲とチィナンという正しい相手を弔うことができる。そこで、彼らは、未咲とチィナンをモデルとして書いた小説を彼女たちが所有していたことや、かつて送ったラブレターを大切に保管していたことを知り、自分の存在が、彼女たちにとって宝物のような純粋な愛の記憶であったことに気づき、少しばかり救済される。

このような手紙を通じたすれ違いは、奇妙なことにメロドラマ的な感傷性をさほど持たない。★8 なぜならばそれらの手紙は、散々すれ違った末に結ばれるというハッピーエンディングをもたらすことなく送り主と受け取り手とを永遠にすれ違ったままにさせるからだ。『スワロウテイル』の「マイウェイ」のカセットテープに隠された偽造紙幣の磁気データ、『リリイ・シュシュのすべて』におけるリリイのファンたちがリリイへの愛を語るBBS、『花とアリス殺人事件』の婚姻届、これらの手紙的なものも同様に、送り手が望む相手に届くことなく、すれ違い、さまよいつづける。

『リップヴァンウィンクルの花嫁』のメッセージアプリを通じたメッセージのすれ違いも、「レター」三部作のそれに匹敵するほど重要な意味を持つ。ヒロインの受難を描いたこの映画は、一見メロドラマ的だが、インターネットにおけるアカウント名と結婚式場での偽名が、実際の登場人物とすれ違いつづけ、物語は悲劇的な結末で幕を閉じ、謎は謎のままに解けることはない。ランバラルとは誰なのか。綾野剛が演じていた市川RAI蔵だの安室行舛だのという到底本名とは思えない名を名乗る男は一体、何者だったのか。彼がAV女優であった真白の遺骨を彼女の母親（りりィ）に届け、「捨てた娘」だと言って嫌々それを受け取った母親が、突然服を脱ぎ出して全裸になったのを見て、同様に全裸になって泣いているとき、わたしたちは少しだけ彼の正体を垣間見た気もするが、役者でもある彼のその身ぶりが演技であるという可能性を否定することもできない。だから、その涙を見てもらい泣きするなどということはないし、ただ、おいおい急にどうした、と彼の尻を唖然と眺めるのが関の山なのだ。

こうして岩井映画は手紙と手紙的なものを通じてすれ違いを描きながらも、登場人物たちをメロドラマからすり抜けさせる。とても巧妙に、プロットはメロドラマに少しだけ接近して、そしてワー

★8 ただ一つ『Love Letter』だけはメロドラマ的と言えるかもしれない。この映画のラストシーンで、博子が、自らのノスタルジックで純粋な、ちょうど雪の結晶のような樹への恋心と決別するとき、観客が自らの初恋の経験を喚起されて、涙を流すことはあると思う。

プでもするかのようにそのドラマトゥルギーから遠ざかる。

再見、岩井俊二導演

　さて、この実験めいた論考もそろそろ終わる。わたしはこの本を手に取る読者のためにこれを書き始めたが、わたしが対話を試みたのはどうやら岩井俊二という映画作家当人のようだ。はたして彼はこれを読むだろうか？　それとも、わたしの企ては彼の映画でよく起こる出来事のように失敗し、ここに綴られた言葉は一つとして岩井に届かないまま、名も知らぬ無数の読者の目の前をさしたる感慨もなく通り過ぎるだけだろうか。最後にわたしも、これが彼に届くかどうか、以下に記す結論で、ひとついたずらをしてみよう。

拝啓、岩井俊二監督。

　あなたのフィルモグラフィーを解剖してわかったことは、多くの映画作家と同様に、あなたもまた非常に自己言及的な作品作りをしているということです。あなたは思春期の少女や、思春期から抜け出せずにいる若い女性が、背徳感を覚えながら興味を惹かれるような美しい悪夢を撮ってきた。ここで、女性というセクシュアリティーに限定する必要は実はないのですが、たとえば、あしべゆうほや山岸凉子が描いてきたような、夢幻的で残酷なある種の少女漫画を彷彿とさせる世界観が、あなたの映画をしばしば支えています。★9 そういう意味で、あなたはいわゆる「乙女心」を持っている。そして、それがおそらくあなたの「マイウェイ」でしょう。「岩井俊二は少女である」などとキャッチコピーのついた雑誌が過去に出たこともありましたが、少女といってもいろいろです。だからわたしはあえて「乙女心」とそれを呼んでおきます。決してペドファイル的ではない、ある種のニンフェットが経験するようなナルシシスティックな自意識、それがここで言う「乙女心」です。あなた

★9　岩井映画と少女漫画との近似性については、すでに河野聡子や石岡良治によって指摘されている。河野聡子「『Love Letter』のゆくえ　岩井俊二作品における〈少女・少女マンガ的なもの〉を通して」『ユリイカ』前掲、一五一－一五六頁。石岡良治「岩井俊二作品における印象の重ね書き」『ユリイカ』前掲、一〇六－一一六頁。河野聡子がここで見出しているのは、ロマンティックな悪い夢としての少女漫画的なイメージではなく、『Love Letter』や『四月物語』における美しい「見開きの大きなコマ」のような、「理想化された少女マンガの叙情のイメージ」である。実際、『四月物語』や、彼が手がけた松たか子のビデオクリップ『空の鏡』は、そのようなイメージに満たされている。ただし、石岡も指摘するように、岩井の作品そのものが少女漫画的であるかどうかにはまだ議論の余地がある。少女漫画と一口に言ってもいろいろあるのだし、また直接的な影響関係と間テクスト的な読解可能性は別の問題である。

の乙女心はときおり寓話的な体裁をとり、ときおり普遍的な郷愁を帯び、またときおり軽やかな遊び心によって観る者の共感を呼び起こします。それは同じく乙女心を持つ若い観客にとっては、しばしばトラウマ的な経験を与えると同時にあなたの作品への恋慕を芽生えさせ、また、そのような若い季節が遠い過去となった大人の観客に対しては感傷的な記憶と恥辱的な記憶の両方を喚起させます。

しかしながら、あなたの「マイウェイ」の中には男性的な暴力性も潜んでおり、そのことについてあなた自身は実はかなり内省的です。それは初期作品においては夢想や幻覚といったものに託けられていましたが、『ヴァンパイア』では自責の念に堪えきれず、映画に自ら罰を与えました。しかし、あの映画は正直、観る側にしてみたら、結構迷惑な映画でした。だって、あの暴力や、暴力を描きたいというあなたの一種の自瀆の快楽への罪悪感、描いてしまったことへの自罰、そのすべての過程における苦痛に、あなただけではなく、わたしたち観客も付き合わされてしまうのですから。おまけにラストシーンでは、おそらく最初の被害者である女性の「これはあなたの夢」という台詞を通して、あなたはこの映画で起きた見るに耐えない出来事のすべてが、主人公の悪い夢であるかもしれないという、『undo』と同じ自閉的な態度をまたしても取った。これはちょっと卑怯です。

その後、あなたは故郷で起きた災害に心を痛め、さまざまな復興支援プロジェクトに携わり、映画の作風にも変化が見られましたが、『リップヴァンウィンクルの花嫁』にもわたしはいたく混迷しました。まさか三十路を過ぎてまであなたの映画に動揺させられるとは思ってもいなかったので。正直、まだどう評価して良いかわかりません。なんというか、痛ましい映画でした。

他方で、あなたの「マイウェイ」はさまざまな場所で、さまざまなかたちで、どちらかといえば明るい影響を及ぼしています。あなたの作品に刺激を受けたと語る若い映画作家は少なくありません。それから、『君の膵臓をたべたい』(17、月川翔)はご覧になりましたか？ あの映画の図書館の場面は、ほとんど『Love Letter』のパクリでした。もっとも、そこで行われた手紙探しの遊戯は、あなたが思いついたものよりもはるかに稚拙で、はた迷惑なものでしたが。あの映画の結末は悲惨なものであるにもかかわらず、キラキラ映画というジャンルの下に組み込まれているために、あなたのように暴力的なものを直接観せようとはしません。ただ青春の結晶のようなイメージと切ない恋心だけが残る。そういうものを「岩井的」と呼ぶ人もいるのです。このような意味でのあなたの作品の模造品は、『スワロウテイル』の千円札から出来上がった「偽フクザワ札」のように、日本のサブカルチャーに蔓延しています。このことに多大な功罪があることはご承知でしょう。

『ラストレター』と『チィファの手紙』という最近の作品で、あなたは自分に近い大人の男性、それも小説家という創作を生業としている人物を主人公として登場させました。『undo』のような仮想的な空間ではなく、現実的な空間で、きちんと登場させました。彼らは、少女と、かつての少女たちと戯れましたが、彼らは彼女たちに振り回される方で、また自分よりももっと悪辣な、もっと暴力的な男——つまり豊川悦司演じる阿藤のような人物——と対峙した後、犠牲になった女性を弔いました。この二つの映画における男性主人公の私的な弔いの儀式は、あなた自身の過去作への決別を意味するのですか？　それとも、あなたはこれからも、あなた自身の乙女心に従って美しい悪い夢を自責の念と共に撮り続けるのでしょうか。

わたしは、一〇代半ばであなたの映画に出会い、そして距離をおき、大人になって再会しました。これからお撮りになる次の作品は、必ず映画館で観ることにします。そこでわたしが目にするものがあなたからのお返事でしょう。二度と観たくない映画ではないものを期待しています。つまり新しいあなたに出会えることを。最新作『チィファの手紙』の中国語タイトルは『你好，之華』でしたね。だから、わたしは図らずもあなたへの手紙にすり替わってしまったこの論考を、この言葉で締めくくることにします。再見、岩井俊二導演。

敬具

III・作品評＋フィルモグラフィ

FILMOGRAPHY

岩井俊二の主要な仕事

1991

『見知らぬ我が子』（関西テレビ「DRAMADOS」）四月一七日放送　監督、脚本
『殺しに来た男』（関西テレビ「DRAMADOS」）一二月一一日放送　監督

1992

『マリア』（関西テレビ「DRAMADOS」）三月一八日放送　監督、脚本
『夏至物語』（関西テレビ「薔薇DOS」）九月一六日放送　監督、脚本
『オムレツ』（フジテレビ「La cusine」）一〇月一九日放送　監督、脚本
『蟹缶』（フジテレビ「世にも奇妙な物語」）一二月七日放送　監督、脚本

1992

『GHOST SOUP』クリスマス・ラブと豪胆さ

夏目深雪

「La cuisine」というフジテレビ他の毎回一つの料理をテーマにした深夜ドラマのクリスマス・スペシャルとして放映された、岩井俊二の初期ドラマ作品の傑作の一つである。

予定より一カ月早くクリスマス・イブの日に新しいアパートに引っ越すことになった一郎。だが荷物を運びこんだ一郎のもとに、不思議な少女と妙な外国人の二人組がやってきて、今日これからここでクリスマス・パーティーをするから出て行ってほしいと告げる。一郎はなんとか二人を追い出すが……。

このようなクリスマス気分満載の良質なドラマを、最近テレビでめっきり見なくなったな、と思いを馳せると、山下達郎の「クリスマス・イブ」やユーミンの「恋人がサンタクロース」が遠い過去からこだまのように流れてきた。このドラマは、前者をフィーチャーした映画、『君は僕をスキになる』（89、渡邉孝好）や、後者を効果的に使い大ヒットし、トレンディドラマブームの先駆けとなった『私をスキーに連れてって』（87、馬場康夫）からしばらく経ってから作られた。

もちろん『GHOST SOUP』をその延長線上に見ることは可能だ。だがそもそも、クリスマスが恋愛と結び付けられたのは、誰もがその日だけは誰かと一緒に祝う、クリスマスの世界同時性と平等性の希少さ、神聖さに起因するだろう。そもそもキリストの生誕を祝う日で、クリスチャンが多くない日本では何を祝っているのかよく分からないまま「何か」を祝う、その空白にドラマメーカーたちがつけ込んだといってもいい。

『GHOST SOUP』が凡百のドラマと違うのは、そこに恋愛を当てはめなかったことである。家族愛すら、なんと人類愛すら当てはめなかった（ある意味では家族愛であり、人類愛であるが）。そこに岩井が当てはめたのは、不遇な死を遂げ、あの世に行きそびれた霊たちへの愛である。

天使の二人組を演じた鈴木蘭々とデーブ・スペクターも奇妙さが役とマッチしていて素晴らしい。岩井の作品にしては珍しくドタバタ劇もコミカルなシーンもあるが、シリアスなシーンとの転換も無理がなく演出も冴えている。戦後日本のバブリーな「空白」につけ込み盛り上がったクリスマスという奇妙なお祭りに、一人の成仏しそこない道路脇に佇

監督、脚本
フジテレビ「La cuisine」
一九九二年一二月二二日放送

DVD
主演：鈴木蘭々、渡浩之、デーブ・スペクター
品番：NND-0004
発売・販売元：ノーマンズ・ノーズ
価格：¥3,800（税別）

1993

み続ける兵士を配置する岩井の豪胆さは驚嘆すべきものだ。我々が我々にとっては意味のないゴーストスープを霊とともに飲み干す時に、このうえなく心が満たされるのは我々日本人の集合的な戦後の「空白」が満たされるからであろう。

『雪の王様』（関西テレビ「TV-DOS-T」）一月六日放送　監督、脚本

『FRIED DRAGON FISH』

浅野忠信の存在感を見せつけた初期の傑作

夏目深雪

一九九三年に深夜番組「La cuisine」の最終回スペシャル版として一時間枠で放映されたあと、番組終了後に局に問い合わせの電話が殺到するなど異例の反響を呼んだ作品。九六年には『PiCNiC』の併映作品として劇場公開された。

探偵事務所を営む相田のところに、情報バンクからプー・リンウォンが派遣されてきた。アーウィング博士から、盗まれたドラゴンフィッシュの捜索を依頼されていた男はプーと一緒に探し始める。なんとドラゴンフィッシュは時価一〇〇〇万円のスーパーレッドタイプらしい。盗んだトビヤマの調査を進めるうちに、プーはトビヤマの隠れ家に住む夏郎という青年と出逢う……。

なんといっても夏郎を演じた浅野忠信である。この三年後、青山真治の『Helpless』（96）で長編映画の初主演を果たす浅野の、クールなのに狂気に満ちた佇まいが魅力的だ。「La cuisine」は岩井も他に『オムレツ』などを撮った、毎回一つの料理をテーマにしたドラマを放映していた。霊を成仏させるスープをテーマにした『GHOST SOUP』も異色だが、このドラマで食べるシーンは、夏郎がアパートで飼っていた魚を食べるシーンが二回出てくるだけである。

一度目は芳本美代子演じるプーが、夏郎とともに食べるシーンである。プーは今の今までそこで泳いでいた魚をなんの躊躇もなく料理し、美味しそうに

監督、脚本
フジテレビ「La cuisine」
一九九三年三月二二日放送

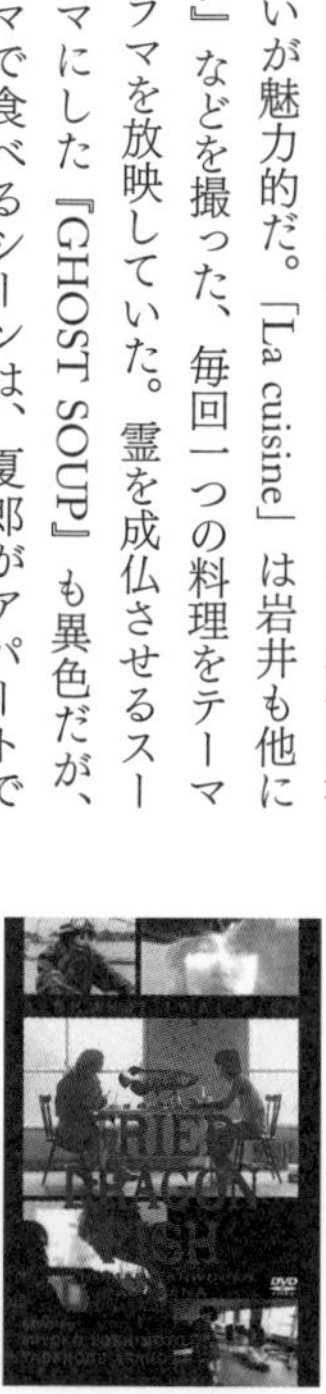

DVD
主演：芳本美代子、浅野忠信
品番：NND-0002
発売・販売元：ノーマンズ・ノーズ
価格：¥3,800（税別）

食べる夏郎を咎める。彼女はなかなかその魚を食べることができない。二人の間にある距離が縮まるのを感じさせる、可愛らしいシーンである。二度目は大金の夢が消えヤケになった相田とプーが夏郎のドラゴンフィッシュを揚げて食べる。ところがそれは、スーパーレッドタイプの卵巣を移植したもので、十数億の価値があるということが、テレビのニュースで発覚する。

大金を夢見た二人組がそれよりも桁が違う額のものを、こともあろうか腹に納めてしまう。その皮肉がなんともハードボイルドでスタイリッシュである。水槽しかない夏郎の部屋も雰囲気があって、深夜にドラマを観た当時の視聴者が問い合わせの電話をかけたのも頷ける。金銭のテーマと無国籍風はもちろん『スワロウテイル』に引き継がれているだろう。だが、男性映画作家が魚類を扱う時に、やりがちな「魚＝女」（『蜜のあわれ』『金魚姫』）の幻想から無縁であること、夏郎とプーの関係が淡い恋愛感情がありながらプラトニックであること、など今観てもいくつもの可能性が垣間見える作品だ。またこんな単純にカッコいい作品も撮ってほしい。

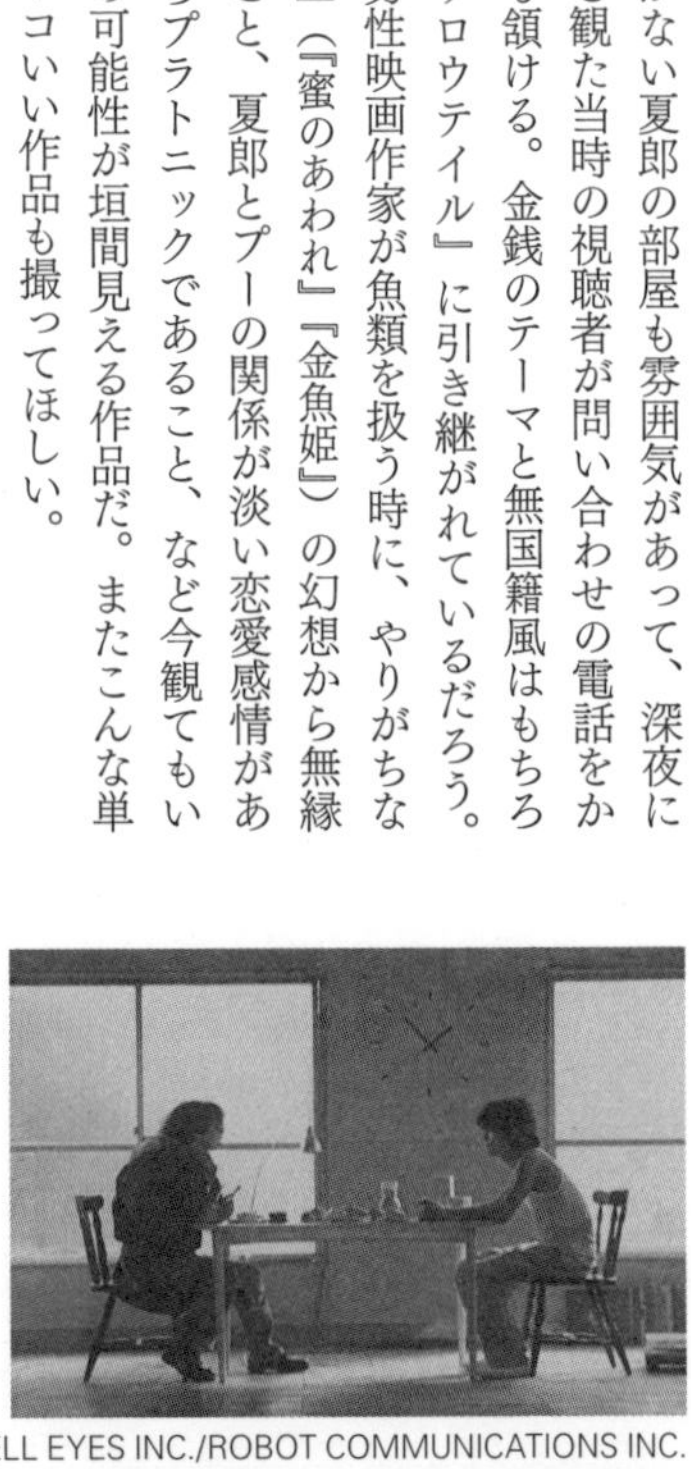
©1996 ROCKWELL EYES INC./ROBOT COMMUNICATIONS INC.

『打ち上げ花火、下から見るか？横から見るか？』

様々な分岐を映し出した少年少女の夢の一夜

平田真人

監督、脚本
フジテレビ『ｉｆもしも』
一九九三年八月二六日放送

今さら説明する方が野暮なほど、岩井俊二を語る上で不可欠な一篇である。しかし、それこそ〝もしも〟この『打ち上げ花火、下から見るか？横から見るか？』が、一九九三年の夏というタイミングにフジテレビのゴールデンタイムで放送されていなかったら、少し違った現在地にたどり着いていたかもしれない。断っておくが、仮に「ｉｆもしも」で同作がオンエアされていなかったとしても、遅かれ早かれ何らかのカタチで岩井は、気鋭の若手映像作家として頭角を現したことだろう。だが、『Love Letter』という長編デビュー作がフジテレビのバックアップを受けていることを考えれば、やはり適時だったのだと思わざるを得ない。今さら「たら、れば」を仮定するのはナンセンスと承知しつつも、『打ち上げ花

火～』という作品が物語の構造と同じように、いろいろな意味で大きな分岐になったことを考えると、改めて運命めいたものを感じずにはいられないのだ。

一連の経緯については、初回放送から六年後に奥菜恵と山崎裕太がドラマの舞台にしてロケ地の千葉・飯岡町（現・旭市）をめぐる岩井自身によるドキュメンタリー『少年たちは花火を横から見たかった』（99）でも触れられているので、あえて詳細は語らずにおく。だが、「二つの結末を用意する」というルールが設けられた「ｉｆもしも」におけるフォーマットをめぐる、番組プロデューサー陣と岩井の攻防（正確には、小牧次郎P対石原隆P対岩井という構図）があったからこそ、あのストーリーと構成に着地したことは踏まえておく必要があるだろう。「もし岩井が完全にイニシアチブを握って、好きなように撮っていたら……？」といったように、制作上でも枝分かれとなるポイントがいくつもあったというメタ構造が、この『打ち上げ花火～』という作品に奥行きをもたらしているのは間違いないからだ。

そんな具合に紆余曲折、さまざまな偶然や思惑が重なり合っての初放送から四半世紀あまりが過ぎた。今や誰もがマスターピースと認める本作の中でも、ヒロイン・なずな（奥菜）と主人公の一人である典道（山崎）が夜のプールへ忍び込んで戯れたのち、果たされることのない再会の約束をして別れるシークエンスは、あらためて出色と言うほかない。やがて〝岩井美学〟と称される映像美と、画面を浸す普遍的な儚さや切なさによって、思春期を目前にした少年／少女期が過ぎゆくさまを、心象風景のごとく映し出していく。ここで着目したいのは、主人公たちが小学六年生だということ。まだ未来や将来が定まっていないからこそ、「何にでもなれる、どこへでも行ける」と無自覚に万能感をふりかざす少年たちの無為な日常は、ある意味、人生においてもっともぜいたくな時間とも言えよう。もちろん、彼ら彼女らなりのしがらみもあるが、級友たちとの友情も淡い初恋も、やがて月日の流れとともに良き思い出へと変わっていく。その極めて刹那的な〝輝ける〟日々を、あたかも夜空にパッと咲いては消える花火になぞらえ、地上波のオムニバスドラマ枠（しかもゴールデンタイム）で映画的な映像に落とし込んだことに、『打ち上げ花火～』という作品の真価がある――それが個人的な見解だ。実際、テレビ雑誌の編集部に籍を置いていた関係で、初オンエア時の反響をリアルタイムで体感しているのだが、いわゆる茶の間よりも業界内がビビッドに反応していたのを覚えている。映像制作に携わっていた友人が、「『ｉｆ　もしも』の奥菜恵のヤツ観た？　あれはスゴ

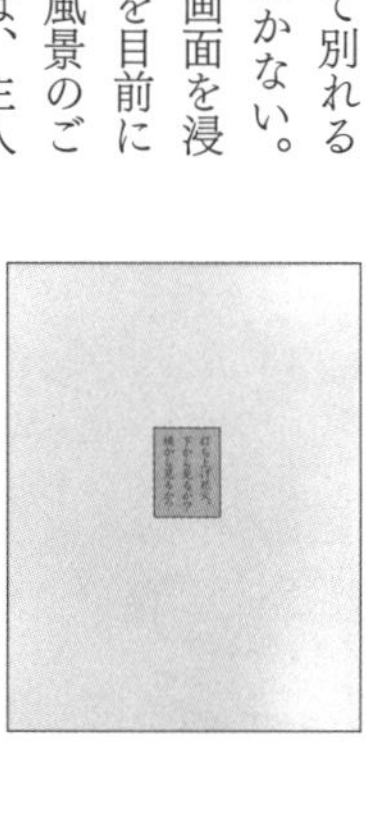

実写豪華版Blu-ray BOX
主演：山崎裕太、奥菜恵
品番：NNB-0001
発売・販売元：ノーマンズ・ノーズ
価格：¥7,400（税別）

かった！」と、興奮冷めやらぬ様子で電話をかけてきたのは序の口で、『少年たちは〜』の中で小牧プロデューサーも言及しているように、ほどなく日本中のテレビドラマディレクターたちが岩井の手法である〝F（フィルム）効果〟を模倣するようになる。かくして、水紋をかたどるがごとく岩井俊二の名も広く知られるようになっていった。

　また、本作が時代を記録するメディアとしての役割を果たしていることにも、一目を置くべきだろう。改めて言うまでもなく、『打ち上げ花火〜』はピンポイントで一九九三年の夏を舞台にしているが、そのころの流行や空気、風俗を見事なまでに映しとっているのだ。この年の五月に開幕し、社会現象にもなったJリーグブームまっただ中という世相が、子どもたちの会話（「今日、ヴェルディVSマリノスなんだよなぁ〜」）やファッション（典道たち男子のみならず、なずなたち女子まで手首にミサンガを巻いている）から、うかがい知ることができる。また、典道と親友の祐介（反田孝幸）が五〇メートル競泳で『スラムダンク』の単行本最新刊を賭けたり、二人してスーパーファミコンの格闘ゲーム「ストリートファイターⅡ」に興じたりしているのも、この年ならではと言えるだろう。ほかにも、少年たちが憧れの対象として叫ぶ「観月ありさ〜っ！」「（美少女戦士）セーラームーンッ！」といった固有名詞からも、当時のトレンドが浮き彫りになる。そういった資料的な観点から見直してみるのも一興かもしれない。

　当時はリアルにイノセントな存在だった彼ら――山崎や反田も今や四〇代目前、奥菜はすでに母親となった。が、あの日それぞれが目にした打ち上げ花火の一瞬の煌めきは、残像として見えているはず、と思いたい。いささかの願望も込めて。

『ルナティック・ラヴ』（フジテレビ「世にも奇妙な物語」）一月六日放送　監督、脚本

『undo』雑誌の緊縛写真から生まれた物語

吉田伊知郎

監督、脚本
一九九四年一〇月七日公開

岩井俊二は〈一人メディアミックス〉を駆使する。閲覧者も書き込み可能なインターネットの掲示板で物語が紡がれた原作や、ＰＶ、ネット配信の短篇が長編映画へと突然変異することも珍しくない。『undo』は雑誌から生まれ、テレビ局の製作するオリジナルビデオの形式から驚くべき速度で映画へと変貌していった。

きっかけとなった山口智子との対談（『ザ・テレビジョン』九四年二月二五日号）は、山口の指名で行われたが、この時点で岩井はＰＶや深夜ドラマを手掛ける若手の映像作家である。一方の山口はテレビドラマのヒット作が相次ぐ人気女優だったが、テレビの枠に囚われない作品を作る岩井への羨望を隠さない。岩井もそれを察して、被虐的な役の方が良いと水を向けると、山口は「私、健全でたくましく見えるらしくて、（中略）本当は、すっごく屈折したヤツだから、役も屈折して欲しい」と語り、現状への不満を滲ませた。

こうした出逢いが仕事に直結することは少ないが、直後に岩井は山口を誘い、『BRUTUS』（九四年五月一日号）誌上で緊縛写真を撮った。これは編集者の発案だが、当時フジテレビの深夜スポットで、縛られたグランドピアノが宙に吊るされ、やがて紐が解けて落下するという映像が話題になっていた。それを手がけたのが他ならぬ岩井であり、そこから発想されたものだった。

壁の隅に縛られている——というより縄で封鎖された空間にオブジェのように鎮座する山口の姿が印象的なスチールが誌面の片側を占め、もう一方の頁には靴や亀など部屋中のものを縛った写真がコラージュされ、その下に岩井による『強迫性緊縛症候群』と題したショート・ショートが載っている。男の一人称で語られる物語は、ラストに至るまで『undo』と寸分の違いもなく、この誌面が原作と言って良い。

映画化への道のりで重要な役割を果たしたのが、前述の対談で相手を探していた山口に岩井の存在を教え、布教活動に余念のなかった豊川悦司であ

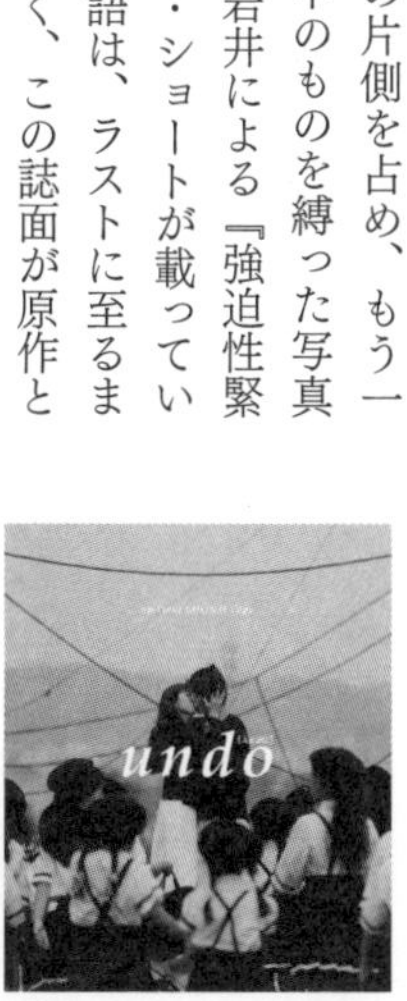

Blu-ray／デジタル配信中
主演：山口智子、豊川悦司
発売・販売元：ポニーキャニオン
Blu-ray：¥3,800（税別）

る。深夜ドラマが人気を博し、ブレイク直前だった豊川は、同時期に公開されたギャスパー・ノエの短篇『カルネ』(91)に感化されていた。娘を溺愛する粗暴な馬肉店主の危うい物語と血の匂いが漂う映像は、九〇年代の悪趣味ブームと相まって、ミニシアターでロングランヒットとなったが、緊縛写真を撮り終えたばかりの岩井と山口に、豊川は『カルネ』の様な短篇映画の可能性を話し、意気投合する。さっそく営業に赴いた岩井は二本パッケージでオリジナルビデオとして作る企画を通し、かくして『PiCNiC』と連続製作された『undo』は、九四年一〇月七日からシネスイッチ銀座で一週間限定レイトショーされて映画へと格上げされた。宣伝もないまま計二〇一八名を動員したことで話題を呼び、翌年八月にはテアトル新宿で再上映され、ここでも動員記録を樹立した。前述の二誌を読んでいた者は、半年の間に映画が生まれゆく姿を目の当たりしたのである。

　打ち上げ花火を下から見るか、横から見るかを問いかけたように、『undo』では、豊川と山口の関係が、〈縛られていたのか? ほどけていたのか?〉が問われる。縛られていたからこそ、その束縛を具現化させたとも言えるし、ほどけていたからこそ豊川にもっと強く縛るように何度も求めたとも言える。だが、そうした問いかけは饒舌な映像によってかき消される。

　脚本や絵コンテを参照すると、完成した映画と構成が異なっており、冒頭は林檎を縛る山口から始まる。次のシーンではカウンセリング室でカウンセラーが愛の病であることを告げ、帰り道を二人が肩を寄せ合って歩き、ふと立ち止まってキスするとその前を小学生の群れが通り、タイトルが重なる。そして部屋中のものを縛るようになった山口を前にした豊川が発端となった亀を飼うくだりを回想する。全編を豊川のモノローグが占め、過不足なく説明が入っており、〈縛られていたのか? ほどけていたのか?〉が全編で問いかけられる。

　こうした構想は、撮影に篠田昇が参加したことで変化が生じたとおぼしい。篠田は本作の大部分を16㎜で撮影し、感度50の低感度フィルムを増感現像することでコントラストが強く出る独特のルックを作り出した。坂道でのキスシーン(ここは35㎜で撮影された)では、手前から奥へと通過する子どもたちの白シャツと黒のサスペンダー、画面奥の電線との交錯が緊縛を象徴させ、坂の傾斜を生かした見事な構図で陰影豊かな映像をフィルムに定着させている。タイトルバックから映画の中盤へと、編集でこのショットが移動したのも納得できよう。

終盤の緊縛場面は、脚本ではわずか四頁半だが映画では二〇分を超える——実に本編の半分を占めるほどに膨張したのは、篠田の撮影がさらなる飛躍を見せたからではないか。この場面からは低感度フィルムを今度は減感することを篠田が主張し、強烈な照明を配置することで、この世ならざる空間へと変貌させ、彼岸へと向かおうとする彼女をつなぎ止めるように豊川が縛る。だが、薄暗い部屋に一人残された豊川が目を覚ましたとき、ここは此岸なのか彼岸なのか判断がつかなくなる。映像が問いかけてくる。狂気の世界から逃れたのは豊川悦司だったのだろうか、それとも山口智子だったのだろうか？

1995

『Love Letter』奇跡の一人二役

福間健二

監督、脚本
一九九五年三月二五日公開
主演：中山美穂、豊川悦司

「見出された時」を最後におく『Love Letter』だが、公開は一九九五年三月。一月に阪神・淡路大震災があり、三月にオウム真理教の地下鉄サリン事件があった年だ。私は、たまたま必要があり、そのころのことを思い返したところだ。村山内閣のことから個人的なことまで「一体なんだったんだ」と呆れたりハッとしたりすること、多々あった。中山美穂の藤井樹がそうであるように、人は過去を忘れているのではないが、どこかにおいて生きている。そして、整理する力をもった現在から回想していくと大事なことに気づくのである。『Love Letter』に寄りそうように言えば、その大事なことは、気がついてなかったはずのないことだ。

　私の回想のなかに岩井俊二の出現と『Love Letter』がどうあるかを少し書くと、日本の監督のなかで『パルプ・フィクション』(94)のタランティーノに対抗できる才能があるとしたら第一に岩井俊二だ、とよく言っていた。一方、身近にいた何人かの監督には、もしも政治や思想とかどうでもいいという方向に行くなら、岩井俊二に対抗できるものがなくてはだめだ、というような助言もしていた。そこからすると『Love Letter』は小さくまとまりすぎていないか。それには、話の作り方の強引さがタランティーノに負けていないという反論を用意していた。「対抗」とか「負けていない」とか、いまも私が抜けきっていないかもしれない昔式の言い方である。少しあとからのことだが、タランティーノと韓流映画に共通する強引さという持論もある。『Love Letter』の韓国での大ヒットは、個人的な回路ではそれともつながる。

今回、この作品についてもいろんなことに気づいた。それこそ気づいているべきだったことにやっと気づいたと言うべきか。

まず、渡辺博子と藤井樹の二役を演じる中山美穂の演技の微妙さ。ほとんど演じ分けがされていない。こういう二役、一般的にはありえないというものだ。これでオーケーであることが何をもたらしているか。一度だけたがいにわからずにすれちがっているが、手紙のやりとりだけで、じかには出会っていない二人。最後までを言ってしまうと、藤井樹の方は中学時代に男性の藤井樹が自分を好きだったことを知る。博子はその前からそうだったにちがいないと想像し、確信し、それを伝えるが、樹は決定的にそうだったと自分が知ったことを博子に伝えない。相手を困らせたくないというのではなく、同質の感じ方が交換されている。それが、この一人二役による二人を、現実的な成り行きでの心配とは次元のちがう一種の奇跡性へと押しあげて、作品は終わる。

樹に過去を探らせることになった博子の依頼は、何を知るためだったのか。そもそも、なぜ博子は死者の藤井樹に手紙を出したのか。返事は期待していなかった。でも、返事が来た。そして、そこまでとそこからの、無理と無理を解消するためであるかのように、自分とそっくりの藤井樹が出現する。不可解といえば不可解。論理的には答えの出ないところを、中山美穂を二役として配することだけで、切り抜ける。そうしたのだ。そこにこの作品の冒険があり、魅惑も形成されている。ここにある危うさを回避する従来的な方策をあえて拒んでいる潔さが、それを可能にしたと私は思う。もちろん、それと中山美穂の演技。演じ分けをしなくても、二人になっていて、単調にならないふくらみを感じさせる。

神戸と小樽を舞台にしている。作品に出てくる神戸は、九五年の震災以前の神戸ということになるが、そもそも神戸らしさをあまり感じさせない。それが神戸であるのは、秋葉茂役の豊川悦司に関西弁を使わせるためだったかと言いたくなるくらい。ともかく、物語の起点たる西の都市。そこから遠く離れた北の都市として小樽がある。最初と後半に出てくる山も実はどこなのかはっきりしないが、それはともかくとして、そういう神戸に渡辺博子がいて、秋葉茂がいて、そのガラス工房があり、秋葉に片思

いする女性もいる。死んだ藤井樹の実家もあり、そこにその母の加賀まりこがいる。虚構的という以上に、そのなかに人物と道具立てと空気がコンパクトにおかれているだけという印象だ。

　この神戸の部分も、小樽で撮影されたことが周知の事実になっている。一方、作品に出てくる小樽の方も、現実の小樽をそれまでの既成イメージとはちがって見えるように切りとっているとも言われる。いずれにせよ、すでに論者たちの指摘があるように、現実の小樽も一人二役で小樽と神戸をやっているのだ。その後、観光地小樽はこの作品でのイメージをなぞるように変化したというオマケもあるが、この風景の使い方に注目したい。効率とか要領のよさということが、単にそうであるだけでなく、挑戦になっている。それは嘘をついているというのではない。第一に、パターン化した地方都市の描き方を覆している。そして、女性の樹が母と祖父と暮らす家も、回想のなかの学校も、二つの地平に立っている気がする。人が生きる現実の地平とだれかが想像している地平である。

　この段階の岩井俊二が篠田昇カメラマンと作る画。公開時ほどの新鮮さを感じなかった。岩井俊二自身の作品も含めて、現在の空気が当時よりも「芸術性」に反発したくなっていることと関係がありそうだ。逆に、手の内がよく見えたところもある。手持ちの移動撮影が多く、フィックスをきらい、背景をぼかすとともに適度に厚みをつくる。見せたいものと見せたくないものについて明確な判断があるからだろうが、不安定そうでいながら落ち着いた画という感触は、ここでの中山美穂の演技の質に通じている気がする。

　博子にとっての、男性の樹の死。女性の樹にとっての、父の死。この二つの死に対して、生きる者たちの「再生」の物語を読みとることについては疑問がある。物語的な危うさを抱え込みながら、小賢しいツジツマ合わせからも、もっともらしい主題からも、自由になっている。そこにこの作品の生命がある。

　ここには、もしかしたら中山美穂と小樽の風景以外にも一人二役を課せられているものがある。宿題にしたい。

　ひとつ気になるとしたら、豊川悦司の秋葉茂だ。博子に気をつかって「男はつらいよ」的になるが、救いは作者が距離をおいて彼を眺めるようなことをしていないこと。眺めているのは彼だ。博子を眺めるだけではない。小樽と神戸、どちらがどちらかわからなくなるような風景も、そして男性の藤井樹が命を落とした山も、彼が見ている。その意味で、軽そうで重い、味のある役であったとしたい。もちろん、この男に泳がせたいこの社会の淀みのようなものを思わないわけではないが、岩井ワールドとしては、そんなことをねだるのは『リップヴァンウィンクルの花嫁』まで待ってください、だろうか。

『ラストレター』を見て短い評を書き、それから半年以上たって本稿のためにこの『Love Letter』を見直し、ほぼ同時に『チイファの手紙』を見た。岩井俊二という表現者と同時代に生きているよろこびを感じながら、同じ話の『チイファの手紙』と『ラストレター』があるのは、二人の藤井樹がいたことや女性の樹と渡辺博子がそっくりなこととどこかでつながると思った。


『打ち上げ花火、下から見るか？横から見るか？』監督、脚本　八月一二日公開

1996

『PiCNiC』 九〇年代と共振しセカイ系を先取りした作品

渡邉大輔

監督、脚本
一九九六年六月一五日公開

九〇年代岩井映画のミューズの一人、Charaを主演に据えた、黙示録的かつ寓話的な雰囲気を湛えた中編作品。長編監督デビュー作『Love Letter』の翌年、同じくCharaを主演にした大ヒット作『スワロウテイル』に三カ月先駆けて、テレビドラマ作品『FRIED DRAGON FISH』との同時上映で公開されたが、もともとは一九九四年に撮影されていた。しかし、本作の作品世界が九五年のオウム真理教事件など一連の凄惨な社会的事件を髣髴とさせる要素があり、一部のシーンをカットしてようやく日の目を見ることになったいわくつきの作品でもある。

物語の主人公は、Charaが演じる、両親によって精神病院に入れられたココ。カラスに執着し、黒い羽をまとった彼女は、そこでサトル（橋爪浩一）とツムジ（浅野忠信）という、二人の若い男と出会う。ある晴れた日、冒険に出かけようというサトルとツムジの後を追ったココは、「病院の塀の外には出てはいけない」という決まりで引き返そうとする二人に、「塀の外じゃなく上なら歩いていい」と、塀の上を伝って病院を抜け出る。ツムジも加わりそのまま奇

妙なピクニックに旅立った二人は、子どもたちが賛美歌を歌う教会に辿り着く。その教会の神父（鈴木慶一）と知り合うが、「世界なんか滅亡すればいい」とうそぶくツムジに、神父は聖書を手渡す。病院に帰り折檻室に入れられた二人だったが、聖書を読んだツムジは「神は存在し、世界はもうすぐ滅びる」という聖書の黙示録の予言を信じる。本の奥付の日付から「七月一〇日」が「地球最後の日」だと勘違いしたツムジに、「地球の最後を見に行こう」とココが呼びかけ、三人は再びピクニックに旅立つ。捜索願が出された三人を追ってきた警察官から拳銃を奪い、また、サトルが足を踏み外して塀から落下し、血塗れで死んだ後、赤い灯台の立つ海まで辿り着くが……。

　同年公開の『スワロウテイル』にも通底する、日本映画らしからぬ無国籍的でマンガ・アニメ的な意匠を散りばめた残酷で叙情的なメルヘン。本作を二〇二〇年の現在から見返す時、改めて驚かされるのは、「九〇年代」という時代精神との共振ぶりだろう。本作製作中の岩井は宗教、とりわけ「キリスト教的なもの」への関心が強くあったというが、そうした宗教的なモティーフや、物語の主要な舞台となる、ココたちが収容されるマンガ的に戯画化された——正直、現在ならコンプライアンス的に絶対描けないほどの——精神病院のデザインや人物造型などは、確かに製作翌年に数々のテロ事件によって世紀末日本社会を震撼させたオウム真理教のディテールを予言的になぞっているように見える（似たような要素は、宮崎駿の九五年の短編『On Your Mark』にも見られる）。また、担任教師を殺してしまったツムジのキャラクターに象徴される、トラウマ（原罪！）を抱えたアダルトチルドレンのイメージもまた、岩井の盟友・庵野秀明の大ヒット作『新世紀エヴァンゲリオン』（95〜96）を持ち出すまでもなく、九〇年代後半のコンテンツで繰り返し描かれてきた定型的なものだ。

　また、その関連でこれもしばしば指摘されてきたことだが、本作のモティーフや物語は、当初、「ポスト『エヴァンゲリオン』症候群」とも呼ばれ、二〇〇〇年代初頭のサブカルチャーの一角で一世を風靡した「セカイ系」と呼ばれる物語類型にきわめて近い要素がある。知られるように、セカイ系とは簡単にいえば、主人公と恋人との濃密で内閉的な日常性と「世界の終わり」「この世の危機」といった抽象的で非日常的なカタストロフとが社会や歴史などの中間項を挟まないまま密着している世界観を指す。『エヴァ』の物語的想像力に影響を受けた一群のマンガやライトノベルなどを意味し、その中には岩

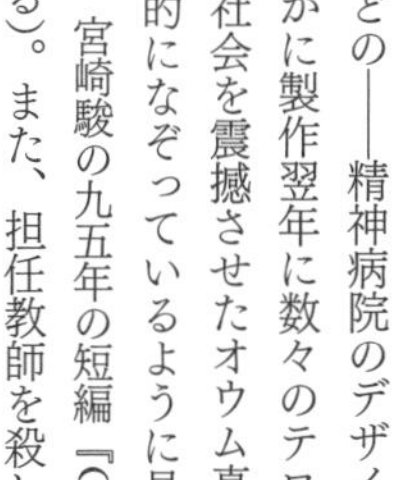

『PiCNiC〈完全版〉』
Blu-ray／デジタル配信中
主演：Chara、浅野忠信
発売・販売元：ポニーキャニオン
Blu-ray：¥3,800（税別）

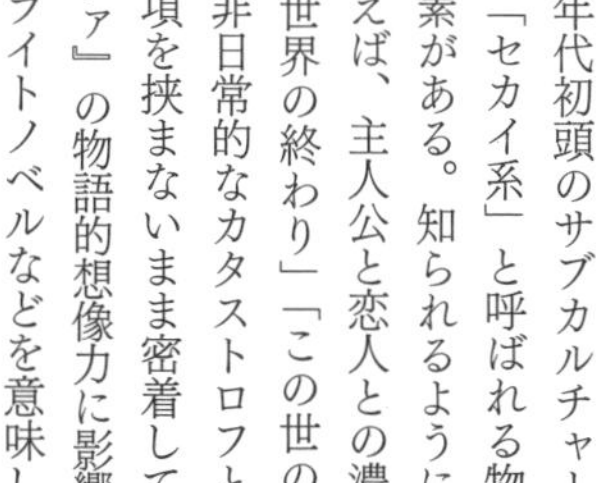

井が大きな影響を与えた新海誠の出世作『ほしのこえ』（02）も含まれているのは有名だろう。翻って、ココとツムジのラブストーリーと、「地球の最後」（世界の終わり）が一体化して語られる『PiCNiC』は、まさにセカイ系そのものである。しかも、新海の『雲のむこう、約束の場所』（04）がそうであったように、セカイ系作品ではしばしばヒロインの運命（死）と世界の運命（破局）が主人公の前で天秤にかけられるが、「あたしが死んだら地球も死ぬ」と思い込み、ラストは愛するツムジの前で同様の行動に出るココの姿もまた、紛れもなくセカイ系的ヒロイン像に当てはまるものである。筆者はかつてセカイ系ブーム全盛と同時期に岩井が発表した『リリイ・シュシュのすべて』にもセカイ系と重なる要素を指摘したことがあるが、それはそもそも『エヴァ』と同時期のこの『PiCNiC』によってすでに描かれていたのだ。他にも、ココの病室には、彼女とよく似た少女と二人で並んで撮った写真が飾られており、それは後に彼女が殺してしまった双子の妹であることが明かされるが、この「双子」（分身）のモティーフも、『Love Letter』はもちろん、この後も『花とアリス』や『ラストレター』などで繰り返し登場することになる岩井的テーマでもある。

『FRIED DRAGON FISH』六月一五日公開　監督、脚本
『ACRI』（石井竜也監督）八月二四日公開　原作

『スワロウテイル』

「名づけ」による資本主義とのパラレルワールド

北小路隆志

監督、脚本
一九九六年九月一四日公開

長篇デビュー作『Love Letter』の多大な反響と成功によって確立された――たとえば、「恋愛映画の名手」といった――映画作家としての「偶像」を、すぐさま自らの手で叩き壊すかのようなイコノクラ

スム（偶像破壊）的欲望に貫かれた映画である。

　それにしても、本作が今日においても帯びる「現在性」は何に由来するのか？　もちろん、ここでの現在性は「新しさ」を意味しない。この映画で岩井俊二が定める射程は「資本主義」の寓話化による分析や批判に及んでいて、その後の世界が紆余曲折を経たうえでますます「資本主義」を「普遍」として受け入れるようになった以上、それは僕らの「現在」においても急務でさえある課題になる。一九九六年に公開された本作は、歪んだ経済的活況に沸いたバブル期の日本（近い過去）を題材とする一方で、人口減少と高齢化を背景に進行するであろう、来るべき「移民国家」――本作での「日本人」の存在感は薄く、日本語、中国語、英語、それらのユーモラスな混交が飛び交う「多言語性」で特徴づけられる――としての日本（近い未来）を描く（本作での言葉を使うと）一篇の「おとぎ話」（寓話）なのだ。

　冒頭で僕が記した指摘に反するようだが、もちろん岩井俊二の作家性が明確に刻印されてもいるこの映画には、前作からの主題的な継承も随所に確認できる。ここでは、岩井の物語世界が「名前」を起点に形成され、本作も「名づけること」についての映画である点を強調したい。『Love letter』では、同じ学校の同じクラスに「藤井樹」という同姓同名の男女がたまたま居合わせる……という奇跡と呼ぶには大げさな偶然を起点にある種のパラレルワールド（並行世界）が見事に形成された。それでは、『スワロウテイル』における「名前」や「名づけること」はいかなる機能を果たすのか？

　映画の冒頭、蝶が見下ろす東京を模したらしき荒れた画面の空撮を背景に、ヒロインの少女（伊藤歩）による以下のような英語のボイスオーバーが英語のテロップとともに流れる。「昔々（Once upon a time）……、円が世界で最も強い通貨であったころ、円を荒稼ぎしようと多くの移民がかつてのゴールドラッシュのように集まり、彼らは自分たちの暮らす街をイェンタウン（yentown／円都）と呼ぶようになる。そして、それを忌み嫌う日本人は蔑みの意図を込めて彼らをイェンタウンズ（yentowns／円盗）と呼んだ……」。

　この映画が焦点を当てるのは、「日本」という国家やそこに属することで得られる国籍（nationality）ではない。そうした「国家」の次元と重なるようでいて、――「日本＝円」、「アメリカ＝ドル」といった具合に――ときには国家の枠組みを逆撫でする動きもみせる「イェン＝yen」こそが、本作を貫く「基軸通貨」（普遍）である。移民は「日本」ではなく「イェン」に群がるのであり、だから自らの仮の住

Blu-ray／デジタル配信中
主演：三上博史、Chara、伊藤歩
発売・販売元：ポニーキャニオン
Blu-ray：¥3,800（税別）

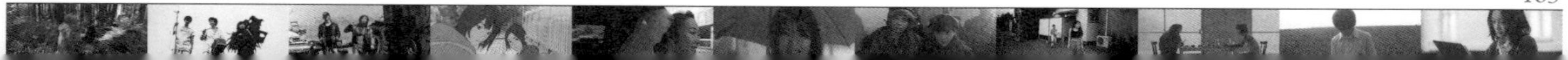

処を「イェンタウン」と呼ぶ。こうして、東京であろう街が「円都」と名指され、ただそれだけのズレによって本作の射程は「日本」なる国家から遠ざかるだろう。そうした「名づけ」の儀式を介して、岩井俊二は「日本」の「近い過去」や「近い未来」に重なりはするが、現実離れもしたパラレルワールド(寓話)をスクリーン上に立ち上げるのだ。

『Love Letter』での雪原を見下ろすオープニングをかすかに連想させる、無人の草原の俯瞰撮影で本編は幕を開け、地上に接近するカメラが生い茂る雑草の隙間に放置された女性の死体を捉える。売春婦の母親を殺害され、イェンタウンの無国籍な住人の一人である少女が正真正銘の孤児になる。名前のない彼女は言葉も満足に発することができず、何人かのあいだをたらい回しにされたあげく、やはり娼婦であるグリコ（Chara）の庇護を受けることになる。映画の中盤以降で結成される「イェンタウンバンド」でシンガーを務めるグリコは、――この「名前」は日本の古典的なキャラメルに由来する――少女を「アゲハ」と命名する。この名づけの儀式をもって少女は言葉を話すヒロインになるのであり、映画全篇が当初は芋虫であった少女が「アゲハ」に変身を遂げるストーリーになるのだ。

その名前はグリコの胸に彫られた蝶のタトゥーと少女がそれに示した関心に由来するのだった。このタトゥーは、やがて身元不明の死体としてどこかで発見されるかもしれない自分の身体を特定するための目印であり、私のIDカードなのだ……と名づけ親は少女に説明する。実際に少女は、警察の死体置き場に「身元不明の死体」として横たわる自らの母親に別れを告げたばかりだった。何らかの「非合法性」を抱えることが半ば必然の「移民」である以上、たとえ死んでも自分の名前を「国家」に明かすことはできない。少女の母親を知る人々は盛大に嘆き悲しみながらも、死体の身元は知らない……と不可解な説明を繰り返して警察を当惑させ、少女も自分が娘であると認めない。「移民」にとっての「名前」は最後の「秘密」であり、それを封印することが抵抗の姿勢であるということなのか……。

「名前」は単なる「記号」ではない。すでに存在が確定された誰かに事後的に名前が付加されるだけなら、それは取り換え可能な記号になる。Aと呼ばれようがBと呼ばれようが、その存在の「本質」は何ら影響を受けず、呼び名が変わるに過ぎない。しかし、「名前」と無関係に何らかの「本質」があるのではなく、名前（名づけ）自体が「本質」に影響を及ぼし、その在り方を規定する……それが岩井俊二的な存在の「秘密」である。「アゲハ」と名づ

けられることで、少女は「アゲハ」への生成の途上を生き、イェンタウンの呼び名によって、東京は虚構のパラレルワールドに異化される。たまたま名づけられただけの「名前」が二人の男女やその周辺の人々に多大な影響や余波を及ぼすさまを描く『Love letter』を想起しよう。「藤井樹」それ自体にさして意味はないが、そう名づけられた存在は、グリコのタトゥーのように「名前」の刻印を受け、自らの「本質」を決定づけられるのだ。

　こうした映画作家の「名前」をめぐる刺激的な着眼が、冒頭で言及した本作での資本主義批判の射程と実は重なる。犯罪組織の偽札製造計画をたまたま横取りできたことで、グリコやアゲハとその周辺のイェンタウンの移民たちの命運が劇的な展開をみせる。ある細工を施すことで一枚の千円札が一万円札に化け、両替機を使うと、それが一〇枚の千円札に、まるで芋虫が美しい蝶になるかのように変貌する。イェンタウンの住人は、そこに刷り込まれていた肖像画（偶像）に因んで一万円札を「フクザワ」と呼ぶ。こうして、またしても命名で生じる「名前」のズレ、あるいは「偶像」の破壊による寓話＝パラレルワールドの生成が実践されるだろう。偽札（フクザワ）とは「名前」であり、本物の紙幣（福沢諭吉）に似てはいるが、かけ離れてもいるパラレルワールドを形成し、そうした虚構の力が「現実」を揺り動かす。偽札（名前）は本物を乗り越え、本物の紙幣以上の価値を備えるばかりか、さらにそうした価値の撹乱が貨幣システム（資本主義）そのものに根源的な疑問を呈する。あるいは、偽札（コピー）と紙幣（オリジナル）の区別を解体する……。

　誤解を恐れずに書けば、岩井俊二は卓越した偽札製造者めいたストーリーテラーであり、そんな推論を導く本作は、岩井の手によるパラレルワールド（寓話＝虚構）が帯びる「政治性」――あえて直截に書くなら「資本主義批判」――の在り方を堂々と白日の下にさらす映画である。

1998

『四月物語』

水彩画のスケッチのような愛すべき小品

渡邉大輔

松たか子を主演に迎えた、長編映画監督第三作（ただ、上映時間六七分は中編とも呼びうる長さである）。もともと九七年に『空の鏡』などの松のミュージック・クリップの演出を岩井が手掛け、その時、同時に松主演の映画として企画が動き出したものだという。

物語は、松が演じる主人公の楡野卯月が東京の大学に進学するため、北海道の田舎から列車に乗って上京するところから幕を開ける。馴れない一人暮らしの引っ越し作業をドタバタと済ませた後、物語の主な舞台となるのは、東京郊外・武蔵野にある武蔵野大学。サークル活動やご近所付き合いなど、大人しく控えめな性格の彼女は馴れない東京の一人暮らしの中で徐々に周囲の人々とも馴染んでいく。そんな中、卯月は街中の一軒の書店に通い始める。そこには、卯月が東京の大学に入学した人知れぬある秘密の理由が隠されていた……。

『スワロウテイル』と『リリイ・シュシュのすべて』という大きな話題を呼んだ大作に挟まれ、また物語も比較的落ち着いた地味な印象のある小品的映画だが、それでも本作以前の、『FRIED DRAGON FISH』や『PiCNiC』、そして『スワロウテイル』といった、どちらかというと寓意とSF的幻想に満ちた世界観の作品群から、『リリイ・シュシュのすべて』、『花とアリス』と続く、思春期の日常をリリシズム溢れる演出で描く作品群に大きく移行していく際の分岐点となったフィルムとして、岩井のキャリアの中でも指標的な作品と呼べる。実際、岩井本人も、「月イチで短編映画でも撮ろうかなっていうのが、最初のプラン」で、「映画でもなく、もっと漠然とした断片みたいなものでもよかった」と語っている（『NOW and THEN 岩井俊二』（一九九八年））。その理由は、『スワロウテイル』の撮影後に執筆した小説『ウォーレスの人魚』（一九九七年）がきっかけだったという（「マイリトル映画祭」での岩井の発言による）。この作品は、もともとは岩井が企画・脚本として参加しながら途中降板した石井竜也監督の『ACRI』の原作として位置づけられていたが、スケジュールの都合から、結局、映画の公開後に執筆・刊行された。『ウォーレスの人魚』もまた『スワロウテイル』と同じくスケールの壮大な物語であり、こうした大作を構想することに自信を得ていった反

監督、脚本
一九九八年三月一四日公開

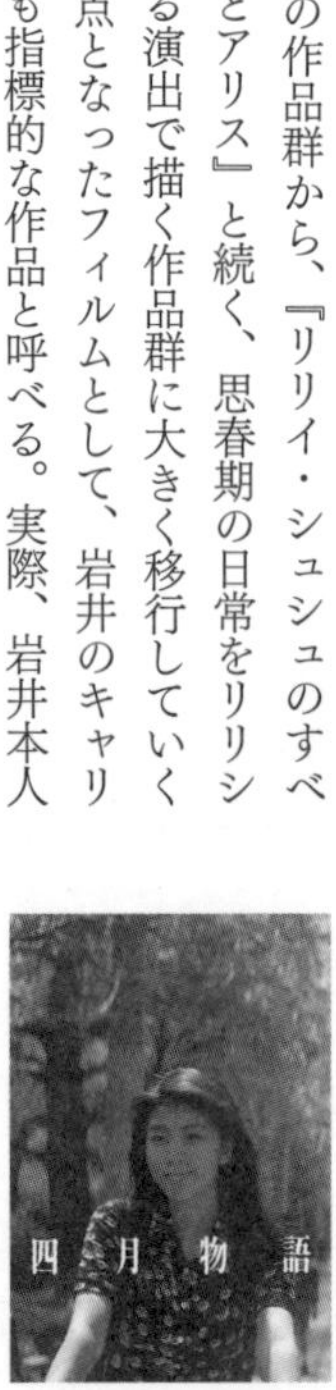

Blu-ray
主演：松たか子、田辺誠一
品番：NNB-0002
発売・販売元：ノーマンズ・ノーズ
価格：¥3,800（税別）

面、岩井の中では自分がこのまま「大作作家」として認知されていくことに違和感があったという。そこで半ば直感的に、「今度は逆に小さな作品を作ってみよう」というスタンスで手掛けたのが、『四月物語』だった。その結果として、まるで淡い水彩画のスケッチのようなラフな演出（ほとんど台本らしい台本はなかったようだ）と、撮影の篠田昇によるお馴染みの手持ちの流麗な映像表現が見事に相俟った愛すべき青春映画に仕上がっている。撮影もかなりその場のアドリブを活かした、即興撮影のようなスタイルで進められたようだ。

ＭＴＶ由来の作品らしく、まさに音楽のような繊細な情感たっぷりのシークエンスがいたるところにちりばめられており、上京したての女の子の揺れる心情が見事に描かれている。とりわけ、岩井作品ではお馴染みの「自転車」と「電車」、また「雨」や「傘」が印象深いシーンで登場するのも特筆すべき点だろう（ラストで印象的に登場する卯月の差す「壊れた赤い傘」は、『PiCNiC』のココの「穴の開いた壊れた黒い傘」に対応している）。

また、低予算映画でありながら、卯月の家族として、実際に松の家族である松本白鸚一家が物語のオープニングに特別出演していたり、卯月が名画座で鑑賞するモノクロの時代劇映画『生きていた信長』には江口洋介や石井竜也が顔を出している（この劇中で映画館で映画を鑑賞するシーンは、後の『花とアリス』にも受け継がれている）など、岩井ならではの遊び心がふんだんに投入されている。

『式日』（庵野秀明監督）一二月七日公開　主演、ビデオポートレイト撮影

『リリイ・シュシュのすべて』

世紀末の閉塞感を少年による王殺しで表現

北小路隆志

牧歌的と形容すべきか、それとも茫漠とした不気味さに支配された、と説明すべきか……要するに、その両者を兼ね備え、映画のなかでの言葉を拾えば、「田園の緑だけが、不毛なくらい、まぶしい」、そうした田園風景が広がる北関東の地方都市で物語は主に展開される。その世界を生きる男女の中学生らには、岩井俊二の長篇デビュー作の登場人物のように手紙のやり取りでコミュニケーションを図るといった悠長な余裕など残されていない。二〇〇〇年に公表された「インターネット小説」が原作であることからもうかがえるように、世界規模で進んだコミュニケーション環境の激変が、この映画の在り方を大きく規定している点にまずは注目したい。

気弱げな少年である主人公の雄一（市原隼人）は、殺伐とした学校生活を何とかやり過ごして自宅に戻り、しばしの寛ぎの時間を自室で過ごそうとしても、携帯電話による呼び出しに応じて夜遅くにこっそり家を抜け出さねばならない。万引きなどの犯罪への加担やリンチ紛いの暴行が彼を待ち受けるのだとしても……。あるいは、同じく携帯電話を介して見ず知らずの中年男性と連絡を取り、彼らに体を売ることで得た金銭を、雄一を末端に置く不良組織に献じることを強要される不運な女子中学生・津田詩織（蒼井優）のような別種の奴隷もいる。

本作で執拗に描かれるそうした事態をさらに痛ましくするのは、支配者側も自らの権力を積極的に楽しんだり、享受してはいないからだろう。単純な弱肉強食の支配関係があるのではなく、支配者の側でも何らかの力に強制され、犯罪や暴力、支配の徹底を推し進める。支配者／被支配者の区別を問わず、登場人物が一様に深刻な閉塞感を抱えるがゆえに、救いの無さが際立つのだ。この閉塞感は何に由来するのか？　初期作品『PiCNiC』などで扱われ、本作でも何度か囁かれる終末論の流行――世界の終焉への期待と恐れ――が関わるのか？　あるいは、前述のコミュニケーション手段の発達が彼らを逃げ場のない環境に監禁するとみるべきなのか？　いずれにしても、本作ほど二つの世紀の移行期を漂う出口無しの閉塞感を的確かつ鋭敏に捉えた日本映画はほかにない。

監督、脚本
二〇〇一年一〇月六日公開

Blu-ray
主演：市原隼人、忍成修吾
品番：NNB-0003
発売・販売元：ノーマンズ・ノーズ
価格：¥3,800（税別）

物語は三部に分かたれる。支配／被支配関係が日常化して以降の二〇〇〇年の叙述が最初に置かれる。続いて、時系列的には物語の発端に相当する部分、雄一らが中学生になったばかりの一九九九年にいったん時間が遡る。この真に牧歌的な「バラ色」の時代は、ホームビデオ風の映像から成る夏休みの沖縄旅行を経て世界の崩壊を予感させる新学期の開始をもって終わり、僕らは再び二〇〇〇年の「灰色」の世界に差し戻される。物語の鍵を握るのは、入学の時点で何の憂いもない優等生と思えた星野（忍成修吾）がいきなり獰猛かつ冷酷な「王」に変貌する「謎」である。沖縄で二度命を落としかねない事態に遭遇したり、同じ夏に彼の裕福な家庭が父親の会社の倒産を契機に離散状態に陥った経緯が映画の後半で事後的かつ無造作に伝えられたり、とヒントは幾つか提起されるが、あくまでも唐突に暴力による支配は開始され、星野は沖縄民謡を背景に憑依状態にあるかのようにして王となる。

　その圧倒的な力が何に由来するかは措くとしても、ひとりの王が本作において君臨する……それは確かなことだろう。王の領土は客観的にみれば閉域に限定されるが、いずれも閉塞感に押しつぶされ、世界に外部があるなど想像もできない当事者らは彼の前にひれ伏す以外の選択肢を見出せない。エルンスト・カントロヴィチは、西欧中世の政治神学を探究することで、王は「二つの身体」を有すると結論づけた。王もあらゆる人間と同様、「自然的身体」を生き、疲労や病に苛まれ、若さや老いを経験する。しかし他方で、王は無傷の「政治的身体」をも有し、この次元で「自然的身体」の脆弱さを免れる。自然的身体の脆弱さに翻弄される周囲の連中に対し、ただ星野だけが「政治的身体」（聖なるもの？）に到達するがゆえに、彼は抜きん出た存在となる。しかし他方で、自然的身体と政治的身体が一体である以上、王の自然的身体の脆弱さや生命力の衰えがそのまま政治的身体（国家や政治レベル）の危機としても認識される。人類学が明らかにした「王殺し」の習俗によれば、身体的に衰えた王は殺害されるか自死に追いやられ、そのことで世界の側は再興を果たす。だから、誰かが王を殺害しなければならない。たとえ、その一撃で世界の閉塞が一掃されるわけでないにしても、それでも生き延びるために僕らは王を殺さなければならない。この映画を人類学的な「王殺し」の物語とみることも可能だろう。

　本作での岩井俊二はそんな神話の次元も含んだ重層的な虚構世界の構築に挑んでいる。「リリイ・シュシュ」なる架空の女性シンガーのファンサイトに投稿された夥しい数の言葉が画面上を通過し、明

©2001 LILY CHOU-CHOU PARTNERS

滅を繰り返す。映画の物語（虚構）とPC上の「虚構内虚構」が並行して流れ、パラレルワールドが多層化される。岩井の映画（虚構）は、何らかの「名前」を起点に立ち上げられるパラレルワールド（並行世界）であり、本作での特権的な名前はもちろん「リリイ・シュシュ」である。物語の開始を告げるサイトの「管理人」の文章によれば、「リリイ・シュシュ」は一九八〇年一二月八日生まれで、ジョン・レノンがニューヨークで狂信的なファンの銃弾に倒れた日時（「王殺し」！）と「一字一句符合する」。そんな「偶然の一致」に意味はなく、自分にとって大切なのはリリイがその日付に生を受けた事実だけだ……と文章はナイーブに綴られるが、岩井にとっての「虚構」が現実そっくりの並行世界であることをこの「符合」が強調する。僕らが生きる「世界」（現実）に存在しない「リリイ・シュシュ」が、映画のなかの物語世界＝「並行世界」（虚構）には存在する。そして、玉石混交の言葉の群れからなる「虚構内虚構」の導入により、それら二つの世界が「ジョン・レノン」の死を共有することが明かされる……。

　リリイ・シュシュなるヴァーチャルな「王」の歌声（サウンド）は全編にわたって流れ、僕らや登場人物の耳に届くが、彼女の顔や姿（イメージ）はほぼ認知できない。ただ彼女の「名前」と「声」だけが、ファンサイトの大量の雑多な言語の群れ――本作は『スワロウテイル』とは別種の「多言語映画」である――に象徴される粉々に砕け散った登場人物らのあいだを「エーテル」（天界を満たす物質？）のように橋渡しする。ただし、岩井俊二にとっての映画＝「虚構」は、「現実」から分岐を繰り返す並行世界であって、「現実」から逃れるためのシェルターではない。確かに、雄一は痛みや息苦しさに苛まれる「自然的身体」から自由になろうと、「管理人」という「別の名前」をもって「虚構内虚構」（ファンサイト）への逃避を試みるが、結局、その「虚構内虚構」は「虚構（映画のなかの現実＝物語世界）」からの出口ではなく、痛みから逃れるための庇護の場を提供してはくれない……。

　空を飛ぶこと、すなわち「エーテル」の住人になることこそ、岩井俊二的な存在が一様に夢見る事態である。しかし、津田詩織をはじめとする本作の登場人物たちは『スワロウテイル』のアゲハ（蝶）になることができず、（現実的な）重力の支配、すなわち「自然的身体」から逃れられない。この痛々しい「虚構＝寓話」をあらためて目撃することで僕らは、二〇世紀が二一世紀に移行する時代を支配した、あの「現実」、あの閉塞感に近づくことができるのだ。

『ARITA』奇跡的な美しさを持つ岩井×広末の短篇

吉田伊知郎

監督、脚本、音楽
二〇〇二年二月二八日公開
『JAM Films』（監督：北村龍平、篠原哲雄、飯田譲治、望月六郎、堤幸彦、行定勲、岩井俊二）の中の一篇
主演：広末涼子

映画館までたどり着く映画は、ごく一部にすぎない。岩井俊二にも無数の幻となった企画が存在する。その中でも二〇〇〇年前後に一年かけて準備されていた小山ゆう原作の『あずみ』は観てみたかったと今も思う。当時の記事によると主演は広末涼子を予定していたという。スチール一枚残っているわけではないが、その後に製作されたショートフィルム集『JAM Films』の一篇『ARITA』を観れば、岩井×広末の組み合わせは、様々な可能性と想像をかき立ててくれる。

『夏至物語』と同じく自室に籠もる女性のモノローグのみで展開するが、幼い頃からあらゆる紙の上に現れたARITAというキャラクターがある事件をきっかけに外に飛び出すという設定には、『8日で死んだ怪獣の12日の物語』の原点を見つけることも可能だろう。こうした寓話的な語り口は、深夜ドラマ時代から岩井が得意としてきたものだけに、ゆで卵を飲み込む（実際には半円に切って中を空洞にした白身を使っている）不思議なショットをインサートする点も含めて堂に入ったものだが、快活な役が多かった広末に、鬱屈した気だるい雰囲気をまとわせたのが素晴らしい。

本作の撮影は家庭用の小型デジタルビデオカメラが使用され——それも『「エロ事師たち」より 人類学入門』（66）で8㎜カメラを数珠つなぎにして撮影していた小沢昭一よろしく、数台のカメラを横に繋ぎ、撮影素材を少しでも多く集める方法が用いられたが、撮影も岩井が行っている。

この時期は篠田昇による撮影が既定路線となっていたが、自主映画時代に戻ったかのような岩井による撮影が行われたのは、庵野秀明の『式日』（00）に出演した際に、デジタルビデオカメラでヒロインを自らが撮り、その映像が劇中でも使用されていたことも無縁ではないだろう。庵野は九〇年代に一部のAVに見られたドキュメンタリー性に注目し、その手法を『ラブ&ポップ』（98）で応用していた。岩井の場合はそこからの直接の影響とは言えないだろうが、あらかじめセッティングされた部屋に俳優と監督が入り、一対一のセッションによって作り上げていく手法は、AVでは発展したものの劇映画ではまず見られなかったものだ。

カメラ目線でアンニュイな表情を見せる広末は、

同時代の映画やドラマでは、ついぞ見たことがなかったもので、この組み合わせで『あずみ』が実現していれば——と思わずにいられないが、幻で終わったからこそ、わずか一五分の短篇の中に凝縮された魅力的な彼女をいつまでも見ていたいと思えるのかもしれない（この後、広末は『花とアリス』にも出演している）。

2004

『花とアリス』

「演じる」少女たちの分身／統合の物語

児玉美月

「演じる」とは、架空の人物をそこに立ち上がらせること、あるいは本来の自分を隠して偽ることである。『花とアリス』は、まず第一に「演じる」ことについての詩学の映画だと言えるだろう。近作の『ラストレター』や『チィファの手紙』が、亡くなった姉のフリをする妹を主軸にしていたことからも、「演じる」ということが岩井俊二にとって未だ関心の尽きない主題であることが窺える。『花とアリス』では、花が片思い相手の宮本が倒れたことをいいことに、とっさに彼が記憶喪失で自分と付き合っていることを忘れているのだと思い込ませてしまう。花の親友であるアリスは、花のそんな画策に巻き込まれ、宮本の元恋人役をあてがわれる。アリスの宮本の元恋人役の演技は酷いもので、あからさまにそれが演技だとわかる。そしてその後、アリスは芸能事務所にスカウトされ、役者としても何度も人前で演技をすることとなる。さらに、アリスの演技はそれだけに留まらない。母親のデート現場に鉢合わせたとき、母親はアリスに向かって「花ちゃん」と呼びかける。そう呼ばれたアリスは話を合わせるしかなく、とりあえずは「花」としてやり過ごす。アリスが踊るバレエもまた一種の演技であって、とどのつまり映画のなかでアリスが演技をしていない時間はほとんどない。『花とアリス』の物語において、当然のことながらアリスはアリス役ではあるが、自分ではない人物を立ち上がらせたり、自分であることを隠して偽ったりすることを背負わされた人物として存在している。

　終盤でアリスが参加するオーディションにいる金髪のウィッグを被った双子の存在にも象徴されるよ

監督、脚本、音楽、プロデュース
二〇〇四年三月一三日公開

Blu-ray
主演：鈴木杏、蒼井優、郭智博
品番：NNB-0004
発売・販売元：ノーマンズ・ノーズ
価格：¥3,800（税別）

うに、岩井俊二の映画における頻出のモチーフとして、〈分身〉が挙げられる。花とアリスはその容貌からも、あたかも双子のように見まごう。映画の開巻から、花とアリスの二人が画面に映し出されるショットではアシンメトリーの構図が多用され、その類似性がさらに強調される。同じ制服だけでなく、花と宮本が喫茶店でお茶しているところをアリスが覗き込む場面では、花とアリスは共にパーカーとミニスカートであり、私服さえときにリンクする。花は宮本との関係を維持するために、何度もアリスに自分で考えた台詞を読ませる。アリスはそれを棒読みで読むが、そのことも踏まえると、彼女たちは双子というより、アリスは花の〈分身〉か、もしくは〈ドッペルゲンガー〉と言った方が正確なように思われる。アリスが驟雨のなか一人で踊っているところを花が偶然見かける場面では、アリスは全身黒ずくめの格好をしている。このアリスの真っ黒な影のようなイメージは、まさにアリスが花の〈分身〉か〈ドッペルゲンガー〉である可能性に接続し得るだろう。

やがて、花とアリスの小芝居は終わりを迎える。宮本に花とアリスの共謀が露呈するきっかけとなった心太のエピソードは、アリスが父と語ったかつての思い出話をそのまま引用している。そのことが示唆している通り、アリスは宮本と過ごしているとき、宮本との（本当は存在しない）思い出話を辿っているのではない。アリスが辿っているのは、彼女が実際に経験した父親との過去の記憶である。花とアリスと宮本が海辺にいるとき、アリスが「覚えてる？」と話しはじめるのは、父親との記憶である。かつてアリスが父親と失くしたトランプを拾っていた宮本は、後日それをアリスに手渡す。手渡されたアリスは、まるで堰を切ったように涙が溢れ出す。偶然カフェで遭遇した母親は、不自然なショットの繋ぎによって、四度もアリスに別れの言葉を告げる。あるいは、父親と電車で別れる間際、アリスの「我爱你（愛してる）」に対し、父親は「再見（さようなら）」と返答する。異化的に浮き彫りになるこれら別れの言葉は、アリス自身の心の傷の原因としてあり得る両親との決別の問題と共鳴し合う。アリスにとってトランプは記憶の片鱗そのものであり、トランプが戻ってきたことは、記憶が戻ってきたことと等しい。

この物語において、真に記憶喪失であったのは、宮本ではなくアリスの方だったのではないか。オーディションの現場で「なんかあるでしょ？ 悲しかったこと」と聞かれながらもアリスが答えられずにいたのは、健忘症の症状ではなかったか。劇中、何度もカメラという装置でシャッターが切られるの

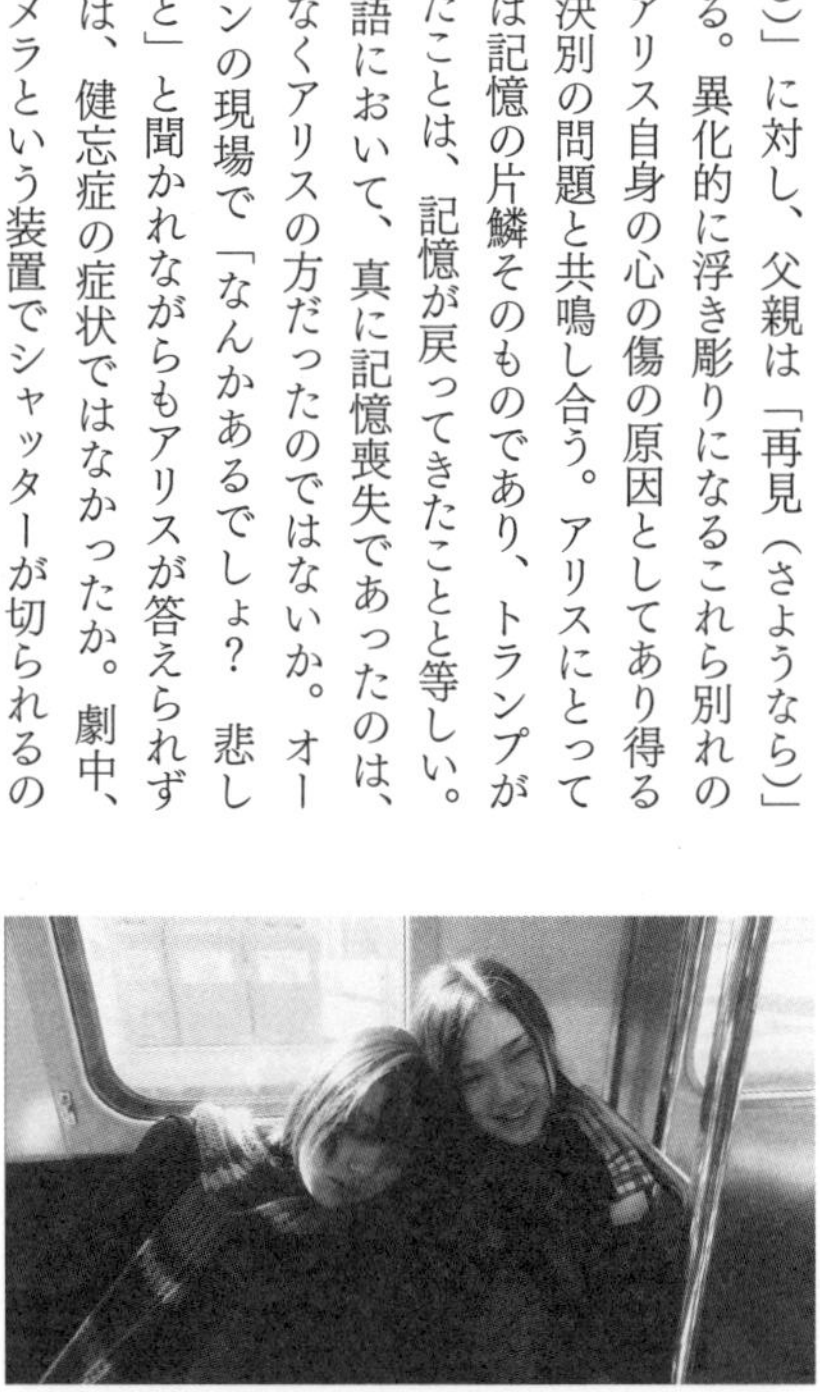

は、映画が記憶を巡る物語であることを観客に知らせているようでもある。記憶を喪失していたアリスは演じるという行為を反復しながら、記憶を少しずつ取り戻していたのだろう。「記憶」を取り戻すことが、ひいては「自分」を取り戻すことなのだとすれば、その健忘症が治癒したとき、ようやく演じることから開放されたアリス自身が姿を現す。〈分身〉でも〈ドッペルゲンガー〉でもなく、他の誰でもなく、ニキビさえ剝き出しの、等身大な姿のままで。

『虹の女神 Rainbow Song』（熊澤尚人監督）一〇月二八日公開　プロデュース

2006

『市川崑物語』

市川崑と岩井俊二との友情物語

吉田伊知郎

監督、脚本、音楽、編集
二〇〇六年一二月九日公開

映画の評価は時代によって変わる。角川映画第一作に市川崑が撮った『犬神家の一族』（76）の同時代での評価は、意外にも絶賛とは言い難い。それが逆転し始めたのは、この作品で映画に目覚めた子どもたちが、書き手や作り手として頭角を現したからである。一九九四年刊行の『市川崑の映画たち』（ワイズ出版）で市川に全作インタビューを行った森遊机がリアルタイムで初めて観たのは同作だという。岩井俊二も「教本・犬神家の一族」（『別冊太陽　監督市川崑』）などで自身にもたらした影響を記しているが、読むまでもなく『打ち上げ花火、下から見るか？横から見るか？』を観るだけでも、編集のリズムに影響を見て取ることができるだろう。また、タイトルクレジットの明朝体とそのレイアウトが『犬神家』をはじめとする金田一シリーズの引用であることが話題となった庵野秀明の『新世紀エヴァンゲリオン』（95〜96）でも市川に範を仰いだ編集が散見できる。

九〇年代半ば、〈市川崑チルドレン〉が脚光を浴びる中で、岩井はその後も金田一ものを意識したCMを撮るなどリスペクトを惜しまなかったが、やがて市川から企画の相談を受ける。それも金田一耕助のデビュー作となる『本陣殺人事件』（一九四七年）の映画化である。脚本を手伝うだけかと思っていた岩井は、共同監督を市川から提案されて仰天することになる。脚本は改稿が重ねられ、岩井作品の特徴でもある二部構成によって原作通りの第一部、それが全てひっくり返る映画オリジナルの第二部という仕掛けが用意されたが紆余曲折の末に、この企画は幻となる。やがて形を変えて市川はセルフリメイクで『犬神家の一族』（06）を撮ることになり、事情を知るプロデューサーからメイキングを依頼された岩井は、ただのメイキングでは面白くないと市川の伝記――しかも文字と写真が大半を占める実験的な手法を用いて本作を作った。

再現映像や、市川作品の抜粋映像が一部あるとはいえ、大部分を文字と写真のみで構成された本作は、文節、一カットの中に収める文字、その切り替えのタイミングによってリズムを生み出す。『リリイ・シュシュのすべて』でインターネット上に書き込まれた文面を画面に流すことで、モノローグとも字幕とも異なる表現で内なる心情を描いたが、さらに深化させた本作では、サイレント映画の字幕の発展形とも言える文字表現に挑んでいる。

ところで、岩井が映画界に登場した頃、年配の映画評論家が「なぜ日本語じゃないのか？」と陰口を叩いていた。タイトルもクレジットも日本語が画面から排除されていることへの疑義である。しかし、九〇年代半ばの日本映画の状況を顧みれば、理由は明瞭だろう。撮影所の助監督出身の新人監督が珍しく出たと思えば、若さもセンスも摩滅しており、日本映画にはダサさが蔓延していた。画面も汚ければ、タイトルデザインも、衣装もダサい。日本映画を忌避する観客も多い時代に、岩井は日本語を避けることで無国籍的な日本映画を作ったのである。それは日本語と中国語、英語が混在し、字幕スーパーが全編流れる『スワロウテイル』で最高潮に達することになる。

しかし、血は争えないというべきか、市川も若き日の『恋人』（51）、『盗まれた恋』（51）などのソフィスティケートされた恋愛映画では、タイトルや終わりに英語を活用し、外国映画志向を打ち出していた。『ブンガワンソロ』（51）に至ってはマレー語が大きな比重を占め、字幕スーパーが多用される。さらにアニメーター出身の市川には『新説カチカチ山』（36）という脚本・作画・撮影・編集を兼任した短篇もあり、漫画家志望で後に『花とアリス殺人事件』でアニメーションを作った岩井と重なる点は数多い。

映画監督が映画史、または自分以外の映画監督を

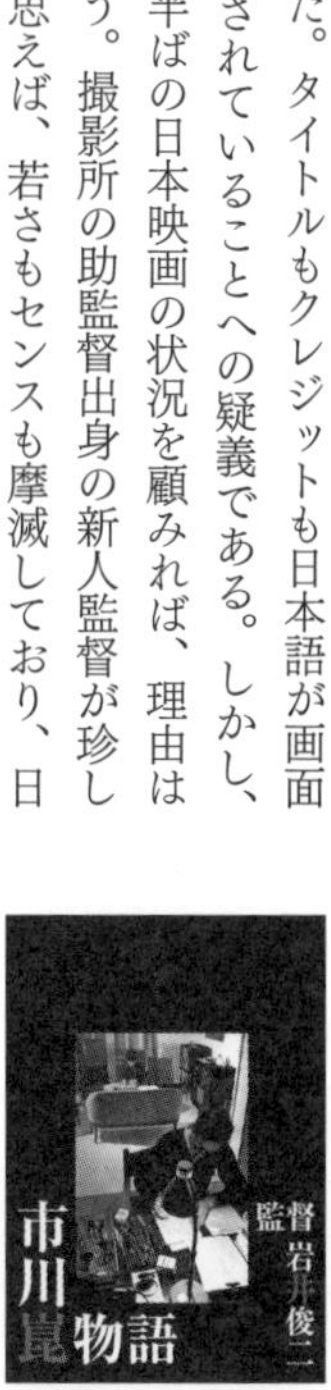

©2006「市川崑物語」製作委員会

DVD
出演：市川崑
品番：PCBE-52512
発売元：ロックウェルアイズ
販売元：ポニーキャニオン
価格：¥4,700（税別）

描くとき、自身の存在が問題となる。大島渚が英国BBCの求めに応じて製作した『日本映画の百年』(95)では、中盤までは客観的な視点で(この作品も使用されるのはスチールが大半である)大島は語るが、ある時点から不意に一人称の語り口となる。彼が日本映画界の一員となり、各時代の自身の活動を語ることが、日本映画史を描くことになるからだ。

『市川崑物語』では、市川の妻で脚本家として重要な役割を果たした和田夏十との物語を主軸にすることで、周到に普遍性を獲得している。市川作品を一本も観たことがなくとも、夫婦の出会いから妻の死までの物語は感動的に受け止められるだろう。だが、それだけでは終わらない。言うまでもなく『犬神家の一族』へと話題が移った瞬間である。ここからは岩井の個の視点で、いかに衝撃を受けたかが熱っぽく語られる。時を経て二人が共同作業を行うことになり、その打ち合わせが文字で再現されるが、多幸感に満ちた時間であったことを端的な言葉から想像させる。「歳の差なんて関係ない この世で一番 話の合う人に 出会ってしまった」と語る岩井は、一拍置いてこう記す。

「この人は僕のオリジナル」

筆者は何度観ても、この文字が画面に現れる度に涙が出て困ってしまう。市川によって映画に目覚め、長じて映画監督となって独自の世界を作り上げた岩井が臆することなく、そう言ってのけることに胸を打たれる。市川崑と和田夏十の愛情物語であると同時に、市川崑と岩井俊二の友情物語でもある。

2009

『ハルフウェイ』(北川悦吏子監督)二月二一日公開　プロデュース

2010

『BANDAGE バンデイジ』(小林武史監督)一月一六日公開　脚本(共同)、プロデュース

『ニューヨーク、アイラブユー「映画音楽家」』二月二七日公開　監督、脚本　※複数の監督による共同作品

『DOCUMENTARY of AKB48 to be continued 10年後、少女たちは今の自分に何を思うのだろう?』(寒竹ゆり監督)一月二二日公開　製作総指揮

『friends after 3.11 劇場版』

3・11を経た最初の通過点

佐野亨

監督、編集、プロデュース
二〇一二年三月一〇日公開
出演:岩井俊二、松田美由紀、小出裕章、上杉隆、鎌仲ひとみ、小林武史、山本太郎、岩上安身、武田邦彦、北川悦史子、他

「3・11の後、気がつけば、友達がふえていた――」

そう語る岩井俊二が、まさにその「友達」(原発問題に取り組む同志たち)にキャメラを向けたドキュメンタリーである。CS放送向けに製作されたが、その後、再編集を施し劇場公開が実現した。

京都大学原子炉実験所助教として事故前から原発の危険性を指摘しつづけてきた小出裕章、脱原発運動を展開する俳優の山本太郎(のちに政治家となる)、自身も原発に関するドキュメンタリーを手がけた映画監督の鎌仲ひとみ、岩上安身、上杉隆といったジャーナリストたち、実際に現地で被災した古い友人――岩井は、俳優の松田美由紀とともにインタビューを敢行し、その言葉を数珠つなぎにしていく。

なかでも印象的なのは、マレーシアの映画監督タン・チュイムイ(岩井とは、ともにウラジオストク・アジアン・パシフィック国際映画祭の審査員を務めたことで親交が生まれた)が取材をつづけるレアアース精製工場での放射性廃棄物問題に触れたパートだ。この工場には日本の大手企業も出資しており、原発問題の背後に国際規模での企業利権が横たわっていることを示唆する重要な証言となっている。

そして、終盤に置かれているのは、岩井が脱原発運動にも参加するアイドルの藤波心(現在は理学療法士として活動)とともに福島を訪れたときの映像だ。まるで岩井作品から抜け出てきたかのような藤波のたたずまい。二人をとらえるストップモーションにカシャッとシャッターを切る音がかぶさる。震災後の瓦礫が散在する光景を目の当たりにした藤波は、感極まって涙を流す。バックには野田洋次郎の囁くような歌声。あまりにもフォトジェニックな場面だ。だが、そのフォトジェニックな美しさは、3・11の現実をありのままに見据えようとするこの

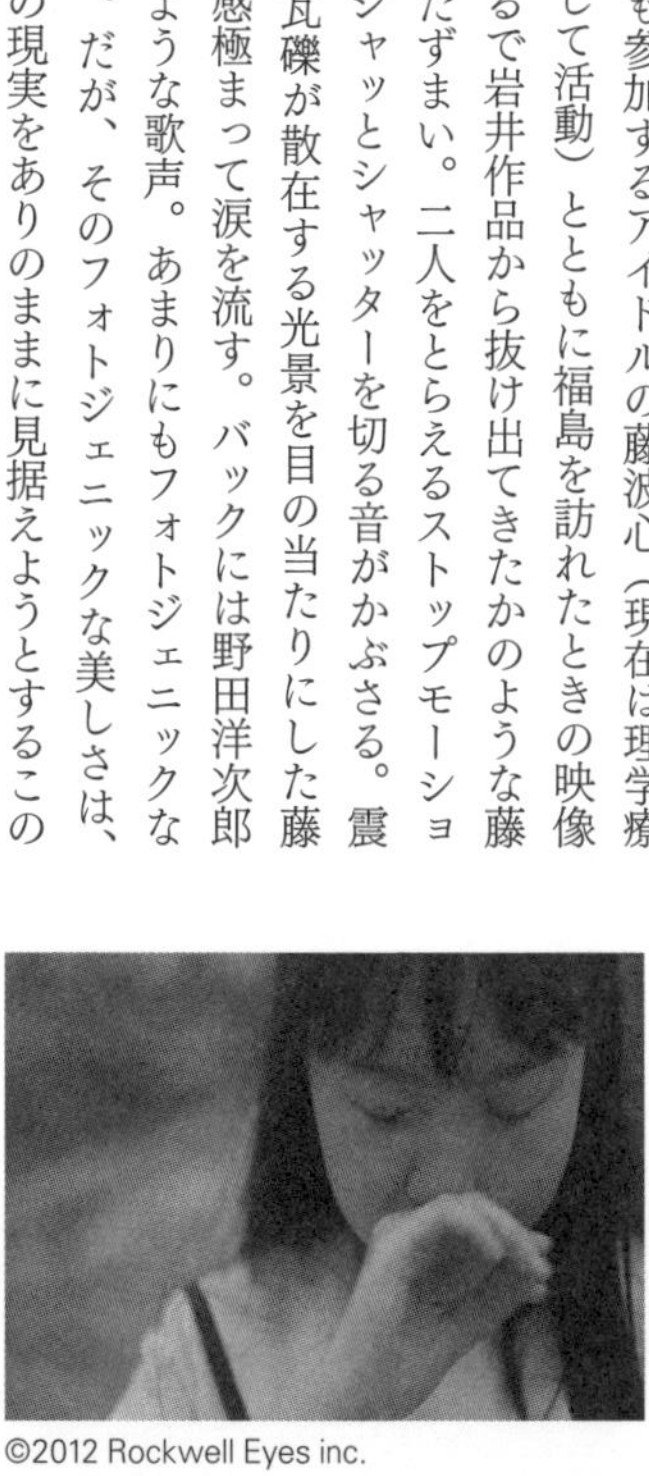

映画において、はたして必要だったのかという疑問が残る。

　岩井はこのあと、窪田崇、カジワラノリコ、松浦徹、時川英之、萩野欣士郎ら若い世代の監督たちとの共同による続篇『friends after 3.11 vol.2』（12、CSにて放送）を完成、さらに桜井亜美監督によるフィクション映画『FUKUSHIMA DAY』（12）をプロデュースするなど、原発に対して表現者はどう向き合うべきか、という問答を繰り返していくこととなる。この映画は、その最初の通過点といえるだろう。

『ヴァンパイア』

ユーモアという新たな魅力を纏った吸血鬼映画

北小路隆志

　全篇がカナダで撮影された、この美しい映画のエッセンスを知るうえで、冒頭の二〇分ほどのシークエンスの分析が有効である。一人で心細げに立ち尽くす若い女性がロングショットで映し出され、ほどなく自動車がフレームイン、三〇歳前後の年齢の男性が車を降り、自信なさげに女性に近づく。その後の車中で続く二人の会話から、僕らはおよそ以下のようなことを了解する。男女は自殺志願者が集うサイトの常連だが実際に顔を合わせるのは初めてであること。これから二人は自殺するつもりで、方法はまだ確定していないものの、まずは男性が女性の死を見届け、自分も後を追う手筈であること……。結局、男性の発案により無人の倉庫で血液を抜き取ることで女性は緩やかな死に至る。一方、最初から死ぬつもりなどなかったらしき男性は倉庫を出ると瓶に入った血液を勢いよく飲み干す……。

　このシークエンスが見事なのは、同様のプロセスでこれまでも血液を入手してきただろう、主人公サイモンの「犯行」の手口が示されるばかりか、岩井俊二流の「吸血鬼映画」が言葉の真の意味でのユーモアの導入によって特徴づけられ、それが本作の魅惑の源であることを明らかにするからだ。たとえば、道中の店で軽食を購入する女性に対し、従業員は次回に使えるクーポン券を渡し、「良い一日を」と声をかける。従業員にとっては単なるルーティーンだが、客が自殺を計画しているがゆえに奇妙なユーモアが生じる。二度とその店を訪れるはずのない女性にクーポンは不要だし、この日は彼女にとって最期

監督、脚本、撮影、音楽、プロデュース
二〇一二年九月一五日公開

Blu-ray・DVD／デジタル配信中
主演：ケヴィン・ゼガーズ、アデレイド・クレメンス
発売・販売元：ポニーキャニオン
Blu-ray：¥5,800（税抜）
DVD：¥4,700（税抜）

の日となるはずなのだから……。購入したマフィンの不味さに憤慨する女性を宥めようと男性はタイ料理店に立ち寄ることを提案する。たとえ死を決意していてもひとは空腹になり、できれば美味しいものを食べたいと願う、そんな当然の事実に僕らは新鮮な驚きを覚える一方で、ユーモアを感じる。倉庫に着いた女性が尿意を催す経緯もユーモラスだ。死を目前に控えてもなおひとは生理現象に逆らえず、それを解消してから死ぬことを望むのだ。

　こうしたむしろ笑うべきではない状況で生じるユーモアをどのように理解すればいいのか？　フロイトの密度の濃い短文「ユーモア」（以下で引用する岩波書店全集版の石田雄一訳では「フモール」Der Humor）で紹介される有名な逸話が参考になる。それは、月曜日に絞首台に連れていかれることになった死刑囚が、今週は幸先がいいね……と発言する際に生じる可笑しさである。私が死んだところで大したことではない、それで世界が滅びるわけではない……とそのユーモアの含意を説明したうえで、フロイトはこう続ける。「それは自我の勝利だけではなく、現実の状況がどんなに厳しかろうとそれに打ち勝つことができる快原理の勝利をも意味している」。ひとは、いかなる逆境や苦しみに直面しても、ただ嘆き悲しむのではなく、それが「自分にとって快の原因に過ぎないことを誇示する」こともできるのであり、それがユーモアの効用である。ユーモアは、打ちひしがれ、怯えきった自我を勇気づけ、喜びをもたらす。そんな現実の要請を拒否する姿勢において、ユーモアは「諦念的」であるどころか「反抗的」である。登場人物の多くが自殺志願者から成り、彼らをいわば食い物にする男が主人公であるにもかかわらず、『ヴァンパイア』はユーモアの「反抗」の精神に溢れ、僕らを勇気づける映画なのだ。

　極めつけのユーモアが映画の終焉近くに現れる。吸血鬼の身でありながら（？）——そもそもサイモンは本当にヴァンパイアなのか？　ただそう呼ばれる（名づけられる）だけではないか？——、平気で日中に行動し、高校で生物も教えるサイモンが、自殺未遂で大量出血し、病院で昏睡状態にある教え子を救うため、血液型を調べられたうえで献血に臨むのだ。普通に考えれば、血（命）を奪う側から与える側に回ることによる主人公の再生を示唆する感動的な展開だろうが、僕らは卓越した

ユーモアをそこに感受する。吸血鬼に血液型があり、ましてや献血をするなんて……。フロイトによれば、この世界で僕らが味わう厳しさや悲しみを、何てことはない、これは実は子供の遊びにすぎないのだ……と見なす立場や認識がユーモアの根幹にある。たとえば、『リリイ・シュシュのすべて』では、子供が子供でいられずにいる悲劇が描かれ、君たちの悲劇は子供の遊びにすぎない、と指摘する大人や認識も不在であることから、その悲劇性が際立つのだった。他方、『ヴァンパイア』から僕らが受け取るべき教えは、ユーモアを定義づける以下のフロイトの文章に近いものだ。すなわち、「ほら、世界はとても危険に見えるけれど実はこんなもんなんだよ、子供の遊びなんだから、茶化してしまえばいいんだよ」。

ユーモアを生み出したり、それを楽しむには稀有な才能が必要である、とフロイトはいう。この傑作をもって岩井俊二のさらなる「稀有な才能」が見出され、新たな魅力が彼の映画に加わる。それが「ユーモア」にほかならない。

『新しい靴を買わなくちゃ』（北川悦吏子監督）一〇月六日公開　プロデュース

2013

『遠くでずっとそばにいる』（長澤雅彦監督）六月一五日公開　音楽

2014

『なぞの転校生』（テレビ東京、長沢雅彦監督）一月一〇日放送開始　企画プロデュース、脚本

『花とアリス殺人事件』

ありえたかもしれないアニメーション史の〝if〟

高瀬康司

まるで、いまここに、アニメーションというメディウムそのものがゼロから立ち上がってくるかのようだ――。作中で描かれる事件と呼ぶにはちっぽけでかわいらしい冒険とは裏腹に、『花とアリス殺人事件』はアニメーション史における〈事件〉であった。

本作は映画『花とアリス』の前日譚として、花（鈴木杏）とアリス（蒼井優）の出会いとなる中学生時代を、3DCGとロトスコープのハイブリッドで描き出した劇場作品である。

しかしこの二作の映像においては、メディウムの違いとは別に、ないしはそれにともない、美学上の差異が際立っている。たとえばこの両作は、花とアリスがお互いの制服姿を見て「似合わねー」と言い合う微笑ましい類似ショットを持つが、実写版は望遠レンズで捉えられ、周辺減光などオールドレンズ的効果が強調されていたのに対して、『花とアリス殺人事件』はパンフォーカスで捉えられ、作品のベースとなる独特な赤と青のフィルターこそ載ってはいても、カメラのレンズ感は取り込まれていない。つまり新海誠や京都アニメーションをはじめアニメ業界へ多大な影響を与えた、望遠でシャローフォーカス、逆光やレンズ効果が情感をたたえる岩井の映像美学はしかし、自身がアニメーションを手がける段では採用されておらず、まったく別の文法が全面化しているのだ。

そこでまず重要になるのが、ロトスコープだろう。ロトスコープとは、俳優の演技を撮影した実写映像をガイドに、その画を一枚一枚なぞることでアニメーションとして描き起こす手法である。岩井はそれ以前にも、『六月の勝利の歌を忘れない 日本代表、真実の30日間ドキュメント』（02）、『BATON』（09、北村龍平）、『TOWN WORKERS』（14）と、監督作・プロデュース作においてロトスコープを積極的に取り入れてきた。もともとはラルフ・バクシのロトスコープ作品『アメリカン・ポップ』（81）をきっかけに、アニメーションが伝統的に培ってきた芝居のパターンとは異なる、生々しく情報量の多い動きの魅力に惹かれたと語るが、そもそも実写を専門とする演出家がロトスコープを用いることには、いく

監督、脚本、音楽、企画プロデュース
二〇一五年二月二〇日公開

Blu-ray・DVD
主演（声）：鈴木杏、蒼井優
発売・販売元：ポニーキャニオン
Blu-ray：¥5,800（税抜）
DVD：¥4,700（税抜）

つかの合理性が認められる。

まず実写であれば、ある作品の一〇年後に同じ役者が再度同じ時代の同じ役を演じることは難しい(ましてや本作は過去編だ)。しかしアニメーションであれば、実際の年齢には必ずしもとらわれずに、同じ役者が声を当てることができる。

そして何より、ロトスコープはじめに演技のガイドを撮影するため、アニメーションの制作経験がなくとも、実写の方法論で役者や映像を演出できるという利点がある。そのため世界的にも、実写をベースにアニメーション的なビジュアルで制作された『ウェイキング・ライフ』(01)や『スキャナー・ダークリー』(06)のリチャード・リンクレイターを嚆矢に、他分野の作家がツールとしてアニメーションを活かしたタイプの映像作品が広がりを見せることとなった。

しかし、『花とアリス殺人事件』は単にそうした歴史に連なる一作として収まるほど、おしとやかな作品ではない。一つに、ロトスコープと3DCGの混在が挙げられる。ロトスコープで描かれたモブキャラクターと同一画面上に、トゥーンシェーディング=アニメ調(セルルック)のレンダリングが施された3DCGによるメインキャラクターたちが動きまわる。またその際の3DCGアニメーションも、ゼロからアニメイトするのでも、俳優の動作データを取得するモーションキャプチャを利用するのでもなく、ガイドとなる実写映像に寄せた動きを手付けしている。3DCGが一般化した二一世紀以降のアニメーションにおいても、こうした活用法は例外的なものだ。現に、制作現場の困惑は、さまざまな証言として残されてもいる。

つまり、制作プロセス自体が——ちょうど花とアリスの二人のように——むちゃくちゃででたらめで、そして痛快なのだ。元来アニメーションはその膨大な作業量から、堅固なワークフローに沿うことでなんとか完成にこぎ着けることができる、理不尽さを抱えたメディウムである。しかし、ここではそのワークフロー自体が、ニュートラルな視点から手探りで新たに組み上げられていく。あるメディウムで何かを物語るのではなく、表現したいものにあわせて、既存の手法が組み替えられ、独自にパッチワークされていく。

本作ではたとえば、顔が写実的なままでは絵としてなじまないからと、実写の段階で情報量を落とすため、当初は、俳優にはお面を被り演技してもらうことを試みたという。また独自のシステム構築は制作面だけにとどまらず、ロトスコープアニメーターのギャランティを、業界慣習である枚数によってで

はなく、引いたラインのデータ量に応じて支払うという、製作面でのインフラ設計にまで及ぶ。

　これらはあくまで一例である。アニメーションに慣れ親しんでいればいるほど、本作を前に「これは本当にアニメーションなのだろうか……」と繰り返し戸惑わされるはずだ。それはもちろん、「これはもはやアニメではなく〝映画〟だ」といった、旧来的で陳腐な意味においてではない。結果的に『花とアリス殺人事件』は、一般にアニメーションと呼ばれる形式の範囲内にある映像作品としてアウトプットされてはいるだろう。しかし本作が描き出すそれはまるで、アニメーションというメディウムの誕生に、あるいはありえたかもしれないアニメーション史の〝if〟に立ち会ったかのような新鮮な驚きを与えてくれるのだ。

2016

『リップヴァンウィンクルの花嫁』

少女性とレズビアニズム——「ないもの」のお伽噺

児玉美月

監督、原作、脚本
二〇一六年三月二六日公開

　三時間もの尺を持つ『リップヴァンウィンクルの花嫁』は、タイトルに付された「花嫁」というキータームを通じて、前半部と後半部の二部構成として観ることができる。主人公の七海は、物語のなかで二度「花嫁」になる。非常勤の教師として働く七海は、ＳＮＳで知り合った同業の男性と結婚することとなる。しかし七海はその後「罠」にはめられ、姑との仲違いも相まったことで結婚はすぐに破談となってしまう。ここまでが前半部であり、一度目の結婚の失敗までの物語が描かれる。その終わり、自分がどこにいるのかさえわからなくなり途方に暮れる七海は、「不思議の国のアリス」で長い穴を落下していくアリスさながらで、物語はそうして新たな次元へと移行していく。後半部では、職も家も失った七海が、結婚式の代理出席サービスを介して知り合ったなんでも屋の安室に、洋館の家事業の仕事を紹介してもらう。そこにいたのは、結婚式の代理出席のアルバイトをしたときに知り合った女性、真白であった。真白と関係を深めはじめた七海は、再び彼女と共に「花嫁」になる。

物語に処女のまま姿を現した七海と、AV女優として働く真白を、処女対娼婦の典型的な女性像に合致させることは容易い。しかし、映画はこの二人の女性を対立させていくよりも、二重の意味において、ゆるやかに近づけていく。七海はとうに成人を迎えた女性でありながら、岩井俊二がそれまで繰り返し描いてきた「少女性」を、このうえないほど携えている。「少女」をまだ「女性」ではない、あるいは「女性」になる前の存在だと捉えるとするならば、七海は結婚という一つの通過儀礼を経ることによって、「女性」へと変容しようと試みたとも言える。しかし結婚が無に帰したことで、「女性」になることに失敗した「少女」は、「少女」のまま海月のように漂い続けることとなる。真白はといえば、性産業に身を置くものの、男性との関係を一切感じさせず、どこかレズビアンのような印象を与えもする。リジー・ボーデンの『ワーキング・ガールズ』(86)では、娼婦のモーリーがレズビアンに設定されていたが、彼女の性的指向が女性であることによって、男性との性行為に毅然とした態度が担保され、それがあくまでも等価交換の道具と見做されうる効果があった。そうして性的に堕落した女性像を巧妙に回避していた『ワーキング・ガールズ』と同様に、真白の人物設計もまた、ある種の無垢さとでも言うべきものをそこに生起させる。岩井美学は、対極的な二人の女性を「少女」のまま、物語のさなかを浮遊させ続ける。

この映画において、七海を巡る人間相互の関係にはほとんど「制度」か「お金」が媒介される。夫となる男とは当然ながら婚姻制度の名のもとに関係を結んでいた。安室はそこに金銭が発生するからこそ七海を手助けしていた。そして真白と七海もまた、実は雇用関係であったことがのちに明らかとなる。相関図を俯瞰すれば、それぞれの関係に条件が裏付けされているために、この映画のなかで発せられる「友達」という言葉には、些か特異な響きが伴って聞こえる。一度目は七海が安室に電話で洋館でのアルバイトについて詰問するとき、安室はクライアントの依頼は「友達が欲しい」なのだと答える。二度目は七海と真白がウェディングドレス店を訪れたとき、店員は「お友達の方も」と七海を案内する。そのように、二度に渡って七海と真白が「友達」であることが強調されている。「友達」は、大抵は当人同士の友情という感情によって結ばれている無償の関係であって、人と人のほとんどが利益関係によって繋がっているこの映画においては、どこか欺瞞の匂いを放っている。そしてそれは、もう一方の水路とも合流していく。

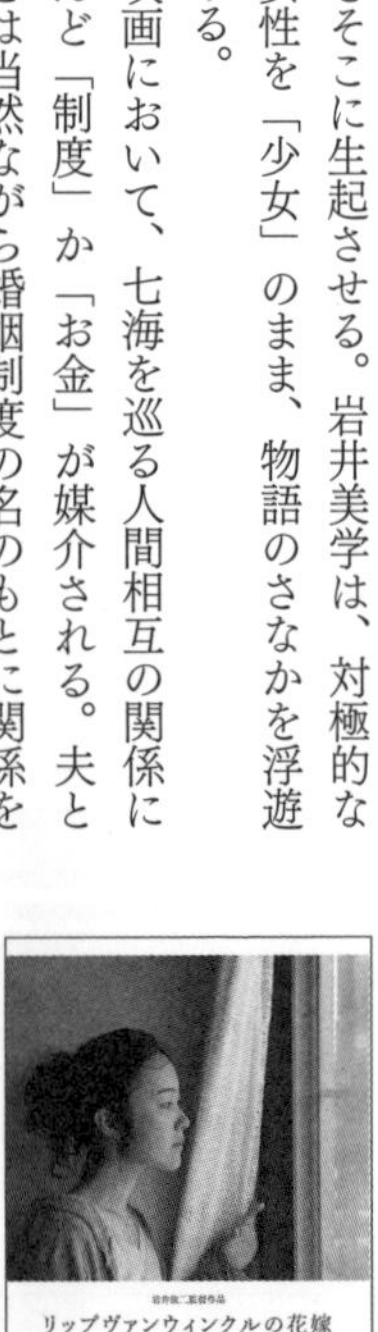

Blu-ray・DVD
主演：黒木華、綾野剛、Cocco
発売・販売元：ポニーキャニオン
プレミアムボックス：¥13,000(税抜)
Blu-ray：¥4,700（税抜）
DVD：¥3,800（税抜）

　七海と真白の出逢いの日、二人は仕事終わりにカラオケバーでお酒を交わし合う。そこで指が一本ずつ絡み合う手と手に、私たちはまずもって愛とエロスの可能性を感得することができる。岩井俊二自身によって書かれた同名小説においては、真白のマネージャーはレズビアンであり、かつては真白と恋人関係にあった設定も盛り込まれている。二人が訪れたウェディングドレス店の場面では、「本当の同性愛のカップルはきっといろんな障害を乗り越えて、この衣装を身に纏うのだろう」と、七海の罪悪感のような心象が描写される。しかし映画になるとそれらの設定や描写が削ぎ落とされ、「レズビアン」「同性愛」といった言葉は排斥される。それは、同性愛要素を希釈した翻案であるかつての『カラーパープル』（85）や『噂の二人』（61）といった作品群をなぞるものかもしれない。だからこそ違和を与える「友達」という言葉は、彼女たちのレズビアン関係をしたたかに秘匿するものとして機能しているようでもある。

　映画史においてレズビアニズムは、「友情」のヴェールを羽織ることによって生存してきた側面がある。たとえば、その代表作の一つには『テルマ&ルイーズ』（91）が挙げられる。『テルマ&ルイーズ』は、テルマとルイーズの女性二人が、男性との関係性に挫折したことに端を発して旅を始める。『リップヴァンウィンクルの花嫁』もまた、前半部での七海の結婚の失敗を経て、七海と真白の物語が紡がれはじめる。異性愛の破綻という前半部と、女性の連帯という後半部で構成された類型を共有する両作にあって、自死の直前にキスという行為があることもまた見逃せない。いよいよ警察に追い詰められたテルマとルイーズはキスを交わし、乗っていた車を急発進させて断崖の向こうへと走っていく。ルイーズ役のスーザン・サランドンは『セルロイド・クローゼット』（95）で、このキスを「愛の表現」と述べている。一方、七海と真白はウェディングドレスを着たままベッドの上でキスを交わし、その後真白は息絶えるが、このキスは小説で「愛しさをカタチにしようとすると、結局こうするしかない」と綴られている。恋愛にも友情にも開かれているはずであるその「愛」を動機にした行為は同時に、女性同士の連帯と性愛的欲望との連続性を抱え込む蝶番としての役目を担っている。そこではキスが「友情」のヴェールを引き剝がしかねない危険きわまりないものたり得るとすれば、それが彼女たちの宿命の決定打となったのだと言い換えてもいいだろう。完全なレ

ズビアニズムが露出されるのを目前にして、彼女たちの関係は終焉を迎えてしまう。しかし、依頼どおりであれば真白と共に死んでいたはずの七海は生き残る。こう言ってよければ、『リップヴァンウィンクルの花嫁』は、ほんの少しの希望が織り込まれた『テルマ&ルイーズ』の生まれ変わりの物語として受け止めることができる。

七海が二度花嫁になることに合わせて、映画には指輪もまたふたつ登場する。ひとつめは前半部が終わる頃に七海が失意のなかで見つめていたカタチのある結婚指輪であり、ふたつめは七海が真白とウェディングドレスを纏って交換した透明の指輪である。七海と真白の指輪がカタチとしてなかったのは、交換するまさにその局面で用意ができなかったからなのではなく、そもそも彼女たちの関係性が名前を与えられず、ないものとされていることに連動している。場所を転々と移動し続け、最後に辿り着いた居場所である新居のベランダで、七海は左手の薬指を光に翳す。映画の開巻で、人と繋がるため縋るようにして握りしめられていた携帯電話は、指輪に取って代えられた。それは誰の目にも映らない、取るに足らない、何の効力もない誓いの証かもしれない。しかし思えば、岩井俊二の紡いできた物語は、「見えないが確かにあるもの」に貫かれている。たとえばそれは、『undo』の緊縛に取り憑かれた女性が「見えないもの」を「あるもの」として縛ろうとしたことにも通じる。あるいは、人間と同化して「見えなく」なっているが普遍的に存在する『ヴァンパイア』のヴァンパイアたち……。七海は「見えないが確かにあるもの」を見つめ、そして、信じる。それこそが七海が迷宮を抜けた果てに得た強さなのだろう。直後に映し出される七海の姿が被り物によって盲目にされていることは、彼女の得たその強さと決して無関係ではない。

2017

『チャンオクの手紙』二月一六日配信　監督、脚本（共同）、音楽
『打ち上げ花火、下から見るか？ 横から見るか？』（アニメーション、新房昭之総監督）八月一八日公開　原作

『チィファの手紙』

中国観客への二五年ぶりの手紙

晏妮

監督、原作、脚本、音楽
中国映画(原題『你好，之華』)
二〇一八年一一月九日中国公開
二〇二〇年九月一一日日本公開
主演：ジョウ・シュン(周迅)

岩井俊二は九〇年代の中国において、北野武と並んで最も歓迎される日本人の映画監督だった。是枝裕和を誰でも口にする現在と同様、岩井は九〇年代の時空を体験した中国の映画人や観客の偶像だった。こうした岩井ブームを作った契機は、彼の初長編デビュー作品『Love Letter』の中国での人気である。SNSが今日のように発達していなかった時代で、文字媒体の手紙はまだ淘汰されず、コンタクトをとりたい相手とつながる重要なコミュニケーションの手段だった。

手紙のやり取りは時間差を生む。手紙が投函されて郵便局と配達員という第三者たちの手を媒介して相手に届く。メールとは異なり、手紙には人間の温もりが染み込んでいる。送り主が相手に思いをはせながら自らの気持ちを文字で表現し、手書きの字からはそれぞれの個性や人間性が感じ取れるので、連絡事項を伝えるために頻繁に用いられるメールとは性質が違う。というのも、すべての手紙はベンヤミンの言う「アウラ」を発散させており、複製時代の媒体ではないからである。

上記の背景をふまえて考えれば、手紙の形式にこだわる『チィファの手紙』は、『Love Letter』との関連性があり、岩井は『Love Letter』の熱心なファンたちのために考案した作品と思われる。手紙を軸に展開する、生者と死者とのコンタクトを手紙で表現するのが構造的に似ている上、『チィファの手紙』の構成はより重層化されている。二本の映画には成人した主人公が不在であり、どちらもその葬式の場面から始まる。『Love Letter』では、男子学生の藤井樹だが、『チィファの手紙』の場合、チィファの姉のチィナンである。過ぎ去った青春時代の恋愛対象がこの世を去った結末から始動した物語は、手紙のやり取りを通して、キャラクターが互いにすれ違う思いを抱いている経緯を徐々に観客に明かしていき、過去と現在を交錯しながら、終末へと導く。『Love Letter』は同姓同名による葛藤から、『チィファの手紙』は姉妹の思いからというふうに、手紙のやり取りに潜むドラマチックな局面を岩井は巧みに劇中に盛り込んでいる。

大連を舞台に設定したのは偶然だが、岩井の母親の生まれた場所だという。チィファが憧れていたイン・チャンは彼女の姉のチィナンに恋している。インは愛を告白する手紙をチィナンに渡すようチィファに頼むが、チィナンは受け取っていないと後になって分かる。ここでの三人のすれ違いは手紙を渡さない行為によって、二つの恋がいっぺんに終わる結果をもたらすことになる。その後、インはチィナンと一時期付き合うことになり、また別れてしまうが、そのシチュエーションは完全に省略されている。つまり恋愛を主題にした映画ではあるが、恋愛に入る前の段階で物語が立ち止まってしまう。チィナンが自殺し、チィファは姉の同窓会に報告に行ったが、チィナンと間違えられてインと再会する。スマホを使ったインとの連絡が夫に気付かれてスマホは夫に壊される。そして手紙が再び登場してくる。姉の振りをして書いた手紙を受け取ったインは帰郷して、チィナンが不幸な結婚生活に耐えられず自殺したとチィファから知らされる。

　一人の男性に寄せる姉妹二人の思いが映画の鍵であるかに見せかけて、実際はチィナンの視点ショットはなく、チィファの手紙による語りに徹底した形式をとっている。また無論ドロドロとした三角関係を描いた多くの物語と違って、三人の思いが少しずつすれ違ったのが原因で青春の恋は成就しえなかった。そのためか、成人になっても三人三様に恋の痛みを引きずっているが、チィナンが亡くなり、チィファがインと手紙のやり取りをしていくうちに、その痛みを癒し立ち直ろうとすることを岩井は描いたのだ。何よりもこの作品はチィナンとインの青春物語ではけっしてなく、ヒロインは語り手のチィファであり、また姉妹と瓜二つの娘たちである。チィナンの真実を知る前のインが彼女の実家に送った手紙を読んだ娘たちは、チィファと同様、この世にすでにいないはずのチィナンの名前を名乗ってインに手紙を送りつづけ、そして故郷に戻ったインと遭遇する。手紙や顔の相似などの映画的トリックからは、『Love Letter』を想起させずにいられないが、チィナンの不在を補ったのは、次の世代の娘たちであり、『花とアリス』のような青春映画を撮った岩井は、手紙をもはや書かなくなった世代のキャラクターをうまく死者とのこの対話に巻き込むことに成功した。

　中国語のタイトル『你好，之華』からも分かるように、ヒロインはチィファなのだ。チィファを演じたベテラン女優のジョウ・シュン（周迅）の陰のある表情とあの独特なトーンの低い声が生かされて、二〇二〇年、岩井自身がリメイクした日本語版『ラストレター』の松たか子とは性格も風貌も一味違うヒロインになり、同じ内容と思えないほど、別々の映画になっているのが、不思議である。おそらく物

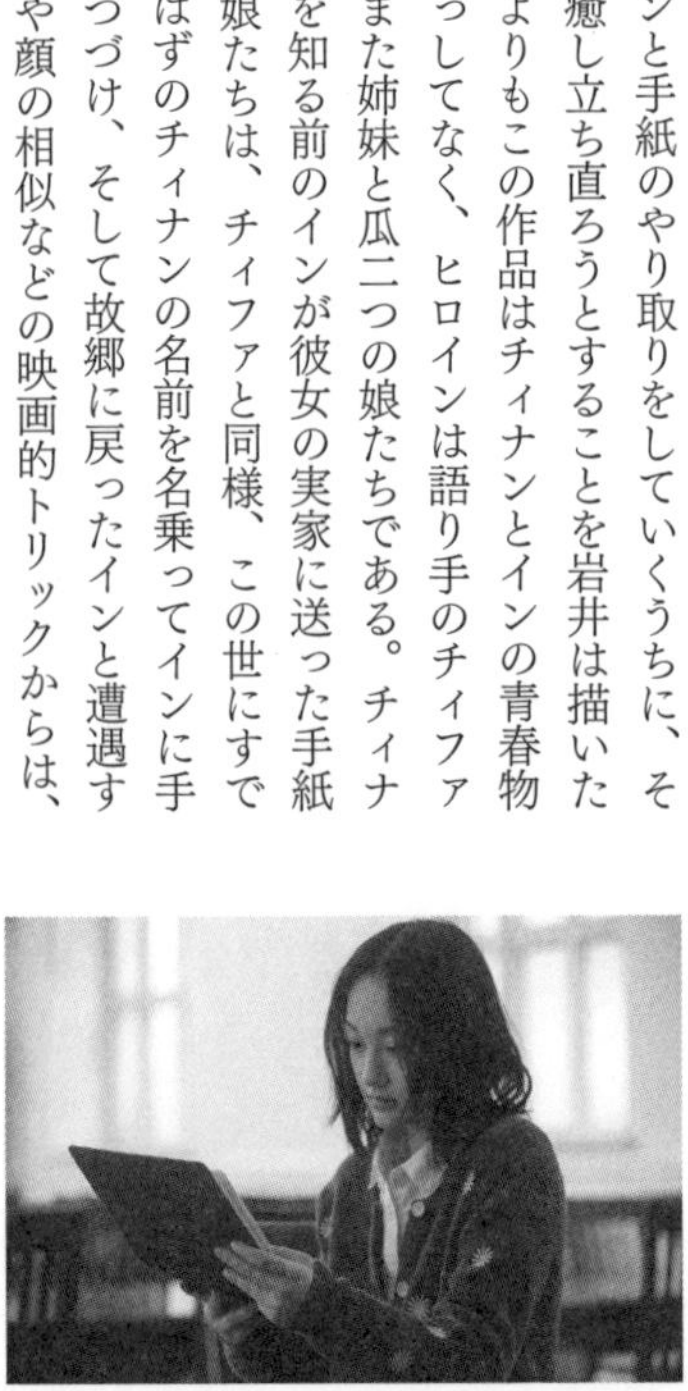

語を左右するヒロインのイメージの他にも、三〇年の年月が流れた大連の激しい変化を注意深くカメラに収め、違和感なく中国の観客に納得してもらえるカメラワークと岩井の周到な演出によることが大きいだろう。したがって岩井が中国の観客にしたためたこの映像の手紙を中国の観客は快く読んだに違いない。

『ラストレター』 公にされた私信

結城秀勇

『チィファの手紙』『ラストレター』と、立て続けに製作された二本の作品を見て、まったくの素朴な感想として思うのは、この「ほとんど同じことが繰り返される」二本の映画はいったいなんなんだ、ということである。続編やシリーズではもちろんない。リメイクという言い方もしっくりこないし、製作国の違うバージョン違い、だとか、同じテーマの変奏、だとか呼んでみてもなにか違う。そうした言い方では解消できない鑑賞時の衝撃は、「ほとんど同じことが繰り返される」ことに由来するのであって、それはあまり他に類を見ないことだ。もちろん、主にハリウッド大作シリーズにおける「リブート」は二〇〇〇年代以降しきりに行われてきたし、時代をおいて同じ監督が同じ作品をリメイクするという例もあるにはあるし、またとんでもなく特殊な例としては違う監督の作品をそっくりそのまま撮り直してしまうガス・ヴァン・サントの『サイコ』(98)のようなものすらある。それでもなお、そうしたものを見るときでさえ、観客はどこが同じなのかではなくどこが違うのかを見るのが普通なはずなのだ。しかし『チィファの手紙』と『ラストレター』という二本においては、当然その差異を意識的に見ながらも、それでもなおここまで「ほとんど同じことが繰り返される」のか、しかもフィルモグラフィーの中で立て続けにこれらをつくるとはどういうことなんだ、という驚愕から逃れえない。

『ラストレター』日本公開時、手紙というモチーフと、中山美穂、豊川悦司らのキャスティングから、まるで二五年前に撮られた『Love Letter』の同窓会のようだ、という感想が散見された。しかしその

監督、原作、脚本、編集
二〇二〇年一月一七日公開

『ラストレター通常版』
DVD
主演：松たか子、広瀬すず
発売・販売元：東宝
価格：¥3,800（税抜）

「二五周年記念同窓会」的イベント感、言い換えるなら「儀式」性は、そこに『チィファの手紙』を付け加えることでさらに複雑になる。葬式、同窓会（姉と義母のと合わせて二回の）、卒業式とその予行練習、といくつかの儀式が話の端々で開催される『チィファの手紙』と『ラストレター』だが、その一本一本の内容がというよりも、むしろ両者の関係性自体が「儀式」のようだ。というのも、儀式とは、その内容（死を悼み、結婚や卒業や入学を祝う）によってよりも、それが適切な時期に適切な形式で「ほとんど同じことが繰り返される」ことによってこそ、儀式たりうるからだ。

　無論、両者の間の差異を取り上げていけばキリがない。自死した母親の子供はふたりかひとりか、主人公の夫の職業はなにか、壊れたスマホの代わりにアップルマークのついた糸電話をあげるか否か、九官鳥はいるかいないか……。そもそも撮られた場所も違えば出てくる人も違うふたつの作品を、「ほとんど同じ」と断ずるほうが強引なのである。だがこれについて興味深い点は、監督は様々な取材の場で、数多い両者の相違点について「ローカライズ」に気を配ったと語っていることである。文字通り表面的には、中国と日本では様々なことが違うし、だから現地の人が見ても違和感のないように細部を調整する、という文脈で語られてはいるのだが、ここで用いられている「ローカライズ」という言葉は『チィファの手紙』『ラストレター』それぞれの作品の内部でもっと違った効果を発揮している。つまり、「グローバライズ」に対抗することが、このふたつの作品に共通する物語の発端なのだ。

　それはただ端的に言って、スマートフォンという「グローバライズ」の権化のような存在を破壊することが、手紙というメディアを物語に導入するために必要不可欠だ、という程度の意味ではある。しかしたぶん、同じ物語を各国でそれぞれに映画化するときに、基盤になるものが「グローバライズ」なのか「ローカライズ」なのかという違いは、想像以上に大きいはずだ。『チィファの手紙』と『ラストレター』は、一様に均質化された世界を拒否し、それでもなお「ほとんど同じことが繰り返される」ことが可能な場を求める。両者の冒頭にある葬儀のシーンは、『チィファの手紙』の遺児たちが被る白い頭巾や、『ラストレター』のお寺の本堂で行われる法要という「ローカライズ」を施されている。だが、火葬場の設計はほとんど日本のものと変わらないようにも見えるし、法要に参加する人々は畳に正座するのではなく黒い背のある椅子に座っている（もっともこれは映画的な演出というよりも、現代の地方都

市の葬儀のリアルな姿ではある)。両作における「実家」のつくりや中学校の設計などは、文化間の相違として目に映る以上に、なにか共通のもの、よく似たものとして見える(個人的には、遠野家の実家よりも、少年時代のイン・チャン家の裏庭のほうに、郷愁を覚えるのだ)。世界か個人かという二極化の間に、「汎アジア」とでも言うべき共同体を仮構すること。それが中国と日本の違いという意味での「ローカライズ」以上に、『チィファの手紙』と『ラストレター』との間にある「ローカライズ」なのだと思う。

　そして同時に、それは両者の物語に大きく関わることでもあるはずなのだ。この二作において、作品中最大の謎として存在するのは、子供(たち)を残して自死した母親の遺書の中身はなんなのか、ということだろう。だが作品を最後まで見た者に知らされるのは、その内容自体はそれこそ作品のほぼ冒頭近くからすでに明かされていたということである。秘められた謎であり、死んだ母から残された娘(たち)への私信であるはずのものは、実は秘されるどころか何度も観客の目の前に晒されていたのであり、さらにはプライベートなものであるどころかそもそもパブリックなものとして書かれた手紙だったのである。おそらくまったく同じことが、乙坂鏡史郎とイン・チャンというふたりの作家の、処女作にして唯一の著作である本についても言える。それは出版(パブリッシュ)される以前に、初恋の人への極めてプライベートな手紙として書かれてもいたのだ。そしてこれらの仕掛け自体が、順番はどうあれどちらかもう一方の作品を見た観客にとっては、はじめからすでに秘密でもなんでもない公に開かれた事実なのだ。

　このプライベートとパブリックがほぼ同一化する地点こそが、もしかすると『チィファの手紙』『ラストレター』というふたつのかたちをとって繰り返し映画化される必要性そのものなのかもしれない。単なる抽象化ではなく、世界のどこでもおきうることという一般化でもなく、世界と個人との間のどこかに「ほとんど同じことが繰り返される」ことが可能な公共の場を見つけること。

　そして、その公共の場が決して「国家」のようなスケールではあってはならないことこそが、『チィファの手紙』『ラストレター』という二本の映画が存在しなければならない理由でもある。『Love Letter』から二五年の時を隔てて亡霊のように甦る、あらゆる人々の顔を覆うマスクの存在は、二〇二〇年にこれらの映画を見る者の背筋を冷たくさせる。だからこそ、中国で撮られた『チィファの手紙』と日本で撮影された『ラストレター』のどちらがどのように優れているのかなどということをこの文章の結論として書きたくはない。コントロールしえない災厄を、自分とは違う者たちのせいにして責任を回避したり、はたまたたまたま不幸な人に「自己責任」を押しつけたりするのには、ほんとにもううんざりで、そんなことよりはさまざまな違いはあれど「ほとんど同じことを繰り返す」この二本の映画がある、ということの方がよっぽど重要なのである。

『8日で死んだ怪獣の12日の物語 劇場版』

コロナ禍で作られたZoom×怪獣のお伽噺

渡邉大輔

監督・製作・脚本・編集・造形・撮影監督・音楽プロデュース
二〇二〇年七月三一日公開
出演：斎藤工、のん、武井壮、穂志もえか、樋口真嗣

二〇二〇年の新型コロナウイルス感染症感染拡大防止のための、政府の緊急事態宣言に伴う外出自粛を受けて、四月末に立ち上がった「カプセル怪獣計画」というプロジェクトの番外編として作られた作品。これは、「怪獣の人形に仮託してコロナウイルスを倒そう」という趣旨のもとに、リモートで制作した動画をリレー形式で繋げていくという企画で、作中にも役者の一人として登場する樋口真嗣ら五人の映画監督が発起人となって始められたものである。この岩井の作品は、もともとは五月二〇日からYouTubeで、一二日間連続で配信されたショート動画があり、それを劇場用に再編集し、新たな撮影分も追加した「劇場版」が、映画館とvimeoによるオンライン配信の二つの形式で公開された。

新型コロナウイルスのパンデミックで外出自粛が続く日々のなか、主人公の俳優サトウタクミ（斎藤工）は、通販サイトで「カプセル怪獣」を買う。最初は植物の小さな種のような塊、そこから紙粘土のような固形物へと次第に形を変えて成長していく怪獣の様子を、同じく怪獣を育てるYouTuber「もえかす」（穂志もえか）の配信動画などを眺めながら、彼はウェブで毎日配信していく。コロナ禍が原因で撮影も止まりひたすら自宅にいるタクミのもとには、コロナ禍で無職になったという先輩のオカモトソウ（武井壮）や通販で宇宙人を買ったという丸戸のん（のん）など、さまざまな友人たちから連絡が来て

会議ソフトを通じて雑談を交わす。その中で、怪獣に詳しい知り合いの樋口監督（樋口真嗣）によれば、このカプセル怪獣はコロナウイルスと戦ってくれるらしい。タクミは果たして、うまくカプセル怪獣を育てられるのか。そして、カプセル怪獣は本当にコロナウイルスと戦ってくれるのか……。

　本作のほかにも、行定勲の『A day in the home Series』（20）をはじめ、自粛期間中は国内外で似たような会議ソフトを使ったリモート制作の映画（いわゆる「Zoom映画」）や演劇が多数作られたことはまだ記憶に新しいだろう。それらと同様、岩井の『8日で死んだ怪獣の12日の物語』もまた、時折挿入される人気の途絶えた緊急事態宣言下の都内の風景ショットを例外とすれば、映画のほぼ全編が、主人公が登場人物たちとウェブ会議サービス「Zoom」を使って会話するパソコンのディスプレイ画面で占められている。この画面は、『アンフレンデッド』（15）や『search／サーチ』（18）など、近年、国内外で盛んに作られている物語の全編がパソコンのデスクトップ上で展開される映画（「デスクトップ映画」）ときわめて近い。また、作中に登場するYouTuberが配信する動画には、本物のYouTuber動画を思わせるような字幕効果がつけられたり（劇場版ではないショート動画バージョンの方では、主人公の台詞にも画面に字幕が付けられる）、現在のウェブコンテンツの慣習を思わせる表現がそこここに見られ、ウェブ上で鑑賞されることを強く意識した作品に仕上げられている。また、作中に登場するその外見が完全に紙粘土のような「カプセル怪獣」は、時間が経つごとに、まさに可塑的に形をグニュグニュと変え続け、主人公や登場人物たちの掌の中で捏ねられることになるが、この原形質的な怪獣のイメージもまた、まさにウェブのデジタル映像や、あるいは掌の中で画面のイメージを変えていくスマートフォンのタッチパネルのインターフェイズの隠喩のようになっているだろう。

　あるいは、本作では怪獣のマスクを被ったダンサーが屋外で踊る実験的なシーンが挿入されるなど、初期の短編を思わせるようなインディーズ感が醸し出されている。ドラマデビューから三〇年、社会や文化の激変とともに、どんな状況の中でも個性豊かな作品を作り続けてきた岩井の矜持が込められたような、ユニークな新作である。

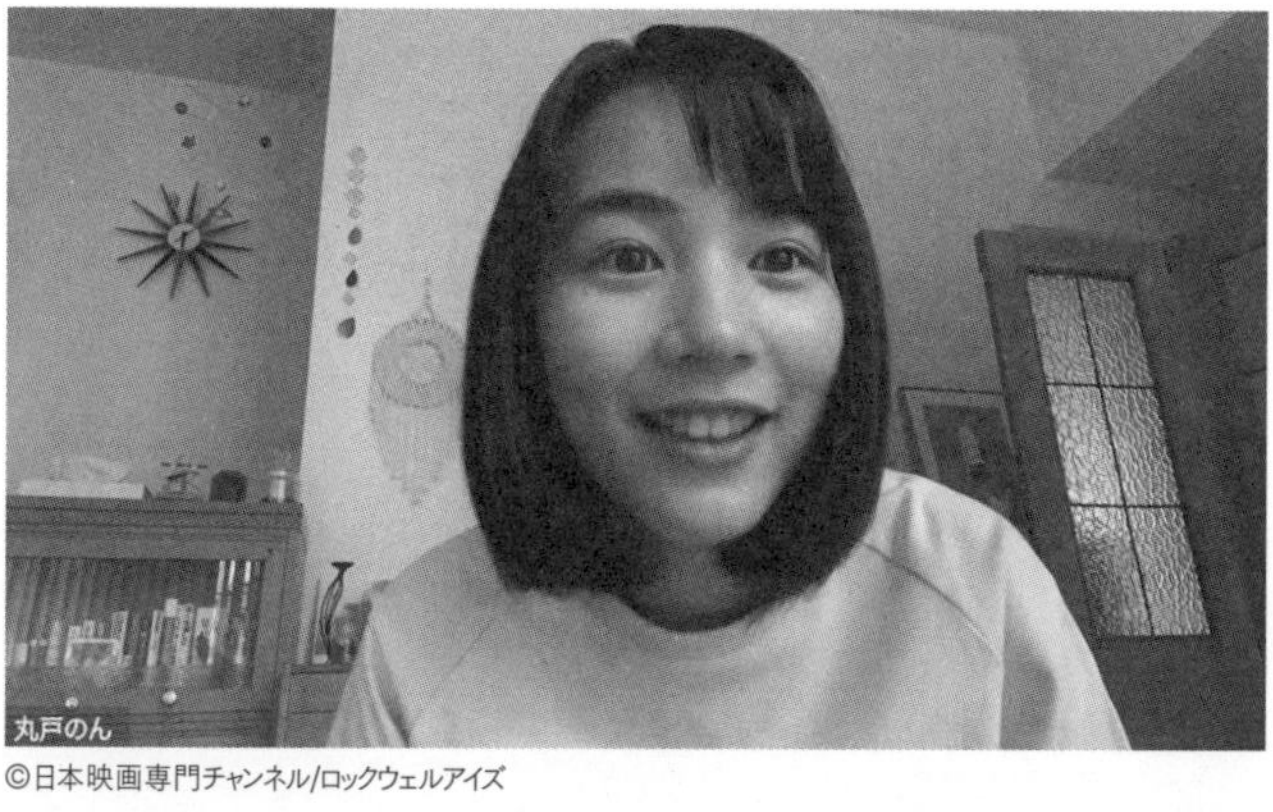
丸戸のん

◉コラム

輝かしきアーリーデイズ――岩井俊二のテレビドラマ

平田真人
Hirata Masato

テレビなくして、今の岩井俊二はなかった。

映画監督としてのキャリアを踏み出す以前の岩井が、MV（ミュージックビデオ）やテレビドラマを手がけていたのは周知のとおり。その時期に〝爪痕〟を残したことで、映画を撮る道が開けたわけだ。この項では、いわば「アーリーデイズ」にフォーカスして、その足跡をたどっていく。

岩井が映像の世界に入った一九八〇年代末から九〇年代初頭のころ、テレビドラマと映画を股にかけて活躍していたクリエイターは、ほとんどいなかった。ちなみに当時、気鋭の映画監督として耳目を集めていたのは、周防正行や中原俊ら助監督やピンク映画で研鑽を積んだ〝叩き上げ〟や、自主映画で賞を獲って評価を高めたのち、助監督を経験することなく商業映画監督デビューを果たした松岡錠司といった面々である。

一方、テレビドラマにおいては野島伸司や坂元裕二、北川悦吏子に岡田惠和といった、若き脚本家たちが脚光を浴びていた。また、彼ら彼女らを抜擢し、たびたび高視聴率のヒット作を放ったプロデューサーたちの動向が、よくテレビ雑誌やスポーツ紙でも取り沙汰された。しかし、ディレクター陣の仕事ぶりについては業界内ではさておき、一般視聴者の間で話題となることは、ほぼなかったと言っていい。なぜなら、そのほとんどがテレビ局や制作会社に所属する〝サラリーマン〟だったからである。

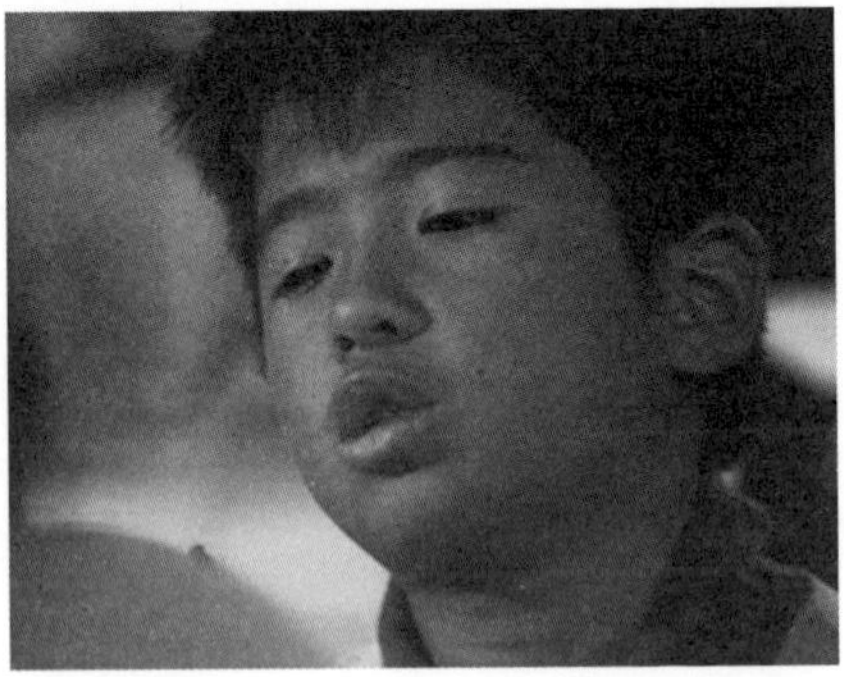
『オムレツ』

今でこそ、TBSの福澤克雄や土井裕泰に塚原あゆ子、フジテレビの武内英樹、共同テレビの佐藤祐市をはじめとするテレビ畑の監督たちが映画を撮ることも珍しくなくなったが、当時はセントラル・アーツ（『あぶない刑事』シリーズなどを制作）に籍を置いていた村川透や東映など映画会社所属のディレクターを除けば、テレビと映画の境界線を飛び越えて活躍する者は皆無に等しかったと言っても過言ではない。

　少しばかり前置きが長くなってしまったが、岩井がテレビの世界へ足を踏み入れた当時は、そのような状況にあった。しかし裏を返せば、自ら脚本も監督も手がける若き作り手というのは稀で、すなわち異端だったがゆえに頭一つ抜きん出た存在になれたとも考えられる。もちろん才気やセンスなど、さまざまな要素が重なってのブレイクスルーであったのは間違いない。いずれにしても確かなのは、初期から岩井作品は異彩を放ち、見る者を惹きつける底知れなさがあったということ。それは初めて手がけたドラマ『見知らぬ我が子』に終始漂う不穏な空気に象徴されている。

　一九九一年四月、関西テレビの深夜ローカル枠でオンエアされた正味二二分強の小品ではあるが、インパクトは凄まじい。見知らぬ少女の手を引いて線路上を歩く主人公の〝夢〟から始まる本作は、その少女がいつのまにか主人公一家に紛れ込み、一人ずつ家族を〝消して〟いくという、ミステリアスな一篇。夢と現実が裏返しになるメビウスの輪的な構造は、藤子・F・不二雄のSF短編に似た感触を視聴後に残す。主人公の小暮を演じた津村鷹志を除けば、無名に等しい役者たちばかりだが、だからこそ生々しい手触りの作品に仕上がっているとも言えよう。

　同じく「DORAMADOS」枠で、そのフォーマットに則りながらも因果応報のループ的な世界を描いた『殺しに来た男』で監督を手がけ、プロデューサーのハートをがっちり摑んだ岩井は（好きなように作品を撮るために、『見知らぬ我が子』と『殺しに来た男』はプレゼンするスタンスでつくったと、本人がインタビューで答えている）、処女懐胎をモチーフにした、その名も『マリア』を撮り上げた。『ふぞろいの林檎たち』でおなじみ中島唱子演じる、ふくよかなOLマリアに突如起こる、摩訶不思議な出来事の数々。受難のように見せながら救いへと転じていくストーリーは、童話や神話が好きな岩井のルーツが反映されていると見てもいいだろう。

　半年のブランクを挟み、またも関西テレビの深夜枠で発表した『夏至物語』は、ユウコという主人公の一人芝居とモノローグで話が進んでいく妄想モノ。ストーカーに近い怖さもありつつ、ユウコのダメさ加減と演じる白石美樹の艶めかしさに、いつしか見入ってしまう——のは、岩井の術中にハマっているにほかならない。『家族ゲーム』（83）のごとく響くASMR（咀嚼音）と、ラストのワンシーンにのみ登場する若き日の上田晋也（くりぃむしちゅー）の笑顔がやたらと印象に残ることも、付け加えておこう。

関西ローカルの深夜ながら実績をつくった岩井は、間もなくキー局であるフジテレビに起用されることとなった。またしても深夜枠ではあったが、「La cuisine」という料理を題材にしたドラマを週替わりで、さまざまなクリエイターが撮っていくシリーズ（下山天や磯村一路、岩松了らが名を連ねていた）の一角を担い、第三話の『オムレツ』を手がける。ちなみに、全二四回のうち岩井はスペシャル二本を含む三回に〝登板〟。しかも脚本・監督としてクレジットされたのは、のちに『息もできない長いKISS』（99）を撮るキム・テグワンと岩井のみであった。なお、『オムレツ』では、『打ち上げ花火、下から見るか？ 横から見るか？』でも組む山崎裕太と出会っている。また、この枠を企画した一人であるフジテレビ編成部（当時）の石原隆は、岩井のセンスに惚れ込んで、クリスマススペシャルの『GHOST SOUP』、最終回スペシャルの『FRIED DRAGON FISH』の二本を任せたと、ドキュメンタリー『少年たちは花火を横から見たかった』（99）で明かしてもいる。一連の作品群でプロデュースを手がけている原田泉のキャスティングによって、山崎や光石研、浅野忠信との邂逅があった一方、『振り返れば奴がいる』（93）で三谷幸喜を連続ドラマの脚本に抜擢し、『NIGHT HEAD』（94）で飯田譲治の名を知らしめた石原の慧眼が、映画監督・岩井俊二の誕生をアシストしたことは特記しておくべきだろう。

事実、その決定打となったのも、石原が関わっていた「世にも奇妙な物語」で岩井が脚本・監督を務めた『ルナティック・ラヴ』だった。一方的に愛情を暴走させる主人公に豊川悦司を配して、狂気をほとばしらせた本作は、わずか一五分強ながらも篠田昇のキャメラによる臨場感と、ラストの赤い月に象徴される映像美、スリリングながら、どことなくせつなくもあるストーリーと、〝岩井美学〟がギュッと詰まった一篇に仕上がっている。

粗削りながらも異彩を放つ『見知らぬ我が子』から時系列的に初期作品を見ていくと、変遷のグラデーションが可視化されてくるのが興味深い。岩井俊二の原点を知るという意味でも、一見する価値は大いにある。

◉コラム

死んだ恋人、生きてるピアノ——岩井俊二における音楽

伏見瞬
Fushimi Shun

岩井俊二にとって音楽といえば、兎にも角にもピアノである。

岩井は自身が作詞・作曲家であり、映画において音楽は多く使用され、ミュージックヴィデオ（MV）の監督としても長いキャリアを持っている。当然岩井俊二と音楽の関係は深いわけだが、作品のありとあらゆるところで中心的な役割を果たすのが、フィレンツェのメディチ家に仕えた楽器管理人、バルトロメオ・クリストフォリ・ディ・フランチェスコが一七〇〇年頃に発明したとされている、弦をハンマーで叩くことで音を出す鍵盤楽器の存在だ。

どの映画を例に出しても構わないがたとえば、初長編映画の『Love Letter』では、冒頭の雪景色のシーンからピアノ曲から流れだし、後半に役者達が感情の発露を全面に表すときには、ピアノ曲が観る者に浄化作用をもたらすための演出手段となる。『リリイ・シュシュのすべて』においてはクロード・ドビュッシーのピアノ音楽がフィーチャリングされ、画面内での演奏が恋心の芽生えやいじめ行為の契機となり、エンドロールの直前にも伊藤歩のピアノ独奏が映される。『リップヴァンウィンクルの花嫁』で、ピアノ奏者を演じるのは、RADWIMPSの野田洋次郎だ。バンドでは彼はボーカルとギターを務めるが、映画内ではカラオケバーのピアニストに徹している。野田の出演はワンシーンのみだが、それは主役格の黒木華とCoccoが一気に心理的距離を詰める重要なシーンである。どころか、ピアノをバックにCoccoが歌う荒井由実「何もなかったように」のカヴァーは、一八〇分あまりの映画全体を物語るような、凶暴な包容力を有している。岩井が監督した

『リップヴァンウィンクルの花嫁』

映画の中で、ピアノは常に中心に位置している。というか、岩井俊二の作品の主役がピアノなのだ。

　ピアノの主役性は映画に限った話ではなく、MV作品においても同様のことが言える。岩井俊二は今に至るまで七〇本以上のMVを監督しているが、その多くがピアノを主軸にした楽曲だ。前述の野田洋次郎が参加したAimer「蝶々結び」や、平松愛理「部屋とYシャツと私」などのヒット曲は、ピアノの音が牽引役を引き受けている。岩井の映画『ラストレター』の出演者、森七菜による小泉今日子のカバー「あなたに会えてよかった」のヴィデオでは、冒頭にピアノを演奏する小林武史が映し出されている。さらに、岩井の映像監督としてのキャリアのはじまりは一九八八年の桑田佳祐「いつか何処かで（I FEEL THE ECHO）」のMVで、その後に原由子「ガール（GIRL）」、森川美穂「How Are You?」と続くが、今挙げたすべての楽曲も鍵盤から始まっている。MVにおいて、映像監督が楽曲を決定することはまずないから、この結びつきは岩井の選択ではなく偶然である。自らの意志の働かないところからすでに、ピアノとの分かちがたい関係がはじまっている。

　決定的なのは、岩井自身がピアノを演奏することだろう。劇場最新公開作『チィファの手紙』のイメージソング「姿」などで演奏を披露している。岩井とピアノは、あまりに明確に結びついているのだ。

　人脈も確認しよう。初期岩井映画の音楽を担当しているのはREMEDIOS。シンガーソングライター麗美の別名義であり、麗美のMVを岩井が監督したこともある。『打ち上げ花火、横から見るか？下から見るか?』、『undo』『PiCNiC』などの作品では、REMEDIOSによるニューエイジ風の妙なシンセミュージックが、映画のムードを作り上げていた。

　より広く知られているのは、小林武史とのタッグだろう。BGMだけでなく、『スワロウテイル』でのYEN TOWN BAND、『リリイ・シュシュのすべて』のリリイ・シュシュと、映画内に登場する架空のミュージシャンの楽曲制作を手がけている。どちらも、九〇年代〜二〇〇〇年代当時の欧米の音楽トレンド（ビートルズリバイバルのコード進行やグランジ・オルタナの生々しさ、あるいはトリップホップの陰鬱な覚醒感）を意識したプロダクションと、ノスタルジックな情緒を併せ持った、質の高いプロジェクトである。

　直接的に音楽で繋がっているわけではないが、庵野秀明の存在も重要だ。岩井は庵野の監督映画『式日』（00）でカントク、つまり庵野秀明役として出演し、庵野は岩井の『ラストレター』に出演している。また、二人とも市川崑からの影響を公言している映画監督だ。共有する点の多い岩井と庵野は、作品に同じ演出作用をほどこしている。映像と音楽の分裂である。庵野の『新世紀エヴァンゲリオン』シリーズにおいて、ベートーヴェン「第九」や「翼をください」の明るい壮大さは、主役格の少年少女達の殺害や蹂躙のシーンの陰惨さと共に現れる。同様に、『スワロウテイル』の交通事故死のシーンではフランク・シナトラの「マイウェイ」が高らかに歌われ、『リリイ・シュシュのすべて』のレイプシーンではドビュッシーの「アラベスク」が可憐な響きを示す。『リップヴァンウィンクルの花嫁』において、黒木華が婚約者から見捨てられて帰る場所をなくすシーンでは、「G線上のアリア」が高らかに、嫋《たお》やかに鳴り響く。痛みや残酷さが一番強く表れる映像に、歓びや希望を表象した音楽をぶつける。この引き裂かれ具合こそ、岩井と庵野の大きな特徴である。これらの楽曲がすべて人口に膾炙したものであることと、他者と共有できない痛みや絶望が映像内で示されていることも、一つの分裂であろう。彼らは普遍性と固有性を、表現の中で同時に想起させる。この手法は、映画以上にポップミュージックの世界で多く用いられてきたものだ。軽快な曲調と重たい言葉、暴力的なサウンドと甘いメロディ、和音の繰り返しとリズムの変化。分裂構造を、ポップミュージックの歴史は紡いできた。岩井俊二と庵野秀明は、九〇年代に映像表現をポップミュージック化させた二大巨頭である。おそらく、そこには八〇年代以降のヴィデオの普及が絡んでいる。分裂は、大量複製された作品が、個人個人で個別に体験される時に生じる。かつてレコードの普及で音楽に起きたことが、九〇年代の映画とアニメーションの環境でも起きたのだ。

岩井俊二におけるピアノの役割も、分裂の効果と合わせて考える必要がある。ピアノは弦楽器と打楽器の性質を併せ持つ楽器だが、岩井の映画におけるピアノ曲は弦楽器の持続性より、打楽器としての弾力感を強調する。それは水が弾けるような、生命の躍動を表現している。常に死と喪失を物語に組み入れてきた岩井の作品にとって、生命力の象徴となるピアノの音は、分裂構造を作るのに欠かせない主役だ。彼の示す分裂はあまりに明快すぎて、浅はかにも思える。けれども、そういった明快さを信じているからこそ、岩井俊二の作品には堅牢な強度が宿るのだろう。その意味で、欺されながら信じ続ける女性の姿に、不自由の中の自由を見いだす『リップヴァンウィンクルの花嫁』という映画は、岩井の作家としての矜持を、深く刻み込んでいる。

マンガ、アニメ、デジタル時代の映像表現
——岩井俊二とアニメーション

渡邉大輔
Watanabe Daisuke

このコラムでは、岩井俊二とアニメーションとの関わりについてまとめたい。どちらかといえば、マンガからの圧倒的な影響をしばしば語る岩井だが、その半生やキャリアを眺めると、むしろアニメーションとの結びつきが強いことが窺われる。

岩井にとってのアニメーションの原体験とは、東映動画の長編漫画映画『空飛ぶゆうれい船』(69)の幽霊船とロボットの空中戦に衝撃を受けたことだったという。★1 その後、出崎統演出の『エースをねらえ!』(73~74)、『ガンバの冒険』(75)、『宝島』(78~79)といったテレビアニメに夢中になり、出崎や芝山努、小林治といった演出家の名前で作品を追うようになっていった(その意味で、岩井は最初期の「アニメオタク」世代の一人ともいえる)。

また、これに関連してやはり重要なのは、『空飛ぶゆうれい船』にも参加した宮崎駿と並ぶスタジオジブリの立役者であり、戦後日本を代表する世界的なアニメーション監督である高畑勲が岩井の遠縁に当たるという事実だろう。岩井と高畑がそれぞれ証言するところによれば、大学卒業の年、岩井は、高畑のもとへ彼の従兄弟に連れられて自作の自主映画を見せる傍ら進路の相談に行ったという(高畑によれば、八七年公開の『柳川掘割物語』の製作中だったようだ)。『花とアリス殺人事件』の特典ディスクに収録されたインタビューで高畑が語るところでは、その時に見せられた習作も素晴らしく、その後のほ

★1 『美術手帖』二〇二〇年二月号のインタビューより

とんどの岩井作品も観ており、『打ち上げ花火、下から見るか? 横から見るか?』や『花とアリス』は特に絶賛している。また、『花とアリス殺人事件』の演出に、自身の『ホーホケキョ　となりの山田くん』(99)や遺作『かぐや姫の物語』(13)との共通性を指摘しているが、これはアニメーション研究の視点からも興味深い。その岩井は、『花とアリス』の劇中で、高畑の『太陽の王子　ホルスの大冒険』(68)を登場させている。

　そして、岩井自身は実写作品の監督としてデビューしていくわけだが、マンガと並んでいわゆる「アニメ的」な表現はつねに意識するものであったのではないか。例えば、高畑が絶賛し、岩井の出世作となったテレビドラマ『打ち上げ花火、下から見るか? 横から見るか?』は、知られるように、二〇一七年に、シャフトによって長編アニメーション映画化された。しかし、岩井によれば、原作となった実写のドラマ版はストーリーテリングや俳優の動きのタイミングや振り付けなどの表現を「アニメ的」に——具体的には東映動画や日本アニメーションの作品っぽく——演出したのだという。

　また、九〇年代以降は仕事関係においても、アニメ関係者との交流が増えていく。有名なところでは、なんといっても、『Love Letter』と同じ年に『新世紀エヴァンゲリオン』(95~96)を大ヒットさせた庵野秀明との関係だろう。二人は九〇年代後半から親交を持つようになり、庵野の『式日』(00)、そして岩井の『ラストレター』では、互いの作品にそれぞれ役者として出演している。さらに、『式日』のプロデューサーであり、高畑とも長年の盟友関係にあるジブリの鈴木敏夫もそうだろう。鈴木は岩井が端正な絵コンテを描くことからアニメ制作を早くから勧めていた人物でもあった。

　そして岩井は、二〇〇〇年頃にラルフ・バクシの『アメリカン・ポップ』(81)を観たことがきっかけで、アニメーション制作に関心を持つようになる。知られるように、本作はこの前にバクシが手掛けた『指輪物語』(78)同様、実写をトレースしてアニメーションにする「ロトスコープ」という技法を用いて作られているが、岩井はまず、二〇〇二年の日韓ワールドカップを取材したドキュメンタリー『六月の勝利の歌を忘れない　日本代表、真実の30日間ドキュメント』(02)の中でこの技法を試し手応えを感じて、脚本・プロデュースとして参加した北村龍平監督の『BATON』(09)を経て、ついに『花とアリス殺人事件』でロトスコープを用いて初めて本格的なアニメーション作品を発表することになる。

　ちなみに、このアニメーション表現におけるロト

『花とアリス殺人事件』

©花とアリス殺人事件製作委員会

スコープ技法に関してはいささか複雑な経緯があることで知られている。これはもともと二〇世紀初頭にフライシャー兄弟によって開発された技法だが、セルアニメーションとフィルムがメディウムの主流だった二〇世紀のアニメーション界においては、総じて否定的に評価されることの多いものだった。つまり、アニメーターの手描きによる「運動の美学」を追求すべきアニメーションという表現において、既存の実写映像をただトレースするだけのように見えるロトスコープはある種の「チート」のように見えるわけである。ところが、フィルムやセルからデジタルに移り変わった二一世紀に入ると、このロトスコープに対する評価に変化の兆しが見え始め、リチャード・リンクレイターの『ウェイキング・ライフ』（01）など、ロトスコープ表現を巧みに活かした佳作も続々と登場し、注目を集めるようになっていった。その意味で、日本映画におけるデジタル技術の先駆的な導入者であった岩井が、ロトスコープに対する評価の過渡期にこの技法に注目したのは実に興味深い。そしてそれゆえに、岩井の『花とアリス殺人事件』は二一世紀のアニメーション表現の世界的変化と相即的に評価されなければならないのだ。また、ここにつけ加えれば、これも興味深いのは、岩井がロトスコープを使用してアニメーションを制作することに鈴木敏夫が懐疑的な反応を示したり、あるいは先のバクシの『指輪物語』に宮崎駿が否定的な評価を下したのとは対照的に、『指輪物語』を手塚治虫が高く評価したという事実である。すなわち、ロトスコープ表現への親和性にはいわゆる「デジタル的」な要素とは別に、アニメーション的なものからは離れた一種の「マンガ的」な感性も関係しているのではないかと考えられる。

　いずれにせよ、そうして映像環境がデジタル化し、「実写のアニメーション化」（レフ・マノヴィッチ）という事態も指摘されるようになった昨今、新世代のアニメーション作家の間で、岩井の仕事からの影響が改めて強調されるようになっている。その最も代表的な存在が、映像制作のキャリアを開始したころ、目指す画面に岩井作品があったと語る新海誠だ。また、岩井のほうも、『花とアリス殺人事件』を作るさいに、新海の『秒速5センチメートル』（07）と『言の葉の庭』（13）を繰りかえし観て参考にしたという。そのほか、シャフトの新房昭之や、新海アニメの風景表現を「コモディティ化」（石岡良治）したともいえる京都アニメーション作品など、デジタル化以降の現代アニメーションに岩井の作品は新たなインスピレーションを与えているといえるだろう。

後書き ——海図にない航路——

夏目深雪

ちょうど原稿が集まり始めた頃だった、編集作業の合間を縫って行ったイメージ・フォーラム・フェスティバルで、映画監督で映画批評家でもある某氏（書く許可を頂いていないので名前は伏せる）にばったり会った。とある執筆者と雑談している時に、執筆候補として同氏の名前が挙がったこともあり、「実は今、岩井監督の本を作っているんですが……」と切り出してみた。「依頼したら書いて頂けましたか？」と聞いたところ、「僕は、あの人は映画じゃないことをやっていると思うんだよ。そういうことなら書けたけど」とのお答え。「えっ。……じゃあ一体何をやってるんですか」「……うーん、映画を使って映画じゃないことをやっているというね」「ああ、いい意味でも、ということですね」「うん、いい意味でも悪い意味でもね」

そんなやり取りの後、映画が始まったが、私は笑みが止まらず、コロナ禍のせいで席が一席おきになっているのに感謝しないわけにはいかなかった。「映画じゃないことをやっている映画監督」……これほど批評家にとって取り組みがいがある監督があるだろうか。映画批評家と批評家、私もこの肩書きの間でいつも悩むが、要は「その映画がいいか、悪いか」をジャッジする映画評論のみならず、映画と世界の関連など映画外のことまでを射程に含む批評活動に私はずっと興味を持ち、実践してきたつもりだ。

吉本隆明の『夏を越した映画——戦争・ホラー・SF・アニメ』（潮出版社、一九八七年）という本を、刊行から間もない頃に（つまり高校生の時か）読んだ覚えがある。今読んでどう思うかは分からないのだが、その後の蓮實重彥の映画批評の一大ブームで「スクリーンに映っていることが全てである」という、日本独特のシネフィル文化が蔓延したまま、オルタナティブといえば四方田犬彦が提唱する地域研究＋映画批評のミックスしか主だったものがないことに忸怩たる思いがあった。

映画そのものの探求、それからそれぞれの地域性からの解析、そしてそのどちらでもない第三の道――それは一体何だろう。映画は、社会情勢からも、市井の流行からも、文学や思想からも、マンガや音楽などのサブカルチャーからも影響を受けているはず、むしろそれら全てのミックスのはずだ。そして、映画自体、映画好きや映画業界内だけに影響を与えるものでもないはずだ。

岩井監督の東アジアでの人気は、アジア映画を主なフィールドの一つにする私にとっては、いつも聞かされてきたことだった。そんな岩井監督が初の中国映画『チィファの手紙』を撮り、それを試写で観た私はそこに第三の道を見出した、のかもしれない。同じアジアとはいえ、日本と中国、韓国は歴史的な問題もあり、決して国同士仲が良いわけでもないし、文化や風習はかなり違う。そんな国で熱烈に愛される監督――そこにはきっと誤解もあるだろう（それ自体も私は興味があったりするが）。だが何よりも、国境を超える何かがあったからこそ愛されたのだろう。映画が海を渡っていき、東アジアの人々の間に熱が拡散されていくさまに私は魅せられた。

それはつまり、映画が社会に影響を及ぼし、地域性も超える――第三の道に他ならないであろう。直観が先に来た企画であったが、その道を共に探究してくれる書き手を集めるのにあたり、特に論考の方は、私と同世代か、もっと若い書き手が中心になったのは感慨深かった。成果は実際にお読みになったみなさんに評価して頂きたいが、若い同志たちと新しい航海に出るような気分を味わったことは率直に告白しておこう。主要作品解説についても、ベテランの映画批評家や、アニメーションなどその道の専門家に書いて頂けたこともあり、現代的かつ包括的な岩井映画の全体像の解析が出来たと自負している。

また、岩井映画に欠かせない俳優さんたちも、コロナ禍にもかかわらず快くお話を聞かせてくれた。そもそも依頼を受けてくれた方の中で一人も脱落者が出なかったのは、本を何冊も作っているが珍しい方だ。岩井映画がいかに熱量をもってみなに愛されているかの証左であろう。締切前に早々と原稿をあげてくださった方だけでなく、締切後に徹夜してあげてくださった方、また、全ての執筆者の方に御礼を申し上げる。

面識もないのに企画にご協力頂いた岩井俊二監督、編集作業をサポートしてくれたロックウェルアイズのみなさん、同じく編集を手伝ってくれた佐野亨氏、出版にご尽力頂いた河出書房新社の阿部晴政氏にも改めて御礼を申し上げる。

船は海に出た。まだこの道は海図にない。行き先はこの本を読んでくださるみなさんが決めるのだと、心から思う。

二〇二〇年一〇月一九日

編者・著者プロフィール（五十音順）

編・執筆

夏目深雪（なつめ・みゆき）
映画批評家・編集者。『ユリイカ』や『キネマ旬報』などに寄稿。アプリ版「ぴあ」で「水先案内人」。共編著書に『アジア映画の森』『アジア映画で〈世界〉を見る』（ともに作品社）、『国境を超える現代ヨーロッパ映画250』（河出書房新社）、『アピチャッポン・ウィーラセタクン』（フィルムアート社）、『躍動する東南アジア映画』（論創社）、『ナチス映画論』（森話社）など多数。

執筆

晏妮（アン・ニ）
映画研究者／評論家。中国生まれ。日本映画大学特任教授。社会学博士。専門は比較映画史、映像学、表象文化論。主な著書には単著『戦時日中映画交渉史』（岩波書店）、共編著には『ポスト満洲　映画論　日中映画往還』（人文書院）、『戦時下の映画　日本　東アジア　ドイツ』（森話社）、共著には『男たちの絆、アジア映画　ホモソーシャルな欲望』（白水社）、『映画と身体／性』（森話社）など。

北小路隆志（きたこうじ・たかし）
映画批評家。京都芸術大学映画学科教授。単著に『王家衛的恋愛』、共著に『アピチャッポン・ウィーラセタクン——光と記憶のアーティスト』、『エドワード・ヤン　再見／再読』ほか。

河野真理江（こうの・まりえ）
１９８６年生まれ。立教大学、青山学院大学ほか非常勤講師。近著に『渋谷実　異端にして巨匠』（分担執筆、水声社、２０２０）があるほか、論文に「「メロドラマ」映画前史——日本におけるメロドラマの伝来、受容、固有化」（『映像学』１０４号、２０２０）などがある。初の単著となる『日本の〈メロドラマ〉映画——撮影所時代のジャンルと作品』（森話社）が２０２１年２月に刊行予定。

児玉美月（こだま・みづき）
映画執筆業。『リアルサウンド映画部』『キネマ旬報』『映画芸術』『ユリイカ』や映画パンフレットへの寄稿、トークイベントへの登壇を行う。共著に『「百合映画」完全ガイド』(星海社新書、２０２０年)がある。

佐野亨(さの・とおる)

１９８２年東京都生まれ。出版社勤務を経てフリーの編集者・ライターに。編著書に『心が疲れたときに観る映画「気分」に寄り添う映画ガイド』(立東舎)、編書に『90年代アメリカ映画100』(芸術新聞社)、『アジア映画の森 新世紀の映画地図』(夏目深雪と共編、作品社)、『映画の巨人たち スタンリー・キューブリック』(辰巳出版)など。

高瀬康司(たかせ・こうじ)

アニメーション研究・批評。サブカルチャー批評ZINE『Merca』主宰。編著に『アニメ制作者たちの方法——21世紀のアニメ表現論入門』(フィルムアート社、２０１９年)。ほか近年の仕事に、『美術手帖』２０２０年2月号「特集:アニメーションの創造力」監修、『マンガ・アニメ3.0』編集長、各種アワードの審査員など。現在は著作を複数準備中。

平田真人(ひらた・まさと)

フリーランスライター。テレビ雑誌編集部~記事広告制作会社を経て、２００５年に独立。テレビ、映画、音楽などエンタメ全般からサッカーまでフィールドは広め。２０１９年に手がけたインタビュー記事は２５０本超。なお、２０２０年は縁あって岩井監督に二度インタビューする機会を得た。

ファン・ギュンミン

韓国ソウル生まれ。韓国映画振興委員会(KOFIC)の日本通信員、明治学院大学、東京造形大学の非常勤講師。２００１年から映画ライターとして活動をはじめ、２００３年から富川国際ファンタスティック映画祭やソウル国際女性映画祭の字幕オペレーター、全州国際映画祭のプログラム・コーディネーターを務める。２０１０年渡日し、２０１８年に明治学院大学芸術学科で博士号を取得。

福間健二(ふくま・けんじ)

１９４９年生まれ。詩人・映画監督。半世紀以上にわたり、映画と文学の二つの分野で、創作、批評、翻訳など、先見性と冒険性にみちた活動を行ってきた。２０１１年に詩集『青い家』(思潮社)で萩原朔太郎賞と藤村記念歴程賞をダブル受賞。２０１４年、評伝『佐藤泰志 そこに彼はいた』(河出書房新社)。２０２０年には映画『パラダイス・ロスト』と詩集『休息のとり方』(而立書房)。

藤田直哉(ふじた・なおや)

批評家。日本映画大学准教授。１９８３年札幌生まれ。東京工業大学社会理工学研究科価値システム専攻修了。博士(学術)。批評家。著書に『虚構内存在 筒井康隆と〈新しい《生》の次元〉』『シン・ゴジラ論』(ともに作品社)、『新世紀ゾンビ論』(筑摩書房)、『娯楽としての炎上』(南雲堂)。編著『地域アート』(堀之内出版)、『東日本大震災後文学論』(南雲堂)など。

伏見瞬（ふしみ・しゅん）
東京生まれ。批評家／ライター。音楽をはじめとした表現文化全般に関する執筆を、『現代ビジネス』『ユリイカ』『悲劇喜劇』『Mikiki』などのメディアに寄稿。同時に、旅行誌を擬態する批評誌『LOCUST』の編集長を務める。11月にLOCUST最新号vol.4が発売。

結城秀勇（ゆうき・ひでたけ）
映画批評、映写技師。共編著に『映画空間４００選』、共著に『ＵＳムービー・ホットサンド』『エドワード・ヤン 再考／再見』『ジョン・カーペンター読本』など。

吉田伊知郎（よしだ・いちろう）
１９７８年生。映画評論家。著書に『映画評論・入門！』（洋泉社）、共著に『映画「東京オリンピック」１９６４』（復刊ドットコム）、『映画監督、北野武。』（フィルムアート社）ほか。『キネマ旬報』『映画秘宝』等に執筆。

劉文兵（リュウ・ブンペイ）
中国山東省生まれ。東京大学大学院博士課程修了。博士（学術）。大阪大学専任教員。主な単著に『映画がつなぐ中国と日本』（東方書店）、『日中映画交流史』（東京大学出版会）、『中国映画の熱狂的黄金期』（岩波書店）、『中国10億人の日本映画熱愛史』（集英社）、『映画のなかの上海』（慶應義塾大学出版会）などがある。日本映画ペンクラブ賞奨励賞受賞。

渡邉大輔（わたなべ・だいすけ）
批評家・映画史研究者。１９８２年生まれ。跡見学園女子大学文学部専任講師。日本大学、明治学院大学非常勤講師。著作に『イメージの進行形』（人文書院）、共著に『アジア映画で〈世界〉を見る』（作品社）、『アニメ制作者たちの方法』（フィルムアート社）、『スクリーン・スタディーズ』（東京大学出版会）、『戦時下の映画』（森話社）、『マンガ／漫画/MANGA』（神戸大学出版会）など多数。

協力者一覧

［編集］佐野亨
［取材協力］ロックウェルアイズ
［スチル提供］フジテレビ／ポニーキャニオン／ロックウェルアイズ

岩井俊二

『Love Letter』から『ラストレター』、
そして『チィファの手紙』へ

2020年11月20日　初版印刷
2020年11月30日　初版発行

編者　夏目深雪
発行者　小野寺優
発行所　株式会社河出書房新社
〒151-0051　東京都渋谷区千駄ヶ谷2-32-2
電話　(03)3404-1201(営業)
　　　(03)3404-8611(編集)
http://www.kawade.co.jp/

装丁　小沼宏之
本文デザイン　矢野のり子(島津デザイン事務所)
印刷・製本　三松堂株式会社

Printed in Japan　ISBN 978-4-309-29113-0